Library of
Davidson College

INTRODUCCION A LA POESIA LIRICA

COLECCION MENTE Y PALABRA

PILAR GOMEZ BEDATE

INTRODUCCION A LA POESIA LIRICA

EDITORIAL UNIVERSITARIA
UNIVERSIDAD DE PUERTO RICO
1977

Primera Edición, 1977

Derechos Reservados Conforme a la Ley:
© Universidad de Puerto Rico

Catalogación de la Biblioteca del Congreso
Library of Congress Cataloging in Publication Data

Gómez Bedate, Pilar, 1936-
   Introducción a la poesía lírica.

   (Colección Mente y Palabra)
   Bibliography: P.
   1. Lyric poetry - History and criticism. I. Title.
PNI 356-G6   809.1'4   76-22636
ISBN 0-8477-0538-2
ISBN 0-8477-0539-0 pbk.

Depósito Legal: B. 1.173-1977

I.G. Manuel Pareja
Montaña, 16/Barcelona

Printed in Spain/ Impreso en España

INDICE

		Págs.
	Introducción	1
1.	La sorpresa en la canción de amor provenzal	21
2.	La Rima XXX de Francesco Petrarca	45
3.	Charles d'Orleans: "Balada"	59
4.	Garcilaso de la Vega: "Ode ad florem Gnidi"	67
5.	El barroco español: Poemas de Quevedo y Góngora	77
6.	John Donne: "A Valediction: Of Weeping" y "The Funeral".	99
7.	Ignacio de Luzán: "Canción" y Juan Meléndez Valdés: "Anacreóntica" y "Oda"	111
8.	John Keats: "Ode on a Grecian Urn"	125
9.	Víctor Hugo: "Booz endormi"	135
10.	Edgar Allan Poe: "Ulalume"	149
11.	Charles Baudelaire: Tres sonetos de *Las Flores del mal*	161
12.	Paul Verlaine: "Art Poétique" y otros poemas	175
13.	Arthur Rimbaud: "Le Bateau ivre"	189
14.	Stephan Mallarmé: "L'Azur"	207
15.	Rubén Darío: Poemas	217
16.	Vicente Huidobro: "Expres" y "Ella"	233
17.	André Bréton: "Au beau demi-jour de 1934"	243
18.	Fernando Pessoa: "A casa branca nau preta"	255
19.	La poesía meditativa: Juan Ramón Jiménez	267
	Nota final	281
	Notas Biográficas	287
	Orientación bibliográfica para el estudio de la poesía lírica.	297

Introducción

Durante el tiempo que me he dedicado al estudio y enseñanza de la literatura, he podido observar que la mayoría de los estudiantes que llegan a la universidad con la intención de graduarse en esta materia se sienten, por un lado, perplejos de que parte de su tiempo y atención deba dedicarse al estudio de la poesía (1) y, por otro, desorientados respecto al modo en que deben llevar a cabo tal estudio. Las formas de poesía con que han establecido contacto en su medio ambiente suelen ser lo suficientemente abiertas a la comprensión para que les parezca innecesario estudiarlas y, si en sus escuelas de segunda enseñanza se han visto obligados a cursar algunos estudios sobre el tema, les han resultado molestos a causa de las reglas métricas y los conocimientos retóricos que se les han exigido. Así, se aproximan a la poesía con una mezcla de desdén y recelo.

Este libro está dirigido especialmente a ese público de personas iniciadas en la literatura para quienes, sin embargo, la poesía es una de sus formas de que se puede prescindir con facilidad; trato aquí de poner de relieve la importancia de la poesía para la vida del espíritu y también de señalar algunas maneras apropiadas en que la sensibilidad actual puede aproximarse a la verdadera y complicada lírica del pasado y del presente.

A un breve estudio introductorio sobre la naturaleza del género que nos ocupa, sigue una serie de comentarios y observaciones, hechos sobre distintos textos sobresalientes de los momentos más destacados en la evolución histórica de la poesía occidental (comenzando por la

---

(1) En 1862 Stéphan Mallarmé, defendiendo el destino minoritario del arte, se asustaba con la idea de que la poesía pudiese convertirse en una materia obligatoria en la enseñanza y escribía: "... une idée inouie et saugrenue germera dans les cervelles, à savoir, qu'il est indispensable de l'*enseigner* dans les collèges, et irrésistiblement, comme tout ce qui est enseigné à plusieurs, la poésie sera abaisée au rang d'une science. Elle sera expliquée à tous également, égalitairement, car il est difficile de distinguer sous les crins ébouriffés de quel écolier blanchit l'étoile sibylline." El presagio del gran poeta francés se ha cumplido en gran parte pero, en medio de todas las circunstancias adversas, siempre hay espíritus marcados por la "blanca estrella sibilina" que él señala, para quienes la poesía se convierte en una vocación después de haber entrado en contacto con ella en un aula.

lírica trovadoresca y terminando en la contemporánea) donde se prolongan y detallan las ideas esbozadas en la introducción.

Los textos están todos reproducidos en el idioma original y acompañados de una traducción al castellano los que no fueron escritos en esta lengua. Las traducciones de Guilhem de Pietieus, Francesco Petrarca, Charles d'Orleans y Fernando Pessoa han sido hechas por Angel Crespo, a quien en nombre de la Editorial y el mío propio agradezco públicamente su valiosa colaboración. Las demás traducciones han sido realizadas por mí y, en cuanto a ellas, debo decir que he optado por reproducir de un modo casi textual los conceptos e imágenes de los originales a expensas de la rima y el metro, pues mi aspiración, al hacerlas, no ha sido lograr traducciones artísticas, con lo que éstas suponen de recreación del poema original, sino tan sólo ofrecer una especie de clave del significado para ayuda de quienes no dominen la lengua original.

I

Tengo que empezar diciendo que el concepto de poesía del que arranco tanto en esta introducción como en la apreciación de los textos que la siguen tiene sus raíces en la estética simbolista (2) y se completa tanto por experiencias y deducciones personales como por otras sugeridas por los libros o autores citados en la bibliografía, casi todos ellos en conexión con la escuela lingüística de Ferdinand de Saussure (3) o con las tendencias estructuralistas (4). Mi apreciación de los poemas recogidos en este volumen se hace, por consiguiente, partiendo de los presupuestos de una poética actual, no de las propias de las épocas literarias a que pertenecen los distintos

---

(2) El simbolismo es un movimiento literario que se produce en Francia en la segunda mitad del siglo XIX y que tiene antecedentes en el romanticismo inglés y alemán y en el trascendentalismo norteamericano. La estética simbolista reacciona en contra del cientifismo que se había impuesto en la literatura en el siglo XIX y está impregnada de sentimientos místicos e ideas platónicas: según ella, el poeta tiene como misión percibir y nombrar las cosas ocultas a los hombres no dotados de la facultad poética. Los simbolistas creen en la existencia de una realidad perfecta y no perceptible normalmente por los sentidos, que el poeta debe aprehender y expresar. Creen, también, que las percepciones sensoriales son "símbolos" de realidades superiores que emiten señales dirigidas a los diferentes sentidos del hombre. Aunque el manifiesto simbolista lo publica -en el *Figaro* del 1 de septiembre de 1886- el poeta francés de origen griego Jean Moréas, los grandes maestros del simbolismo son Charles Baudelaire, Paul Verlaine, Arthur Rimbaud, Stéphan Mallarmé y Paul Valèry. El simbolismo está en el origen de la poesía y la teoría poética de nuestro tiempo, constituye una ruptura con el modo tradicional de comprender la poesía.

(3) Ferdinand de Saussure, lingüista suizo que vivió de 1857 a 1913, causó una gran revolución en el concepto y estudio del lenguaje. De un modo paralelo al que los simbolistas se rebelan contra el modo cientifista de considerar la literatura de los escritores realistas y naturalistas, Saussure se opone a considerar el lenguaje como una substancia material sometida a las leyes puramente físicas y la lingüística como una ciencia del lenguaje del mismo tipo que las ciencias naturales. Considera al lenguaje como un sistema de signos destinados a trasmitir pensamientos y establece la importante diferenciación del *significado* y *significante* lingüísticos. Las teorías de Saussure están recogidas en su *Course de linguistique générale* y han sido la base de gran parte de los estudios de estilística y retórica modernos.

(4) Según la estilística estructuralista, el valor de los signos expresivos depende de su posición dentro de un sistema de signos y la alteración de la posición altera el significado. El estructuralismo es un tipo de aproximación a la literatura que se encuentra en pleno desarrollo: autores como Hjelmslev, Chomsky y Jakobson son iniciadores de la aplicación al estudio literario de los métodos estructuralistas.

ejemplos líricos que selecciono. Y, dentro de los teóricos de la poética actual, autores como Paul Valèry, T. S. Eliot, Juan Ramón Jiménez, Paul Guiraud y Roman Jakobson han sido mis guías predilectos. Precisamente es valiéndome de una de las explicaciones dadas por Paul Valèry al fenómeno poético, en su ensayo "Poésie Pure", como me parece conveniente entrar en el objeto de este estudio. Y lo creo así porque el gran poeta francés, al explicar la poesía, comienza por referirse a la dualidad existente en el significado de esta palabra y tal dualidad es, para empezar, lo que más interesa esclarecer en el presente caso. Dice él: "Volvamos al nombre poesía y observemos primero que este hermoso nombre da nacimiento a dos órdenes de nociones distintas. Decimos 'la poesía' y decimos 'una poesía'. Decimos de un paisaje, de una situación y a veces de una persona que son 'poéticos'. Por otra parte, hablamos también de arte 'poética' y decimos que 'tal poesía es bella'. Pero, en el primer caso, se trata evidentemente, de cierta clase de emoción; todo el mundo conoce esa conmoción especial comparable al estado en que nos sentimos cuando nos vemos, por efecto de ciertas circunstancias, excitados, encantados. Este estado es absolutamente independiente de toda obra determinada y resulta natural y espontáneamente de determinada concordancia entre nuestra disposición interna, física y psíquica, y las circunstancias, reales o ideales, que nos impresionan. Pero, por otra parte, cuando decimos arte 'poética', o cuando hablamos de una 'poesía', nos referimos evidentemente a los medios de provocar un estado análogo al precedente. de producir artificialmente este tipo emoción. Esto no es suficiente. Es preciso, además, que los medios que hayan de servirnos para provocar tal estado sean de aquellos que pertenecen a las propiedades y al mecanismo del lenguaje articulado" (5). Aquí aparecen señaladas dos cuestiones fundamentales para la comprensión de la poesía: una, la diferenciación entre lo que llamaremos *poesía A* (el género literario) y la *poesía B* (cualidad existente aparte de la literatura: como lo que se denomina "poesía de la vida", lo "poético" de un sentimiento amoroso, etc.); otra, la necesidad del uso del lenguaje para que la poesía exista en su acepción A, como género literario.

Por otra parte, es también de sumo interés la conexión que establece Valèry entre la *poesía A* y la *poesía B*, al precisar que la primera es un medio de conseguir, por el lenguaje, la segunda. Esta indicación nos hacer ver que el sentido atribuído por el poeta francés a la poesía que hemos designado como B es, en términos generales,

---

(5) Paul Valèry, *Poésie pure, Oeuvres*, Gallimard, 1965, p.p. 1458-1459.

equivalente a lo que se conoce por "emoción estética o artística", es decir, el estado de ánimo causado por lo bello, lo grandioso, lo sublime, lo terrible, etc. La poesía género literario debe provocar la emoción estética mediante el lenguaje, y solamente mediante él.

Se sitúa aquí uno de los puntos que son más debatidos en las discusiones actuales sobre literatura: ¿tiene ésta valor en sí o solamente en relación con los problemas humanos de su época que el escritor considera? ¿Le es lícito al escritor utilizar medios que no pertenecen a su arte (como, por ejemplo, historias sensacionalistas, sucesos truculentos, anécdotas sentimentales) para producir en el lector la emoción que desea? Teniendo en cuenta que la literatura no existe sin el lenguaje y que el escritor es un artista no porque sepa hablar y escribir sino porque sabe hacer ambas cosas con arte, y considerando que todos, por ser humanos, somos -en principio- capaces de experimentar emociones poéticas pero que no todos somos poetas sino tan sólo aquéllos que saben provocarlas con arte mediante el lenguaje, hemos de llegar a la conclusión de que el escritor puede utilizar cualquier hecho o circunstancia de la vida para componer sobre él su obra, siempre que lo haga con el arte que conviene a la poesía.

La literatura ha sido siempre una interpretación, dada por el hombre capaz en el manejo artístico del lenguaje, a sucesos, problemas, ideas y sentimientos existentes en la vida. Los sucesos, los problemas, todo aquello de lo que brotó la literatura han desaparecido, se han ido con el tiempo como los mismos escritores, pero las obras en que éstos los interpretaron han permanecido y han seguido comunicando a los lectores u oyentes de las épocas posteriores las emociones o vivencias que en ellas laten. ¿Cómo puede conseguirse esta perpetuación de las experiencias? Solamente mediante la forma del lenguaje en que están expresadas pues los sucesos mismos que las originaron han desaparecido. Pero la importancia definitiva del arte del lenguaje con relación al intento de provocar la emoción artística en el lector nos sorprenderá menos si pensamos que incluso los hechos, los sucesos, los paisajes más bellos o poéticos en sí corren muchas veces el riesgo de pasar desapercibidos por quienes los viven -o viven en ellos- cuando están distraídos por preocupaciones de otra índole. ¡Cuántas veces un crepúsculo hermosísimo no es advertido por quien está contemplando el cielo con el pensamiento perdido en otras cuestiones! ¡Cuántas veces las distracciones impiden que sea apreciado lo que se tiene ante los sentidos! Es necesario, tal vez, que alguien, mediante algún signo, nos llame la atención sobre un espectáculo bello de la naturaleza, el canto de un pájaro, la gravedad de una situación, etc. Una de las cualidades del artista es la percepción, en la vida, de datos dignos de ser apreciados: mediante su obra, los señala a sus contemporáneos y a la posterioridad; y, cuando el arte que practica es la literatura, el material que tiene que trabajar con sabiduría es el lenguaje. Cuando se trata de un poeta, el lenguaje debe seguir esas normas especialmente apropiadas a la poesía que han ido variando con el tiempo pero que presuponen siempre unos cuantos caracteres comunes y permanentes sobre los que se funda la diferencia esencial entre la poesía y los demás géneros literarios. Nos vamos a ocupar de esas diferencias en seguida pero, antes, quiero acentuar la importancia absolutamente preponderante del lenguaje en la poesía, recordando una anécdota ocurrida entre el pintor Dégas y Stéphane Mallarmé: el primero, que era muy aficionado a escribir versos y pasaba muchos malos ratos escribiéndolos, le decía al gran poeta: "Su arte es infernal. No puedo conseguir decir lo que quiero y, sin embargo, estoy lleno de ideas..." Y Mallarmé le contestó: "Es que, querido Dégas, la poesía no se hace con ideas sino con palabras".

II

La poesía se hace con palabras y, por ello, es imprescindible, antes de poder estudiar sus rasgos característicos, recordar algunas nociones básicas sobre la naturaleza de las palabras y, en general, del lenguaje.

Las palabras son partes del lenguaje; no hace falta, aquí, detenernos a considerar de qué manera lo son y en qué medida tienen mayor o menor importancia dentro de él. Nos interesa ahora, solamente, recordar que, como partes del lenguaje, las palabras se combinan entre sí siguiendo las leyes propias de cada idioma y las necesidades del hablante. El propósito de sus combinaciones es la comunicación entre los hablantes. Cada uno las utiliza de la manera que ha aprendido a hacerlo para expresar sentimientos ("muy agradecido", "lo siento", "te amo"), opiniones ("yo no lo creo así", "estoy de acuerdo", etc.), necesidades ("tengo hambre", "necesito ayuda", etc.), cuya expresión ha observado en otros hablantes y ha imitado de ellos. El lenguaje suele adquirirse por imitación y utilizarse por imitación. La observación de este hecho es díficil de hacer respecto al idioma nativo pero es sencilla en el aprendizaje de idiomas extranjeros.

El lenguaje suele definirse como un sistema de señales acústicas -cuando se trata del lenguaje oral- o gráficas -cuando nos referimos al escrito- que es utilizado por una comunidad de hablantes para transmitirse mutuamente las experiencias, necesidades, ideas, etc. Para poder comunicarse con los hablantes de un idioma hay que estar en el secreto del funcionamiento de su sistema de signos, es necesario conocer su clave para saber qué es lo que hay que entender cuando se escuchan los sonidos que componen las palabras de un idioma o se miran los signos escritos del mismo.

Ferdinand de Saussure señaló que el lenguaje está compuesto por dos partes inseparables: una material que es el signo acústico o gráfico al que él llama *significante* y otra inmaterial, que es el *significado* del que los signos son portadores, lo que evocan en la mente; el primero no puede existir sin el segundo y De Saussure comparó, por ello, a las dos partes, con el haz y el envés de una hoja de árbol. La naturaleza del lenguaje y el modo en que funcionan las combinaciones del *significante* y el *significado* han sido y siguen siendo objeto de numerosas discusiones entre lingüistas y filósofos del lenguaje pero la distinción de De Saussure entre una cosa y otra ha sido aceptada como un principio básico del que partir a la hora de hacer deducciones y suposiciones. Así, Odgen y Richards (6) han observado que el *significante* y el *significado* del lingüista suizo se refieren directamente a la forma del lenguaje y a los conceptos que existen en la mente del hablante pero que una y otra cosa existen con independencia de los hechos materiales que han provocado en la mente del hablante los conceptos que forman el *significado*. Por ejemplo, si yo he visto lanzar una nave espacial y describo el lanzamiento, la descripción pertenece al hecho del lenguaje y está formada por la ligazón entre el recuerdo que tengo en la mente y las palabras de que me sirvo para explicarlo: pero el lanzamiento en sí está fuera del lenguaje, es el hecho vital (7) que ha provocado el lenguaje pero que no pertenece a él; Odgen y Richards han representado gráficamente, mediante un triángulo, la relación que ellos piensan que existe entre el *significado* y el *significante* y los hechos vitales, situando a cada uno de estos tres elementos en uno de los ángulos del triángulo, de la siguiente forma:

---

(6) Cf. Odgen and Richards, *The Meaning of the Meaning.*

(7) Es decir, llamo "vital" a aquello que tiene un desarrollo fenomenológico, a aquello que sucede, se trate de algún hecho de tipo material, de un proceso o una acción, o de un sentimiento o idea.

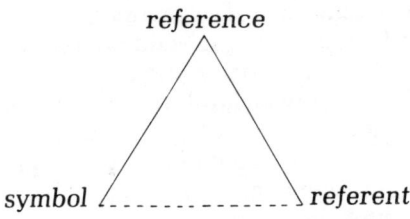

La palabra inglesa *reference*, utilizada por estos autores, podemos traducirla por "concepto"; *symbol* por "símbolo" y *referent* por "vivencia", de manera que traducido al castellano, el esquema anterior resultaría como sigue:

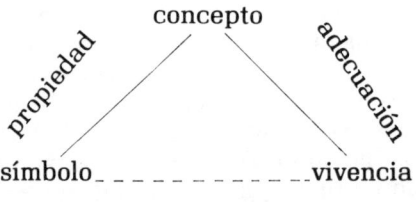

verdad o error

Según la terminología saussiriana, "concepto" y "símbolo" vendrían a equivaler, aproximadamente, a significado y significante.

De acuerdo con este esquema, que resulta muy útil para el estudio del lenguaje, vemos que el concepto se relaciona directamente, por una parte con la vivencia y, por otra, con el símbolo. Entre el concepto y la vivencia, también según Odgen y Richards, existe una relación de "adecuación" o falta de ella, mientras la que se da entre el concepto y el símbolo puede ser "apropiada" o "inapropiada"; por otra parte, la relación entre el símbolo y la vivencia es la que puede calificarse de "verdadera" o "errónea". Tiene mucha importancia señalar que la vivencia está fuera del lenguaje y esto debe ser tenido en cuenta siempre en los estudios de literatura para no caer en el error de usar criterios falsos. La literatura es un arte del lenguaje y, en su apreciación, será oportuno considerar lo «apropiado» de los símbolos pero no lo «verdadero» de ellos ya que la verdad es un criterio que queda fuera de lo propiamente literario. Pero, aunque sobre este punto volveremos más adelante, nos conviene hacer ahora algunas observaciones más sobre la naturaleza del lenguaje.

El lenguaje es algo vivo, continuamente cambiante, porque las ideas y las experiencias cambian también y, por consiguiente, la relación que hay entre ellas y sus símbolos se modifica. Hay veces en que los símbolos no varían pero sí los conceptos y, en este caso, lo que cambia es la relación entre el símbolo y el concepto: ello es muy importante pues al usar una palabra o expresión se quiere decir algo distinto a lo que querría decirse con las mismas palabras en otra época o momento. Por ejemplo, la palabra *carro* en Hispanoamérica designa actualmente a un "automóvil" y, al usarla, nadie piensa ya en la antigua "carreta", que originalmente evocaba; tampoco se piensa en la "pluma de un pájaro" cuando nombramos (con el mismo símbolo) a la *pluma* de escribir, ni conectamos la actividad de "curar" con la palabra *cura* al referirnos a un "sacerdote". Continuamente hay palabras que están cambiando de sentido, total o parcialmente: en estos casos, lo que varía es el significado. En otras ocasiones se transforma también el significante, o sucede que los significantes y significados de distintas palabras se combinan entre sí de una manera distinta a la habitual, originando palabras nuevas; así en Puerto Rico (y esto ocurre muy frecuentemente en los países bilingües) son numerosas las palabras del tipo *guáchiman*, que significa "vigilante", "guarda", y es un calco fonético del inglés *watchman*, pero que si comparte su evocación con este vocablo y con el español *vigilante*, poco se parece a uno y a otro.

Para comprender la poesía es preciso tener una conciencia clara de que el lenguaje no es una masa sólida y continuamente igual a sí misma sino que, por el contrario, está compuesto de partículas extremadamente movibles que se combinan estre sí con mucha facilidad. También hay que tener en cuenta que los conceptos, ideas o sentimientos que el hombre puede expresar sobrepasan con mucho a la cantidad de palabras o formas de expresión que posee cualquier idioma y que, en consecuencia, suelen ser siempre varios los conceptos que pueden expresarse con el mismo símbolo. Por otra parte, aun cuando usemos formas de lenguaje cuyo significado creamos admitido en nuestra comunidad de hablantes, hemos de tener presente que nuestros oyentes pueden no interpretar exactamente nuestros símbolos y percibir nuestros conceptos con variaciones que se adaptan al tipo de sus vivencias. Así, la palabra árbol sugiere árboles completamente distintos a un habitante del norte de España y a un puertorriqueño (y, aun dentro de los habitantes de la misma zona climática, uno imaginará una palma y otro un mango), es decir, que aunque usemos los mismos símbolos, siempre habrá desemejanzas más o menos acusadas entre los conceptos de cada individuo ya que éstos están influenciados por las vivencias particulares.

En el uso cotidiano del lenguaje tenemos que servirnos, para aclarar los significados, de las interpretaciones que podamos hacer del tono de voz, los gestos, las circunstancias que han acompañado la pronunciación de las palabras cuyo sentido general conocemos pero sobre cuyo matiz particular de expresión tal vez dudamos al considerar la intención que ha podido provocarlas en el hablante. Muchas veces, alguna palabra dudosa nos hace reconstruir con la memoria toda una serie de acontecimientos en busca de su verdadero significado. En los textos escritos, los significados dudosos tienen un campo material -incluso físico, podemos decir- donde verificarlos: el *contexto*, es decir, el resto del texto en el que están emplazados y del que forman parte. Las relaciones de las palabras con su contexto son tan esenciales, en literatura, para conocer sus significados como lo son en el lenguaje hablado el conocimiento del tono de la voz, el ademán del hablante o la circunstancia en que se produjo lo dicho, porque todo ello puede transformar profundamente los significados de la misma palabra.

Todas estas consideraciones deben hacer que nos acerquemos a las artes del lenguaje con sumo cuidado porque en ellas, y especialmente en la poesía, aumentan las posibilidades de que los símbolos que creemos conocer (por estar habituados a ellos en la conversación) no signifiquen lo que suponemos sino algo muy distinto. Porque las variaciones que provocan en el lenguaje la conversación y el uso cotidiano (que ocurren desordenadamente pues son fruto de fenómenos aislados que, después de ocurridos, se influencian mutuamente) y que no suelen producirse en el sentido de perfeccionar el lenguaje sino en el contrario, encuentran en la literatura su contrapeso ya que una de las tareas más importantes de este arte es el ennoblecimiento del lenguaje que va siendo empobrecido por el uso cotidiano: si el hablante va deteriorando la propiedad de la relación existente entre el símbolo y el concepto, el escritor procura perfeccionar tal relación y esta tarea, que acompaña a la vida del lenguaje, no tiene, como no tiene éste, descanso. "Se puede decir sin exageración -escribía Paul Valèry- que el lenguaje común es fruto del desorden de la vida común ya que seres de toda naturaleza, sometidos a una cantidad innumerable de condiciones y necesidades, lo reciben y se sirven de él en sus deseos e intereses para efectuar contactos entre ellos, mientras que el lenguaje del poeta, aunque éste utilice necesariamente elementos proporcionados por este desorden estadístico, constituye, por el contrario, un esfuerzo del hombre aislado por crear un orden artificial e ideal por medio de una materia de origen vulgar (8)". Estas palabras pueden aplicarse a todo escritor pero, entre ellos, especialmente al

---

(8) Paul Valèry, "Memoires du poète", in Oeuvres, p. 1463.

poeta: el arte poética produce un lenguaje de tipo artificial con relación al lenguaje vulgar.

Y, lo mismo que advertía más arriba contra el error de aplicar juicios morales a la literatura, he de señalar ahora que otra de las equivocaciones que pueden cometerse es tratar de juzgar al lenguaje literario de acuerdo con el conocimiento que se tiene del lenguaje conversacional; porque aunque uno y otro se sirvan de los mismos sistemas de sonidos y grafías, el criterio y la manera con que se hace uso de ellos en cada caso ofrecen entre sí una gran diferencia que, esquemáticamente, podríamos definir como la que existe entre la intención de comunicarse del modo más directo y rápido posible y el deseo de crear, mediante las palabras, una zona de lenguaje que no sea comprendida tan rápidamente sino solamente después de ser meditada e interpretada: éste es el lenguaje literario y aquel es el conversacional. El orden artificial que el escritor introduce en el lenguaje causa, entre otros efectos, el de provocar en el lector una atención y una expectación que no suelen ser característicos de la conversación hablada. Al aproximarse a la obra literaria hay, o debe haber, una tensión en el lector porque presupone que esta obra encierra algún secreto valioso que desea penetrar. Cuando la obra literaria está escrita en prosa -novela, cuento, teatro- su secreto debe ser conocido a lo largo de muchas páginas y contando con elementos bastante complejos; así, en la novela, son elementos clave para su comprensión los personajes, la trama, la estructura, los episodios, el estilo, etc.; en el teatro, lo son, además del diálogo, el aparato escénico, los silencios, los tonos de las voces o de la música del acompañamiento. Cuando se trata de la poesía lírica nos encontramos con una extensión de lenguaje mínima cuya lectura no puede actuar sobre nosotros a lo largo de determinado tiempo -como sucede en la novela o el teatro, que van captando y envolviendo la atención lentamente hasta llevar al lector o espectador al punto de comprensión querido por el autor- sino que debe ejercer sobre el ánimo una atracción en profundidad. Porque, en la poesía, el secreto está más condensado que en las demás ramas de la literatura a causa, por un lado, de la labor purificadora del lenguaje que lleva a cabo el poeta (y que, al separarlo del vulgar, dificulta su comprensión) y, por otro, por el deseo explícito de conseguir una expresión rara y dificultosa a que nos hemos referido más arriba.

En literatura, lo secreto - o tal vez sea mejor decir lo "desconocido"- desempeña un papel importante porque las artes han tendido siempre a impresionar al espectador en esa zona oscura de su personalidad donde se mezclan la sensibilidad, la imaginación y las emociones en la etapa previa al razonamiento. Imitando a la vida, que hace florecer el razonamiento sobre las impresiones y emociones, el arte busca, en primer lugar, causar sensaciones de curiosidad, expectación, conmoción del ánimo etc. y detrás de éstas oculta las convicciones a que el autor desea conducir al espectador gradualmente (en este caso operando calculada y premeditadamente, de modo contrario al suceder casual de los hechos vitales). El tratado más antiguo de preceptiva literaria que conocemos, la *Poética* de Aristóteles, habla de la condición de la catarsis (9) como absolutamente necesaria en la poesía dramática para producir en los espectadores un sentimiento de horror sagrado. Tal sentimiento de horror tenía por objeto emocionar a los espectadores de manera que su ánimo, roto por la emoción, acogiese e hiciese propias las enseñanzas de la historia dramática, que solían referirse a la fe y la confianza en los dioses (Edipo), al respeto a la tradición (Antígona), etc. Desde los griegos hasta el siglo XIX la literatura se ha propuesto provocar la sorpresa, admirativa u horrorizada, como método de penetración psicológica. En el siglo XIX, las doctrinas del realismo y el naturalismo imprimieron cambios importantes a los criterios por los que se regía la creación de la prosa literaria pero estos cambios no se puede decir que afectasen a la poesía sino en el sentido de que ésta tratase de diferenciarse de la prosa más de lo que hasta entonces lo había hecho, y agudizase su calidad de rareza y singularidad. La poesía lírica, que reacciona contra la sencillez de expresión a que tienden la novela y el drama de la segunda mitad del siglo XIX, se rodea de un halo de secreto que el lector debe percibir y sentir, pero solamente tratar de penetrar de modo relativo.

    La poesía ha sido, de las artes del lenguaje, la que se ha empeñado en conservar más misteriosa su llamada a lo irracional del hombre y, por consiguiente, atrae con preferencia a las gentes que aman lo desconocido. Es también Paul Valèry quien la señala, por esta condición, como piedra de toque para diferenciar a las personas burguesas de quienes no lo son: "El burgués -dice- no es necesariamente lo que en la Antigüedad se llamaba un beocio. Se reconocerá fácilmente a un burgués (suponiendo que exista, lo que no es seguro), por el hecho de que este hombre (o esta mujer), que puede ser muy instruido, lleno de buen gusto, muy informado de cómo debe admirar las obras que tienen que ser admiradas, no tiene, sin embargo,

---

(9) *Catarsis* significa, en griego, "purificación" o "purga". Aristóteles la establece, en su *Poética*, como el fin a que debe tender la tragedia: "la expurgación de los afectos, no por narración, sino por vía de misericordia y terror".

necesidad verdadera de la poesía o el arte... Podría, si le empujasen, pasarse sin ellos; podría vivir sin todo ello. Su vida está perfectamente bien organizada independientemente de esta extraña necesidad. Su mente aprecia el arte pero no vive de él. Su alimento esencial e inmediato no es ese especial alimento de la poesía"(10). En el artículo al que pertenecen estas palabras, el poeta francés subraya la satisfacción consigo mismo y con el mundo que le rodea que es sentida por el burgués hasta el punto de que el adquirir conciencia de que existan cosas desconocidas (o, por lo menos, desconocidas por él) en lugar de atraerle le horroriza, y su mayor deseo es que nada ni nadie le hagan sospechar tal existencia. Por el contrario, el no-burgués se caracteriza por el amor a lo desconocido y el afán de descubrir lo más posible de ello; pues bien, el poeta se lanza con sus palabras en busca de lo desconocido y el gustador de poesía busca, en el poema, la palpitación de lo misterioso, de lo que él pueda desconocer, porque la conciencia del misterio en vez de asustarle le atrae y le estimula.

III

Estoy refiriéndome a la emoción poética en un sentido amplio que se aproxima más a la *poesía B* que a la *poesía A*, pero es que para comprender la segunda es imprescindible referirse al contacto con el misterio o, al menos, con su atracción, que existe en una emoción poética de la vida extra-literaria. El misterio del que hablo no tiene que encontrarse necesariamente dentro de una esfera mística y puede hallarse muy alejado de ella, aunque igualmente puede estar muy cerca. Por *misterio, secreto, o desconocido* entiendo aquí solamente aquello que ordinariamente está fuera de la esfera vital de cada individuo. Es decir, utilizo estas palabras en el sentido de que para un filólogo sea "misterioso" el manejo de los mandos de un avión, para una campesina una función de ópera en la Scala de Milán, la muerte repentina de un hijo para la madre que lo supone disfrutando de un viaje o la súbita conciencia de la existencia de Dios que acometiera a un libertino en medio de una fiesta. Siempre hay que tener en cuenta que *misterio, secreto y desconocido* significan algo muy individual y relativo que puede tal vez sólo provocar una emoción en las personas con quienes se pone en contacto por primera vez. Para explicarme mejor diré que todo lo que sea capaz de romper

---

(10) Paul Valèry, "Nécessité de la poésie", in *Oeuvres*, p. 1965.

por un momento una rutina mental es susceptible de ser poético. Naturalmente, la rutina debe ser *rota*, y no sólo *distraída*, pues la función de la distracción la pueden realizar toda clase de subproductos estéticos. Pero ese choque rudo contra un elemento imprevisible que hace quebrarse el hilo de lo previsto y, aunque sea por un instante, sentirse olvidado de ello y presentir la existencia de pasajes invisibles, de cosas admirables totalmente distintas de las que se experimentan usualmente, ese choque sólo puede ser provocado por algo cuya calidad básica es el ser poesía. Sus especies y formas pueden ser innumerables y extenderse desde la percepción súbita de una puesta de sol al final de un día de trabajo automatizador hasta el sentimiento del descubrimiento del amor, la sensación experimentada en un acto de afirmación de una colectividad -religiosa, política, nacional, etc.- hasta la iluminación de ánimo que produce un cuadro de El Greco, un cuarteto de Beethoven, un soneto de Petrarca. La poesía que emana de las situaciones vitales es espontánea, no puede provocarse, es rara y normalmente está condenada a la extinción. La poesía que produce una obra de arte no es espontánea, se provoca y es inagotable.

Para quien necesite en su vida de la poesía, las ventajas de la que procede del arte son evidentes pero, naturalmente, esta poesía no se comunica con la misma espontaneidad que la que proviene de los hechos vitales: si cualquier persona normal se conmueve al sentir amor, es necesario poseer una educación especial para conmoverse con un poema de amor de Dante o de Donne. Por otra parte, los poemas aportan ventajas infinitamente más trascendentes, desde un punto de vista intelectual, que la experiencia directa del amor cuando se produce de modo puramente individual y particularizado. Pero con esto abordamos ya el terreno de la condición intelectual o mental de la poesía que hay que situar en el segundo escalón de su aproximación a ella, siguiendo los consejos de Leo Spitzer sobre el modo de emprender el estudio de la obra literaria: "¡Cuántas veces, con toda mi experiencia teórica del método, experiencia que he ido acumulando a lo largo de los años, he permanecido completamente igual que uno de mis alumnos principiantes, con los ojos en blanco sobre una página que no quería entregarme su secreto! El único camino para salir de este estado de esterilidad es leer y releer, paciente y confiadamente, en un esfuerzo por quedar calados, valga la expresión, por la atmósfera de la obra. Repentinamente, una palabra, un verso, se destacan y sentimos que una corriente de afinidad se ha establecido ahora entre nosotros y el poema. Frecuentemente he comprobado que, a partir de este momento, con la ayuda de otras observaciones que se añaden a la primera, y las experiencias anteriores de la aplicación del círculo filológico (11), y el refuerzo de las asociaciones proporcionadas por mi previa educación, (todo ello potenciado, en mi propio caso, por una urgencia cuasi metafísica de solución) no tarda en producirse aquella característica a modo de 'sacudida interna', indicio seguro de que el detalle y el conjunto han hallado un común denominador, el cual nos da la etimología de la obra.

Y al volver la vista atrás en este proceso (cuyo final señala, por supuesto, la conclusión de la etapa *preliminar* del análisis), ¿cómo podemos decir el momento exacto en que comenzó (precisamente el primer paso es anterior a toda condición)? vemos que de hecho leer es haber leído, y comprender quiere decir haber comprendido» (12).

Spitzer, como también Dámaso Alonso (13), destacan la importancia de una primera aproximación emocional al texto poético y ello concuerda con la comunicación emotiva que es propia del arte en general, como antes he señalado. Hay poetas y críticos que, leyendo cuanto llevo dicho, pensarían que menosprecio la calidad de la poesía al insistir en sus propiedades "conmovedoras" y serán incontables los estudiantes que se dispongan alegremente a juzgar la calidad de tal o cual poema según les haya conmovido o no. Pero no se trata de una cosa ni de otra: que la poesía se comunique emotivamente no significa que tal modo de comunicación no exija una fuerte carga intelectual tanto en el poeta como en el lector, ni la emoción individual puede ser el fundamento de un criterio de valor de la poesía.

Con relación a lo primero, si precisamente he insistido en la emoción de la poesía y el arte es porque éstos no ejercen su impacto únicamente sobre el razonamiento ni únicamente sobre los sentimien-

---

(11) Lo que Spitzer llama "el círculo filológico" es su método personal de estudio de los textos literarios, que consiste en partir de la observación de algunos de los datos de la forma literaria que sean más estimulantes para el estudioso y dirigirse hacia el supuesto origen de estos datos en el alma del artista. Este método de trabajo supone una serie de consideraciones circulares del texto en el sentido de que se deben ir comparando entre sí todos los detalles observados y hacer varias veces el recorrido de ida y vuelta desde la forma exterior hasta la razón de ser de esta forma, que es lo que se busca en el texto. Para que la suposición de esta razón de ser no adolezca de subjetividad es necesario comprobar lo que se supone ser cierto con otros aspectos distintos del texto que pueden corroborar o destruir la hipótesis.

(12) Leo Spitzer, *Lingüística e historia literaria*, segunda edición, Ed. Gredos, Madrid, 1968, págs. 50-51.

(13) Cf. Dámaso Alonso, *Poesía española. Ensayo de métodos y límites estilísticos*, Ed. Gredos, Madrid.

tos, sino sobre todas las facultades humanas globalmente, de manera que el efecto producido sobre la emoción dispone al receptor a apreciar todas las demás facetas del poema. Además, como acabo de decir, la apreciación del arte requiere una educación apropiada y quien no la posea no podrá gustar la emoción estética, al mismo tiempo que esto supone que el ser receptivo de ella ha de poder entender los elementos intelectuales sobre los que descansa. Refiriéndose a un punto semejante al que estoy tratando, y utilizando otra terminología, T. S. Eliot se ocupa en su libro *Sobre la poesía y los poetas* (14) de las razones por las que la poesía debe o no ser gustada, y dice "... no creo que *goce* y *comprensión* sean actividades distintas, emocional la una e intelectual la otra (...) Comprender un poema viene a ser lo mismo que gustar de él por las debidas razones. Podría uno decir que significa obtener tanto placer como éste puede proporcionar: y *gozar con un poema comprendiendo mal lo que el poema significa es gozar con una mera proyección de nuestra mente* (15)... hasta el propio significado de *goce* varía según el objeto que lo inspire; y aun los diferentes poemas producen satisfacciones diferentes. Es cierto que no gozamos plenamente de un poema a menos que lo comprendamos; y por otra parte, es igualmente cierto que no comprendemos plenamente un poema si no gozamos de él. Y esto significa gozar de él en la justa medida y como corresponde en relación con otros poemas (y es en esta relación entre nuestro goce con un poema y nuestro goce con otros poemas donde se manifiesta el *gusto*). Casi no sería menester agregar que ello implica que uno *no debería* gozar con un mal poema -salvo con el tipo de los que hacen gracia"(16). Es decir, lo intelectual y lo emocional no pueden separarse en la verdadera comprensión de la poesía. De hecho, muy frecuentemente se separan lo uno de lo otro y a esta separación es debida, en gran parte, la popularidad de la poesía mediocre y aun de mala calidad que, no poseyendo en sí misma una entidad estética, no exige al lector un esfuerzo de comprensión a la vez que, por el contrario, le ofrece un punto de apoyo en el que proyectar con facilidad los propios intereses y gustos. Este es el caso de los poemas sobre temas tan universales como el amor, la muerte, etc., cuando lo predominante en ellos es el tema como tal (y no una interpretación de él) que, como no exigen otra receptividad que la que percibe los hechos vitales correspondientes,

---

(14) T. S. Eliot, *Sobre la poesía y los poetas*, traducción de María Raquel Bengolea, Editorial Sur, Buenos Aires, 1959.

(15) El subrayado es mío.

(16) T. S. Eliot, *Op. Cit.*, pp. 117-118.

únicamente sirven para representarlos de nuevo ante la memoria y no para superarlos, transcenderlos, descubrirles puntos de vista desconocidos o, en fin, conducirlos a algunos de los efectos propios del raciocinio o la meditación.

La función intelectual del poema es transmitir una percepción insólita. Por eso, a la poesía se la puede situar en el límite que separa lo que puede expresarse de lo que no se puede. El poeta realiza el hallazgo de la expresión que conviene a lo que él percibe. Si lo que desea decir posee ya en el lenguaje común una manera de decirse no hay realmente por qué buscarle otra pero es cuando el lenguaje conocido resulta insuficientemente expresivo, insuficientemente eficaz para dar forma a lo deseado, cuando el poeta debe inventar el modo de decirlo forzando el lenguaje común y deformándolo en la dirección que más de acuerdo esté con su propósito. Es claro que no solamente los poetas sino todas las personas sentimos a lo largo de la vida cosas que no sabemos cómo explicar y la lengua común abunda en modismos que lo evidencian: "No sé cómo decirlo", "no sabría expresarlo", "no hay palabras", "es indescriptible", etc., etc. ¡El lenguaje está muy lejos de poder cumplir con todas las aspiraciones expresivas del hombre! La poesía es el resultado del forcejeo del hombre con el lenguaje para expresar lo "inexpresable". Su resultado (el poema) puede mostrar el sello latente del forcejeo poético y, en este caso, pertenece al tipo de poesía que podemos llamar *radical*, o puede ser que, después de pasada la primera lucha poética, el resultado sea una obra de lectura suave, fácil o brillante, porque los primeros hallazgos, conseguidos difícilmente, han sido engranados en un tipo de frase poética, tradicional ya, que les imprime una ordenación bastante similar a la que reina en el lenguaje no poético. A este segundo tipo de poesía puede denominársele *secundario* porque no conserva la frescura y dificultad del momento en que fueron descubiertos sus elementos más característicos. Refiriéndome a los textos recogidos en este volumen, puedo indicar ahora que la poesía *radical* (17) suele producirse en los momentos de innovación o transición, en los orígenes de estilos o tendencias (Petrarca, Rimbaud), mientras la poesía secundaria es propia de la plenitud de estos estilos (Ignacio de Luzán) aunque casi siempre suele ocurrir que en los grandes poetas

---

(17) Califico de "radical" a este tipo de poesía por querer indicar su contacto directo con la "raíz" o fuente de lo poético: es decir, por ser el primer producto de la lucha entre el deseo de expresión del poeta y lo todavía inexpresado. La poesía "derivada" está más alejada de esa raíz en cuanto procede de una reestructuración de los materiales ya encontrados por la poesía "radical".

cuyas obras han sido decisivas en el desarrollo histórico de su arte, suelen darse muestras de los dos tipos de poesía: de la tradición anterior a ellos, que resumen y coronan, y de las novedades que ellos mismos inician y se desarrollarán después (Victor Hugo). En principio, ninguno de estos tipos de poesía es superior al otro en las creaciones consideradas individualmente (si bien, viendo la poesía como género en desarrollo, la *radical* tiene más importancia pues determina la dirección de la secundaria, que ha de recoger sus hallazgos y derivarse de ella). En una y otra pueden señalarse dos factores fundamentales como fuente de lo poético: el elemento de sorpresa y el de sugerencia.

La variedad y el nivel de las sorpresas y sugerencias posibles en la poesía parecen inagotables y sobre los textos ilustres que han ido pasando a la historia podría elaborarse una amplia y sólida retórica de los modos de producirlas. Al ir comentando los poemas que selecciono aquí, mi intención es indicar algunos de esos modos, que, como se verá, se basan en formas muy características y determinadas, de acuerdo con la cultura y el momento en que se han originado. La sugerencia brinda al conocimiento un campo ilimitado de elucubraciones, a la emoción una prolongación indefinida y poblada de ecos, que actúan sobre las fronteras de la personalidad -del poeta y lector- y tienden a borrarlas o, al menos, a empujarlas más allá de su ubicación habitual. La sugerencia nos revela como insuficientes nuestros conocimientos y hace resonar en nuestro interior la amplitud de lo desconocido, a la vez que nos incita a perseguirlo. Desde el punto de vista del uso artístico del lenguaje, la sugerencia se apoya en la elección de un significante de extensión mínima que debe soportar un máximo de significado. Es lo contrario de la explicación, pues ésta abunda en significantes referidos al mismo significado.

La explicación es contraria a la naturaleza de la poesía porque trata de destruir la posibilidad de misterio o equívoco y de ponernos en el contacto más directo que sea posible con las ideas u objetos. No es que en la poesía no puedan usarse *descripciones* más o menos detalladas pero éstas no deben confundirse con las *explicaciones*: las primeras presentan elementos nuevos mientras las segundas insisten sobre los ya conocidos con intención aclaratoria. Y digo "aclaratoria" porque la insistencia por sí misma, cuando no tiende solamente a facilitar la comprensión de algo ya expresado sino que tiene como finalidad presentar un aspecto diferente de lo mismo, no sólo puede ser un recurso poético sino que lo ha sido en gran parte de la lírica tradicional, comenzando por la provenzal y llegando hasta la barroca. No me refiero, pues, a la incidencia sobre el mismo elemento sino a su facilitación o explicación mediante formulaciones que puedan destruir su carga original de sorpresa y sugerencia.

De éstas, la primera actúa sobre el ánimo de un modo violento, mientras la segunda lo afecta con suavidad: la primera procede por desemejanzas y la segunda por analogías, de manera que son modos opuestos y complementarios de provocar la emoción poética.

Confío en que todo esto quedará lo suficientemente claro con la lectura de los comentarios a los poemas que siguen pero, antes de pasar a ellos, parece conveniente hacer un resumen de las ideas expuestas aquí.

IV

La poesía es un género literario (o una modalidad de la literatura) cuya finalidad es conseguir la emoción poética. La emoción poética debemos entenderla no como una conmoción o alteración que se ejerce solamente sobre la parte afectiva del ánimo, sino como una conmoción que afecta al ánimo en su totalidad, tanto en la vertiente intelectual como en la sentimental.

La poesía, como género literario, provoca la emoción poética por medio del lenguaje dispuesto de modo apropiado. Tal modo depende de una serie de factores muy complejos y extensos que han variado en cada una de las épocas literarias y en cada una de las escuelas poéticas pero que, básicamente, se han fundado en la necesidad de encontrar una forma de expresión distinta a la usual, y diferente también de la usada por los demás géneros literarios. Esta necesidad de singularizarse procede de las condiciones propias a la naturaleza de la poesía: una de ellas es la de ser el instrumento que trata de poner al hombre en contacto con lo desconocido por medio del lenguaje. Lo desconocido a que nos referimos se sitúa en la esfera de los conceptos, no de las realidades físicas. El lenguaje con su doble vertiente, física y conceptual, es un medio muy adecuado para ser utilizado por la poesía, cuya finalidad, como acabamos de decir, es forzar la entrada de realidades conceptuales desconocidas e insólitas dentro del mundo de la aprehensión humana mediante signos que posean un aspecto de algún modo físico: el *significante* lingüístico. Los factores que causan el desencadenamiento de la emoción poética son, fundamentalmente, dos: la sorpresa y la sugerencia. Estos dos elementos pertenecen al plano del significado pero tienen su expresión en el del significante. Las modificaciones que los factores de sorpresa y sugerencia imprimen a la forma del lenguaje usual son las figura propias de la poesía en cuanto género literario.

Otra de las condiciones esenciales de la poesía es la facultad de restaurar, mediante su libre manejo del lenguaje y los conceptos, la propiedad y la adecuación de la relación entre el referente y el símbolo lingüístico que se ven continuamente alteradas por el uso habitual y necesario del lenguaje para la comunicacion cotidiana entre los hombres. Esta condición actúa también sobre la forma del lenguaje poético en el sentido de apartarlo y singularizarlo dentro del lenguaje en general.

El hecho de estar apartado del lenguaje ordinario previene al poético de ocuparse de criterios de tipo moral que son válidos en el lenguaje de comunicación, como el de la verdad y el error. Por otra parte, la poesía no enuncia verdades sino que propone hipótesis, lo que la aparta en absoluto de la esfera de la verdad o el error. Lo expresado en poesía no puede considerarse verdadero o falso sino solamente adecuado o inadecuado.

Las características de la forma poética han variado en las distintas épocas o escuelas. En cada una de ellas ha habido un poeta o un grupo de poetas que han realizado el esfuerzo inicial de conseguir un significante nuevo, y ha habido otros poetas que han sido sus seguidores y han desarrollado los hallazgos de los primeros innovadores. La obra de los primeros innovadores puede llamarse poesía radical por ser el resultado del esfuerzo primero por conseguir la expresión de realidades nuevas; la obra de los continuadores de cada escuela podemos llamarla poesía secundaria porque es un desarrollo de los materiales conseguidos por la poesía radical.

Finalmente, quisiera añadir que el estudio de algunos de los medios de expresión de la sorpresa y la sugerencia en que voy a detenerme en los poemas que vienen a continuación, está destinado a iniciar a los estudiantes en la comprensión de la poesía por las vertientes en que ésta es más accesible, es decir, por los elementos que actúan primeramente a un nivel emocional, ese nivel que maestros tan inspirados en la enseñanza de la poesía como Leo Spitzer y Dámaso Alonso han señalado como el primero por donde debe buscarse su comprensión.

1

La sorpresa en la canción de amor provenzal.

GUILHEM DE PEITIEUS: CANSO

Ab la dolchor del temps novel
Foillo li bosc, e li aucel
Chanton chascus en lor lati
Segon lo vers del novel chan;
5- Adonc esta ben c'om s'aisi
D'acho don hom a plus talan.

De lai don plus m'es bon e bel
Non vei mesager ni sagel,
Per que mos cors non dorm ni ri,
10- Ni no m'aus traire adenan,
Tro qe sacha ben de la fi
S'el'es aissi com eu deman.

La nostr'amor vai enaissi
Com la branca de l'albespi
15- Qu'esta sobre l'arbre en treman,
La nuoit, a la ploja ez al gel,
Tro l'endeman, que-l sols s'espan
Pel las fueillas verz e-l ramel.

Enquer me menbra d'un mati
20- Que nos fezem de guerra fi,
E que-m donet un don tan gran,
Sa drudari'e son anel:
Enquer me lais Dieus viure tan
C'aja mas manz soz so mantel.

25- Qu'eu non ai soing d'estraing lati
Que-m parta de mon Bon Vezi:
Qu'eu sai de paraulas com van
Ab un breu sermon que s'espel;
Que tal se van d'amor gaban,
30- Nos n'avem la pessa e-l coutel.

GUILHEM DE PEITIEUS: CANCION

    Del tiempo nuevo la dulzura
    El verdor silvestre inaugura
    Y hace a los pájaros cantar
    En su latín su nuevo canto.
5- ¡Es hora, ahora, de pensar
    En aquello que amamos tanto!

    De mi hermosura y de mi bien
    Paje ni carta no se ven
    Y he perdido el sueño y la risa
10- Y, así, confundido me veo
    Hasta conocer de qué guisa
    Tendrá remate mi deseo.

    Pues de nuestro amor es el sino
    Como el de la rama de espino
15- Que en el árbol está temblando,
    De noche, a la lluvia y la helada,
    Y al ser de día está alumbrando
    El sol la hoja y la enramada.

    Aún puedo el día recordar
20- En que dejamos de guerrear
    Y me brindó el rico presente
    De su sortija y su cariño.
    ¡Viva yo, si Dios lo consiente,
    Hasta desatar su corpiño!

25- No me turba el latín ajeno
    Ni abandono al Vecino Bueno:
    Las palabras, sé en lo que acaban
    Cuando a un rumor le dan salida;
    Mientras de amor otros se alaban
30- Tenemos la mesa servida.

                        (Traducción de Angel Crespo)

ARNAUT DANIEL: CANSO

En cest sonet coind'e leri
Fauc motz e capuig e doli,
E seran verai e cert
Quan n'aurai passat la lima;
5- Qu'Amors marves plan'e daura
Mon chantar, que de liei mòu
Qui pretz manten e governa.

Tot jorn meillur et esmeri,
Car la gensor serv e coli
10- Del mon, so-us dic en apert.
Sieus sui del pe tro qu'en cima,
E si tot venta ill freid aura,
L'amors qu'inz el cor mi plòu
Mi ten chaut on plus iverna.

15- Mil messas n'aug e'n proferi
En art lum de cera e d'oli
Que Dieus m'en don bon issert
De lieis on no-m val escrima;
E quan remir sa crin saura
20- É-l cors gai, grailet e nòu
Mais l'am que qui-m des Luserna.

Tant l'am de cor e la queri
C'ab trop voler cuj la-m toli,
S'om ren per ben amar pert.
25- Que-l sieus cors sobretracima
Lo mieu tot e no s'eisaura;
Tant a de ver fait renou
C'obrador n'a e taverna.

No vuoill de Roma l'emperi
30- Ni c'om m'en fass' apostoli,
Qu'en lieis non aia revert

ARNAUT DANIEL: CANCION

Con este son lindo y ledo
Hago y aliso palabras
Que serán veraces, ciertas,
Cuando les pase la lima;
5- Pues pronto Amor pule y dora
Mi canción que mueve aquélla
Que la prez guarda y gobierna.

Cada día soy mejor
Pues sirvo a la más gentil
10- Del mundo, claro lo digo.
Suyo soy del pie a la cima
Y aunque sople el aura fría
El amor que me penetra
Me calienta en pleno invierno.

15- Mil misas oigo y ofrezco
Y quemo cera y aceite
Para que Dios me proteja
Donde no me vale esgrima;
Y al mirar sus trenzas rubias
20- Y el cuerpo joven y alegre
Más la querría que a Lucena.

Tanto la amo y la busco
Que creo que me la quito
Si algo, de amarlo, se pierde.
25- Que su corazón sumerge
El mío todo y no se agota;
¡Usurera fue tan buena
Que guardó taberna y dueño!

No quiero ser rey de Roma
30- Ni que se me elija papa
Si no voy a ver a aquélla

Per cui m'art lo cors e-m rima;
  E si-l maltraich no-m restaura
  Ab un baizar anz d'annou,
35- Mi auci e si enferna.

  Ges pel maltraich qu'eu soferi
  De ben amar no-m destoli,
  Si tot me ten en desert,
  C'aissi'n fatz los motz en rima.
40- Pieitz trac aman c'om que laura,
  C'anc plus non amet un ou
  Cel de Moncli N'Audierna.

  Ieu sui Arnautz qu'amas l'aura
  E chatz la lebr'ab lo bou
45- E nadi contra suberna.

Por quien me arde el corazón;
Y si antes del año nuevo
Con un beso no me cura
35- Me mata y se condena.

Pero aunque sufro mal trato
Del amor no me desdigo
Aunque me tenga en baldío,
Pues así compongo rimas
40- Y sufro más que quien labra:
Más que yo no amó ni un higo
El de Monclí a doña Audierna.

Soy Arnaut, que amasa el aire,
Caza con el buey la liebre
45- Y contra corriente nada.

PEIRE ROGIERS: CANSO

Dous'amiga, no'n puesc mais:
Mout me pesa qar vos lais,
E ver dol mein et esmais,
E teng m'o a gran pantais
5- Qar no-us abras e no-us bais
E departen nostr'amor.

D'aitant sabchas mon talan
Qe anc femna nom amei tan,
E no-us en aus far semblan
10- Ni trob per cui vos o man;
Vau m'en: a Dieu vos coman,
Al espirital seinhor.

Non puesc mudar que no-m plagna
Qar se part nostra compagna;
15- Eu m'en vauc en terra estragna:
Mais am freidura e montagna
No fas figa ni castagna
En ribeira ni calor.

Lai s'en vai mos cors marritz,
20- E çai reman l'esperiz;
E ai tant los cils froncitz
Qe m'en dolon las raïtz;
Mal o fai qi-ns a partiz,
E no'n puesc aver baudor.

25- Sans e sals fora eu gueritz,
Qant serai acondormiz,
Si fos de leis tant aisiz
Q'en semblant d'una perniz
Li baises sos oils voltiz
30- E la fresqeta color.

PEIRE ROGIERS: CANCION

    Dulce amiga, más no puedo:
    Me pesa mucho dejaros,
    Llevo duelo y voy plañendo
    Y siento un tormento grande
5- Porque no os beso ni abrazo
    Y separan nuestro amor.

    Sabréis, así, mi talante:
    Que a otra no he amado tanto
    Y no oso hacéroslo ver
10- Ni encuentro quién os lo diga;
    Me voy: a Dios os confío,
    Al espiritual Señor.

    No puedo sino quejarme,
    Pues nuestra amistad se rompe;
15- Me voy a tierra extranjera:
    Más quiero frío y montañas
    Que los higos y castañas
    En el valle con calor.

    Allá va mi cuerpo triste
20- Y aquí se queda mi espíritu;
    Tanto he fruncido las cejas
    Que en las raíces me duelen;
    Mal hace quien nos separa,
    No puedo ya sentir gozo.

25- Sano y salvo me pondría
    Si, cuando me adormeciese,
    Tan cerca de ella estuviera
    Que, con forma de perdiz,
    Besase sus ojos curvos
30- Y la lozana color.

Dous estars lai m'es ardura,
E bons conortz desmesura,
E sazïontatz fraitura,
E dïas clars noitz oscura;
35- Per mon jovent qar pejura
Ai marriment e dolor.
....

(Se desconoce el resto del poema)

Allá el dulzor me es ardor,
La buena acogida ultraje
Y la abundancia estrechez,
El día claro noche oscura;
35- Por mi juventud que enferma
Siento tristeza y dolor.
....

BERNART DE VENTADORN: CANSO

Can vei la lauzeta mover
De joi sas alas contra-l rai,
Que s'oblid'e-s laissa chazer
Par la doussor c'al cor li vai,
5- Ai! tan grans enveya m'en ve
De cui qu'eu veya jauzion,
Meravilhas ai, car desse
Lo cor de dezirer no-m fon.

Ai, las! tan cuidava saber
10- D'amor, e tan petit en sai!
Car eu d'amar no-m posc tener
Celeis don ja pro non aurai.
Tout m'a mo cor, e tout m'a me,
E se mezeis'e tot lo mon;
15- E can se-m tolc, no-m laisset re
Mas dezirer e cor volon.

Anc non agui de me poder
Ni no fui meus de l'or'en sai
Que-m laisset en sos olhs vezer
20- En un miralh, que mout me plai.
Miralhs, pus me mirei en te,
M'an mort li sospir de preon,
C'aissi-m perdei com perdet se
Lo bel Narcisus en la fon.

25- De las domnas me dezesper;
Ja mais en lor no-m fiarai;
C'aissi con las solh chaptener
Enaissi las deschaptenrai.
Pois vei c'una pro no m'en te
30- Vas leis que-m destrui e-m cofon,
Totas las dopt'e las mescre,
Car be sai c'atretals se son.

BERNART DE VENTADORN: CANCION

Si a la alondra veo mover,
De gozo, en la luz, las alas,
Que se enajena y deja caer
Por la dulzura que la invade,
5- ¡Ay! cuánta envidia siento
De quienes se complacen,
Me maravilla que el deseo
No me deshaga el corazón.

Ay, tanto creí saber
10- De amor, y sé tan poco
Pues que de amar no dejo
A quien nunca tendré.
Mi corazón, y todo yo.
Y ella misma y todo el mundo
15- Me ha quitado, no me dejó
Más que deseo y el pecho ansioso.

Ya sobre mí perdí el poder
Y mío no fuí desde el momento
En que pude verme en sus ojos,
20- El espejo tan de mi gusto.
Espejo, desde que me ví
En tí, me ha muerto el suspirar,
Que me perdí como perdióse
En la fuente el bello Narciso.

25- Desespero de las mujeres,
En ellas más no fiaré;
Tanto como las he servido,
Tanto más las deserviré:
Pues ninguna me presta ayuda
30- Con quien me mata y me confunde.
De todas temo y desconfío
Pues bien sé que son iguales.

D'aisso s fa be femna parer
Ma domna, per qu'e-lh o retrai,
35- Car no vol so c'om deu voler,
E so c'om li deveda, fai.
Chazutz sui en mala merce,
Et ai be fait co-l fols en pon;
E no sai per que m'esdeve,
40- Mas car trop puyei contra mon.

Merces es perduda, per ver,
(Et eu non o saubi anc mai),
Car cilh qui plus en degr'aver,
No'n a ges; et on la querrai?
45- A¡ can mal sembla, qui la ve,
Qued aquest chaitiu deziron
Que ja ses leis non aura be,
Laisse morir, que no l'aon!

Pus ab midons no-m pot valer
50- Precs ni merces ni-l dreihz qu'eu ai,
Ni a leis non ven a plazer
Qu'eu l'am, ja mais no-lh o dirai.
Aissi-m parti de leis e-m recre;
Mort m'a, e per mort li respon,
55- E vau m'en, pus ilh no-m rete,
Chaitius, en issilh, no sai on.

Tristans, ges non auretz de me,
Qu'eu m'en vau, chaitius, no sai on.
De chantar me gic e-m recre,
60- E de joi e d'amor m'escon.

En esto bien es mujer
Mi señora, y se lo reprocho:
35- Pues no quiere lo que se debe
Y hace lo que se le veda.
He caído en desfavor
Y fuí un loco sobre el puente,
Y no sé por qué me ocurre
40- Sino por osar muy alto

A fé que perdí el favor
(Y antes nunca lo he sabido),
Pues quien más debía tenerlo,
No lo tiene, ¿dónde hallarlo?
45- ¡Ah, mal se podría pensar
Que a este triste deseoso
Que sin ella no habrá bien
Deje morir y no ayude!

Pues con mi dueño no valen
50- Preces, favor, ni derechos,
Y no le llega a placer
Que la ame, no lo diré.
Así, de ella me separo;
Me ha matado y muerto estoy;
55- Y me voy, pues no me quiere,
Triste, a un destierro cualquiera.

¡Tristán, más de mí no oiréis!
Que, triste, parto, no sé dónde.
Niego y renuncio mis canciones,
60- Del amor y el gozo me oculto.

Creo que no me equivoco al afirmar que el primer encuentro del lector moderno con la lírica provenzal está a la vez lleno de atractivo y de desconcierto. Esta poesía está rodeada por un mundo de sugerencias y sorpresas cuyas raíces se ahondan en los presupuestos culturales de una época que fue decisiva para nuestra cultura y nos acercamos a ella conmovidos ya por el aura de leyenda y misterio que emana: un sentimiento de veneración hacia la civilización que creó el amor cortés, el orgullo de sabernos sus descendientes y contar entre nuestros antepasados remotos a aquellos primeros autores que declaraban sus nombres en las canciones que componían pidiendo los honores debidos a su arte, hacen resonar nuestras conciencias cuando nos ponemos en contacto con la poesía provenzal; detrás de cada nombre de un lugar o comarca famosos históricamente vibra un eco del propio pasado y nos sorprende que los trovadores que los citan -rodeados hoy de un prestigio legendario- fueran a esos lugares que ahora podemos visitar y que sintieran por su pueblo y por el vino de sus viñas el mismo apego que hoy experimentamos nosotros por nuestros lugares y sus productos.

Heinrich Lausberg, al hablar de la sorpresa en poesía hace dos distinciones: la que denomina *primaria*, que define como la provocada por una obra en los lectores contemporáneos, y la llamada *secundaria*, que describe como la causada por un texto poético en los lectores de una época distinta y diferente a la de sus autores. La primera se basa principalmente en la manipulación insólita de las ideas o imágenes realizada por un poeta con el material lingüístico de su tiempo, mientras la segunda está determinada, sobre todo, por el asombro que causa en un lector de época diferente el tipo de lenguaje, los conceptos, los artificios que no eran insólitos en el momento en que fueron utilizados por el autor y que, sin embargo, lo son para él. Al enfrentarnos con la poesía provenzal nos encontramos, evidentemente, dentro del ámbito de la sorpresa secundaria y ésta emana, en primer lugar, del encanto ya casi mágico de la antigua lengua de *oc*, rara hoy, y poseedora, para los profanos, de un prestigio casi litúrgico; pero luego aumenta al ponernos en contacto con los temas tratados por tal lengua, con ese mundo amoroso -tan frecuente en ella- que es, a la vez, complicadísimo por su ritual e ingenuo porque no lo analiza sino que, por el contrario, lo acepta como punto de partida único: damas y trovadores, amantes, celosos y mediadores en amor pasan ante nuestros ojos representando sus papeles fijos y predeterminados y, desde sus posiciones arcaicas nos atraen por los recuerdos que guardamos de su leyenda áurea leída en libros de historia, en novelas y romances. Una vez atravesada esta leyenda, cuando nos encontramos frente a frente con el texto de los poemas provenzales y, poco a poco, al releerlos, vamos olvidando las predeterminaciones culturales, las sorpresas van quedando limitadas al lenguaje mismo y, entonces, nos parece encontrar en él un primer sabor áspero para nuestro gusto. Este sabor va a actuar como un freno inicial que nos obliga a meditar los textos y que, más tarde, llegará a convertirse en un apoyo fundamental para la comprensión del poema. Me refiero a una característica de la mayor parte de la lírica provenzal que tal vez sea la que más fuertemente enlace con el mundo medieval y, por lo mismo, la separe del moderno: la inexistencia en ella de esa síntesis entre los distintos elementos del poema que causa sobre el lector un impacto único y que es propia de la tradición lírica occidental pero no aparece en ella hasta las obras de quienes fueron los sucesores inmediatos de los trovadores, los poetas del *Dolce stil novo*.

Las canciones provenzales no llegan a causarnos una sensación única y predominante, nuestra atención se dispersa en ellas y es retenida por distintos detalles porque sus elementos no se combinan para formar un todo sino que aparecen diseminados en la composición y distribuídos por ella artificiosamente de manera que puedan quedar bien separados y no se mezclen nunca. La unidad del poema está dada por una serie de factores que no afectan a la elaboración de su pensamiento sino que pertenecen, por una parte, al sistema musical y estrófico y, por otra, al campo temático y estilístico. Estas canciones dependían, originalmente, de una melodía, que era la misma para todas las estrofas y, por consiguiente, también las estrofas eran iguales entre sí (con la excepción ocasional del "envío") en el metro y la combinación de rimas; cada estrofa constituye un espacio expresivo que se combina con los demás siguiendo una técnica de yuxtaposiciones , reiteraciones y transiciones bruscas siempre en torno a un mismo tema. Entre una serie de tópicos de escuela que están a su disposición, el trovador elegía tanto el tema como sus variantes y a éstas las combinaba entre sí con la misma sabiduría con que alternaba las rimas en la estrofa y, en la melodía, las notas. Una vez elegido, el tema de una canción no era desarrollado de manera que cambiase de aspecto al irlo tratando sino que, por el contrario, su papel era el de un eje firme y central alrededor del cual el trovador realizaba variaciones usando una expresión en cuyas frases se observa un ritmo *staccato* que seguramente es debido tanto a las particularidades fonéticas del provenzal como al tipo de frase que, sintácticamente, imitaba la movilidad de las usadas en latín en los razonamientos silogísticos. El *staccato* de la frase va acompañado por el de un pensamiento igualmente escandido en imágenes, perífrasis o alegorías que, diferentes entre sí en el plano poético, tienen por base el mismo elemento temático. Creo que esto quedará claro al tomar como ejemplo la *Cansó* de Arnaut Daniel (P. 24) en la que, cada una de las estrofas es una variación en torno al tema del perfecto amante, cuyas cualidades el trovador enumera utilizando una serie de perífrasis e imágenes que se encaminan a alabar la perfección de su propia conducta como enamorado. En la primera estrofa, se refiere a aquel concepto cortés según el cual el sentimiento del amor era tan inseparable del arte de bien trovar que el hecho de que una trova fuese perfecta significaba que lo era también el amor sentido por su autor, así como, inversamente, que el perfecto amante era necesariamente un buen poeta. En esta primera estrofa encontramos, también, en los dos últimos versos, una referencia a la excelencia de la persona amada (*Mon chantar, que de liei mou / Qui pretz manten e governa* = "Mi canción, que mueve aquella / Que la prez guarda y gobierna"), que se reitera en los versos 1-3 de la estrofa segunda, enlazada ahora con la declaración explícita de que la perfección del trovador en cuanto poeta va ligada a la de la dama a quien sirve: *Tot jorn meillur et esmeri, / Car la gensor serv e coli / Del mon, so-us dic en apert* (Cada día soy mejor / Pues sirvo a la más gentil / Del mundo, claro lo digo); los versos 4-7 de esta misma estrofa declaran la total pertenencia del amante a su amada e intensifican la afirmación mediante el uso de una antítesis (versos 5-7) ponderadora de los efectos del amor: *E si tot venta ill freid aura, / L'Amors qu'inz el cor mi plou / Mi ten chaut on plus iverna* ("Y aunque sople el aura fría / El Amor que me penetra / Me calienta en pleno invierno"). Ponderaciones del amor sentido nos encontramos, continuando la lectura del poema, en los versos 5-7 de la estrofa III, 1-5 de la IV, 1-5 de la V, y 6-7 de la VI, mientras los versos 1-4 de la estrofa III, 6-7 de la IV y 5-7 de la V, hablan de la merced que la dama a quien sirve el trovador debe mostrarle y no le muestra. La estrofa VI vuelve a tratar el tema de la I, aunque con un enfoque distinto: el deber del amor está indisolublemente mezclado con el del poeta y el del sufrimiento; el motivo del sufrimiento necesario al amor y al buen trovar, se incorpora ahora a la *Cansó*: *Ges pel maltraich qu'eu soferi / De ben amar no-m destoli, /*

Si tot me ten en desert / C'aissi'n fatz los motz en rima / Pieitz trac aman c'om que laura / C'anc plus nom amet un ou / Cel de Moncli N'Audierna ("Pero aunque sufro mal trato / Del amor no me desdigo / Aunque me tenga en baldío, / Pues así compongo rimas / Y sufro más que quien labra: / Mas que yo no amo ni un higo / El de Moncli a doña Audierna"). La estrofilla final, el estrambote, es, más que un envío, una firma compuesta por algunos de los versos que más fascinación han ejercido sobre los apreciadores de la poesía provenzal: *Ieu sui Arnautz qu'amas l'aura / Et chatz la lebr'ab lo bou / E nadi contra suberna.* ("Soy Arnaut, que amasa el aire / Caza con el buey la liebre / Y contra corriente nada".)

Nos encontramos, por consiguiente, en esta canción, con una estructura básica formada por la combinación de motivos que se alternan, a lo largo de ella, como los bordados sobre una tela, sin derivarse uno del otro sino procedentes, todos, de un tronco común anterior al poema, presente en la conciencia del poeta, quien va desgajándolos de él y revistiéndolos con su lenguaje e imaginación. No hay transiciones suaves ni penumbras sino contraposiciones y yuxtaposiciones nítidamente establecidas que pueden emparentarse con las imágenes de las pinturas góticas en las que falta la atmósfera y en las que las figuras están situadas simplemente sobre un fondo decorativo abstracto; y recuerdan también a los mosaicos bizantinos con sus superficies de colores puros divididas por líneas rectas y precisas como esos conceptos amorosos que están dispuestos con claridad, formando esquemas en que los motivos se repiten con variaciones relativamente pequeñas, como las de los colores en las túnicas de esos ángeles del séquito de las madonas, o de los apóstoles que rodean al Cristo del Juicio Final.

La falta de síntesis entre los conceptos de que se compone el poema y el pensamiento escandido de estrofa en estrofa son muy característicos de la poesía provenzal cortesana. Ambas cosas son consecuencia de una manera analítica y no sintética de ver el mundo que los trovadores compartían con los teólogos a quienes debían su educación, son resultado del hábito de componer variaciones apoyadas en presupuestos dogmáticos que es tan característica de la poesía litúrgica, fuente principal de las formas provenzales. Nosotros, entusiasmados por el mundo que esta poesía simboliza, nos sentimos, de pronto, rechazados por una tierra extraña a nuestra cultura; estos aspectos de la lírica provenzal nos sorprenden por su sequedad y geometría ya que íbamos en busca de un vergel, o como un paisaje de Cézanne cuando queríamos contemplar uno de Turner. Pero, como en las pinturas de Cézanne (que eran, también, de Provenza), como en el paisaje de Aragón o de Castilla, la geometría no encubierta de la estructura de la canción de amor provenzal, va comunicándonos poco a poco su riqueza mental y una perfecta sensación de seguridad por haber entrado en el terreno firme de la expresión trovadoresca donde todas las cosas tienen su lugar señalado y no es necesario hacerlas entrar en conflicto.

También nos atrae irresistiblemente la sabia precisión y sencillez de la expresión tersa que no pretende crear planos de sugerencias y está siempre enfocada a las más nítidas *evidentiae* (18) descriptivas tanto de un pensamiento como de un estado de ánimo, tanto de una circunstancia personal o social como de un paisaje. El arte del trovador, que ama los circunloquios y las perífrasis, no presta atención, sin embargo, a nada que pueda crear una zona indefinida y flotante en torno a la precisión de su exposición, que tiende a ser siempre breve e incisiva y a seguir con fidelidad los cánones de una retórica que condenaba como defecto grave cualquiera imprecisión o confusión en lo expresado (es decir, la falta de *perspicuitas*). Como ejemplo muy representativo del arte trovadoresco en la manifestación sucinta, directa y rica, me parece interesante la segunda estrofa de una canción de Peire de Rogiers donde se compendia, en seis versos heptasílabos, de modo impositivo y directo, no solamente el amor del cantor sino también la ignorancia en que la amada está de él, la dificultad de hallar un mensajero que se lo transmita, la partida del amante y su despedida:

D'aitant sabchas mon talan
Qe anc femna non amei tan,
E no-us en aus far semblan
Ni trob per cui vos o man,
Vau m'en: a Dieu vos coman,
Al espiritual seinhor.

(Sabreis, así, mi talante:
Que a otra no he amado tanto
Y no oso hacéroslo ver
Ni encuentro quien os lo diga:
Me voy: a Dios os confío,
Al espiritual Señor.)

---

(18) La *evidentia* (plural, *evidentiae*) es uno de los recursos retóricos más frecuentes. Según H. Lausberg, se trata de "la descripción viva y detallada de un objeto mediante la enumeración de sus particularidades sensibles. El conjunto del objeto tiene, en la *evidentia*, carácter esencialmente estático, aunque sea un proceso; se trata de la descripción de un cuadro que, aunque movido en sus detalles, se halla contenido en el marco de la simultaneidad". Cf. Heinrich Lausberg, *Manual de retórica literaria*, traducción de José Pérez Riesco, Ed. Gredos, Madrid.

INTRODUCCIÓN A LA POESÍA LÍRICA

El secreto de un poder tan grande de concentración está, es verdad, por una parte, en la condición misma de la lengua provenzal pero también, y mucho, en la composición de las frases, pues cada verso es una frase completa y cada una expresa algo esencial en la situación tanto sentimental como social del enamorado.

Precisamente este afán trovadoresco por expresarse con exactitud y concisión es lo que sirve, por un lado, a la elaboración básica del poema de acuerdo con las normas de sensibilidad y educación de aquella época y, por otra parte, consigue un tipo de imágenes que resultan estar muy de acuerdo con el gusto de nuestro tiempo. Estas imágenes son la segunda gran sorpresa que nos reserva el paisaje abstracto y geométrico: son las que surgen, con toda espontaneidad, de la observación directa de la naturaleza (que el trovador invoca en su ayuda cuando lo considera preciso) o de la observación de alguna circunstancia de la realidad cotidiana, como esa tercera estrofa de la *Cansó*, aquí reproducida, del Conde Guilhem de Peitieus, que dice: *La nostr'amor vai enaissi / Com la branca de l'albespi / Qu'esta sobre l'arbre en treman, / La nuoit, a la ploja ez al gel, / Tro l'endeman, que-l sols s'espan / Per las fueillas verz e-l ramel* ("Pues de nuestro amor es el sino / Como el de la rama de espino / Que en el árbol está temblando, / De noche, a la lluvia y la helada, / Y al ser de día está alumbrando / El sol la hoja y la enramada"). En esta comparación está presente y viva la naturaleza fragante y delicada, como está viva la gozosa alondra cuyo canto evoca la célebre canción de Bernart de Ventadorn "Can vei la lauzeta mover", con la intención de transmitir una sensación de gozo perfecto y extático: *Can vei la lauzeta·mover / De joi sas alas contra-l rai, / Que s'oblid'e-s laissa chazer / Per la doussor c'al cor li vai,* ("Si a la alondra veo mover / De gozo, en la luz, las alas, / Que se enajena y deja caer / Por la dulzura que la invade,").

Otras veces, las realidades observadas por el trovador han quedado, de algún modo, fuera de nuestro conocimiento actual pero su fuerza plástica las mantiene operantes y la dificultad que hay en comprender su significado exacto les confiere relieves oníricos que son muy atractivos para la sensibilidad actual (avezada a ellos por el superrealismo). Esto ocurre, por ejemplo, con la estrofa cuarta de la canción, antes citada, de Arnaut Daniel, en la que nos encontramos con tres imágenes (no relacionadas entre sí más que por el tema) insólitas y poderosas que nos hacen detenernos y perdernos en imaginaciones y pensamientos mientras sentimos el profundo dolor de ese amante cuyo mismo gran amor le hace temer la pérdida de la amada y la honda constancia, físicamente inamovible, de la identificación amorosa que es evocada por la extraña calidad del líquido en que el enamorado hacer tornar el corazón de la amada, así como la antítesis tomada de la realidad social, con que se sugiere al afán posesivo de ella: "¡Usurera fue tan buena / que guardó taberna y dueño!".

Ni las metáforas, ni la alegoría, ni las descripciones de objetos concretos están ausentes de la lírica provenzal, por más que su tono general sea abstracto y conceptuoso. Y es precisamente por esto, por darse en ella y no ser habituales, por lo que su sorpresa es más fuerte y eficaz, porque se produce un choque muy valioso poéticamente entre la experiencia fruto de la vivencia individual y el plano ritual que rige la macroestructura de las composiciones. Cuando Peire de Rogeirs, en su canción "Dous'amiga, no'n puesc mais" dice: *E ai tant los cils froncitz / Que m'en dolon las raïtz* ("Tanto he fruncido las cejas / Que en las raíces me duelen") esta imagen es tan personal, se encuentra tan al margen de los presupuestos de escuela, que su impacto es poderoso y el resultado extremadamente plástico; en la misma canción, tiene idéntico valor de contraste con el conjunto, la sensorialización del disgusto que experimenta el trovador al partirse de la amada y que expresa diciendo: *Mais am fredura e montagna / No fas figa ni castagna / En ribeira ni calor* ("Más quiero frío y montañas / Que los higos y castañas / En el valle con calor"), lo que nos trae a la imaginación la realidad muy familiar y directa propia de país cálido y, como se ve, muy preciada del trovador y su gente.

Para terminar, podemos señalar otro par de ejemplos de realidades inesperada y vívidamente evocadas en las canciones seleccionadas aquí. El uno pertenece, como los anteriores, a la de Peire de Rogiers y se trata de los versos que, en la estrofa V, dicen:

> *Sans e sals fora eu gueritz*
> *Qant serai acondormiz,*
> *Si fos de leis tant aisiz,*
> *Q'en semblant d'una perniz*
> *Li baises sos oils voltitz*
> *E la fresqetta color.*

> "Sano y salvo me pondría
> Si, cuando me adormeciese
> Tan cerca de ella estuviera
> Que, con forma de perdiz,
> Besase sus ojos curvos
> Y la lozana color".

Es posible que la dama de Peire de Rogiers acostumbrase a tener junto a ella perdices amaestradas, o que la perdiz figurase en el folklore de la época pero, para nosotros, la imagen presenta matices

INTRODUCCIÓN A LA POESÍA LÍRICA 43

surrealistas que contrastan fuertemente con la serie de versos abstractos y denotativos en que está incrustada. También es inesperada la imagen de raigambre clásica y mitológica que encontramos en la estrofa III de "Can vei la lauzeta mover":

> Anc non agui de me poder
> Ni no fui meus de l'or'en sai
> Que-m laisset en sos olhos vezer
> En un miralh que mout me plai.
> Miralhs, pus me mirei en te,
> M'en mort li sospir de preon,
> C'aissi-m perdei com perdet se
> Lo bel Narcissus en la fon.

> "Ya sobre mí perdí el poder
> Y mío no fui desde el momento
> En que pude verme en sus ojos
> El espejo tan de mi gusto.
> Espejo, desde que me vi
> En tí, me ha muerto el suspirar,
> Que me perdí como perdióse
> En la fuente el bello Narciso".

La metáfora ojos = espejo, que aparece en el verso 4, se convierte, en el 5, en una interpelación directa que para la sensibilidad actual resulta muy apropiada.

En fin, si se puede decir que en primer acercamiento a la lírica provenzal sentimos asombro por el tono emocional intelectualizado y analítico que predomina en ella y que depende de un mundo histórico muy lejano al nuestro, dentro de este tono nos encontramos con una sorpresa diferente, agradable a nuestro gusto y acrecentada por el contraste que presenta con el fondo de los poemas: esas imágenes plásticas y familiares en las que se trasluce la huella de la experiencia directa del trovador y que se nos aparecen como flores de aroma fresco prendidas en el encaje geométrico de la estructura abstracta de los poemas.

2

La Rima XXX de Francesco Petrarca

Giovene donna sotto un verde lauro
vidi piú bianca e piú fredda che neve
non percossa dal sol molti e molt'anni;
e'l suo parlare e'l bel viso e le chiome
5- mi piacquen sí ch'i' l'ò dinanzi agli occhi
ed avrò sempre ov'io sia, in poggio o'n riva.

Allor saranno i miei pensieri a riva
che foglia verde non si trovi in lauro:
quando avrò queto il core, asciutti gli occhi,
10- vedrem ghiacciare il foco, arder la neve:
non ò tanti capelli in queste chiome
quanti vorrei quel giorno attender anni.

Ma perché vola il tempo e fuggon gli anni
sí ch'à la morte in un punto s'arriva
15- o colle brune o colle bianche chiome
seguirò l'ombra di quel dolce lauro
per lo piú ardente sole e per la neve,
fin che l'ultimo dí chiuda quest'occhi.

Non fur giá mai veduti sí begli occhi,
20- o ne la nostra etade o ne' prim'anni,
che mi struggon cosí come'l sol neve:
onde procede lagrimosa riva,
ch'Amor conduce a piè del duro lauro
ch'à i rami di diamante e d'or le chiome.

25- I' temo di cangiar pria volto e chiome,
che con vera pietà mi mostri gli occhi
l'idolo mio scolpito in vivo lauro:
che s'al contar non erro, oggi à sett'anni
che sospirando vo di riva in riva
30- la notte e'l giorno, al caldo ed a la neve.

A una joven bajo un verde laurel
Ví más blanca y más fría que la nieve
Que no ilumina el sol por años y años;
Y su voz, faz hermosa y los cabellos
5- Tanto amé que ahora van ante mis ojos,
y siempre irán, por montes o en la riba.

Mis pensamientos se hallarán arriba
Cuando no dé hojas verdes el laurel:
Quieto mi corazón, secos los ojos,
10- Verán helarse al fuego, arder la nieve:
Porque no tengo yo tantos cabellos
Cuantos por ese día aguardara años.

Mas porque el tiempo vuela, huyen los años
Y en un punto a la muerte el hombre arriba,
15- Ya oscuros o ya blancos los cabellos,
La sombra he de seguir de aquel laurel
Por el ardiente sol y por la nieve,
Hasta el día que al fin cierre mis ojos.

No se vieron jamás tan bellos ojos,
20- En nuestra edad o los primeros años,
Que me abrasan lo mismo que el sol nieve:
Y así un río de llanto va a la riba
Que Amor conduce hasta el cruel laurel
De ramas de diamante, áureos cabellos.

25- Temo cambiar de faz y de cabellos
Sin que me muestre con piedad los ojos
El ídolo esculpido en tal laurel:
Que, si al contar no yerro, hace siete años
Que suspirando voy de riba en riba,
30- Noche y día, al calor y con la nieve.

Dentro pur foco e for candida neve,
sol con questi pensier', con altre chiome,
sempre piangendo andrò per ogni riva,
per far forse pietà venir ne gli occhi
35- di tal che nascerà dopo mill'anni;
se tanto viver pò ben colto lauro.

L'auro e i topacii al sol sopra la neve
vincon le bionde chiome presso a gli occhi
che menan gli anni miei sí tosto a riva.

Mas fuego dentro, y fuera blanca nieve,
Pensando igual, mudados los cabellos,
Llorando siempre iré a cada ribera
Por que tal vez piedad muestren los ojos
35- De alguien que nazca dentro de mil años;
Si aun vive, cultivado, este laurel.

Al oro y los topacios en la nieve
Vencen blondos cabellos y los ojos
Que apresuran mis años a la riba.

(*Traducción de Angel Crespo*)

Lo que más destaca en la *Rima XXX* de Petrarca es una estructura tan continua como la de un bloque de mármol en el que no hubiese fisuras. Con técnica heredada de los provenzales, el poeta toscano selecciona algunos motivos cuyo tratamiento va alternando en cada estrofa; pero él, de modo contrario al procedimiento trovadoresco, juega con estos motivos para unificar el poema en lugar de diversificarlo ya que, por un lado, todos giran sobre la misma idea y, por otro, se expresan con las mismas palabras (cuyo significado experimenta ligeras variaciones según la comparación poética o la metáfora en que están englobadas pero cuyo significante es siempre idéntico.) Incluso la igualdad constante de los significantes se acentúa mediante las posiciones paralelas que éstos ocupan al final de cada verso. Si comparábamos el tejido de la poesía trovadoresca al de un encaje gótico, podemos relacionar estas rimas petrarquistas con el pórtico de un templo clásico en que las columnas, macizas y graciosas, es lo que se percibe en primer lugar.

En la primera estrofa, encontramos ya, al final de los versos, todas las palabras que van a repetirse en la misma posición en las estrofas subsiguientes, aunque alternando el orden de su aparición. Estas palabras son: *lauro* ("laurel") *neve* ("nieve), *anni* ("años"), *chiome* ("cabellera"), *occhi* ("ojos") y *riva* ("ribera"). Todas son substantivos y cuatro de ellas ("laurel", "nieve", "cabellera" y "ojos") evocan realidades muy concretas y plásticas, objetos cuyo nombre provoca una imagen visual clara; "años" y "ribera" tienen un referente más abstracto y, concordemente, son usados de modo abstracto, al servicio de la idea central del poema, que es la intranquilidad producida en el poeta por la falta de correspondencia a su pasión amorosa.

El primer verso posee una calidad heráldica que sorprende como un toque de clarín: *Giovene donna sotto un verde lauro*. "Una joven bajo un verde laurel" se recorta ante los ojos mentales con la nitidez de un símbolo, en un felicísimo acierto del poeta que va a hacer uso del "laurel" como emblema de su amada, Laura, cuyo nombre evoca. En la primera estrofa el laurel es "verde", condición esencial del árbol que se ofrece al recuerdo con todo el esplendor de su color perenne; en la estrofa segunda, la verdura inmarcesible del laurel sirve a una hipérbole que expresa el descanso imposible deseado por el poeta para su dolor: *Allor saranno i miei pensieri a riva / Che foglia verde non si trovi in lauro* ("Mis pensamientos se hallarán arriba / Cuando no dé hojas verdes el laurel"), es decir, recurriendo de nuevo a la evocación del color, se indica, en éste, la condición abstracta de su duración continua. En la estrofa tercera, el laurel es calificado de *dolce* ("dulce"), y en la cuarta de *duro* ("duro", "cruel"): uno y otro calificativo son antitéticos entre sí; el referente del primer término de la antítesis es la apreciación subjetiva del poeta (él siente el laurel como "dulce") mientras el del segundo término es la realidad objetiva de la dureza de la madera del árbol, condición que se intensifica mediante la hipérbole del verso siguiente (verso 24), donde el laurel es representado como teniendo las ramas de diamante y el follaje de oro: *ch'à i rami di diamante e d'or le chiome*.

En la quinta estrofa, el laurel precioso del verso 24 es señalado como la materia misma con que la amada está formada y ella aparece transformada en un ídolo tallado en el laurel: *l'idolo mio scolpito in vivo lauro* ("el ídolo esculpido en tal laurel"); el proceso de la metamorfosis poética ha operado en esta estrofa más intensamente, llegando a una fusión total entre los dos elementos iniciales del poema ("mujer joven" y "laurel verde") que, en el verso 1, están aproximados pero claramente diferentes mientras en el verso 27 se han mezclado ya íntimamente y transformado el uno en el otro pues si el laurel está vivo la mujer ha sido tallada en él, formándose entre ambos un único ser que recuerda, evidentemente, la metamorfosis de Dafne. En la estrofa sexta, el laurel cambia de significado ya que parece referirse claramente a la obra del poeta -al mismo poema que leemos- y a la pervivencia que éste espera que alcance para pregonar, en el futuro, su dolor:

> *sempre piangendo andrò per ogni riva,*
> *per far forse pietà venir ne gli occhi*
> *di tal che nascerà dopo mill'anni;*
> *se tanto viver pò ben colto lauro.*
>
> (Llorando siempre iré a cada ribera
> Por que tal vez piedad muestren los ojos
> De alguien que nazca dentro de mil años;
> Si aún vive, cultivado, este laurel.)

El significado implícito de la fama que está latente en la palabra "laurel" desde su primera aparición, es hecho, ahora, evidente: Petrarca espera que sus versos perpetúen su dolor, que susciten la simpatía y compasión de los tiempos venideros ya que no pueden lograr las de la amada cruel. Por fin, en el terceto que cierra las rimas, el poeta recoge las que iba dispersando en los finales de verso, y nos encontramos ahora con la palabra *lauro* ("laurel) conservada en su significante pero vaciada de todo significado que la relacione con el árbol puesto que, de acuerdo con la grafía diferente, este *l'auro* es "el oro" a cuyo esplendor vencen los cabellos de la dama que antes se encontraba junto al laurel verde.

La segunda rima -nueva columna que sostiene de arriba abajo el edificio de este poema- es *neve* ("nieve"), sugerente, como *verde*, de color, y utilizada, en la primera estrofa como segundo término de una comparación que exalta a la vez el color de la tez y la frialdad de ánimo de la joven, *piú blanca e piú fredda che neve / non percossa dal sol molti e molt'anni* ("más blanca y mas fría que la nieve / Que no ilumina el sol por años y años"). Con suma precisión, la nieve mentada es detallada, en el verso 3, como la que no ha sido iluminada mucho tiempo por el sol, con lo que se produce un enlace más íntimo entre el segundo término de la comparación y el primero mediante la juventud de la mujer y los no muchos años que la nieve precisada haya podido ser iluminada por el sol. También ocurre que, al ser tan especificada, la nieve pierde naturalidad y emerge como un puro elemento retórico ya que una nieve que hubiera podido resistir a la luz del sol durante años es inimaginable; por consiguiente, el brillo esplendoroso de la nieve refulge en un espacio artificial y muy delimitado que sostiene la calidad emblemática del primer verso.

En la segunda estrofa, la "nieve" sigue siendo usada de modo retórico en una ponderación de la crueldad de la dama que se engloba en la referencia a la perennidad de las hojas de laurel; así:

> *Allor saranno i miei pensieri a riva*
> *che foglia verde non si trovi in lauro;*
> *Quando avrò queto il core, asciutti gli occhi,*
> *Vedrem ghiacciare il foco, arder la neve:*

> (Mis pensamientos se hallarán arriba
> Cuando no dé hojas verdes el laurel:
> Quieto mi corazón, secos los ojos,
> Verán helarse el fuego, arder la nieve)

"Nieve", en la estrofa tercera, forma parte de una sinécdoque donde, junto al sol, sirve para representar a todos los climas y lugares: *o colle brune o colle bianche chiome / seguirò l'ombra di quel dolce lauro / per lo più ardente sole e per la neve,* ("ya oscuros o ya blancos los cabellos, / La sombra he de seguir de aquel laurel / Por el ardiente sol y por la nieve"). La realidad de la nieve, el significado denotativo de la palabra, está también soslayada en este caso pues su significado figurado no es este elemento como tal sino 'las condiciones más adversas en que el poeta enamorado pueda encontrarse'. Y ocurre que, en la estrofa cuarta y en la quinta, la misma materia blanca y porosa está utilizada solamente como una referencia retórica que, primero (estrofa IV) explica el efecto que los ojos de la amada causan en el poeta ("que me abrasan lo mismo que el sol nieve") y, luego, en la estrofa V, vuelve a integrarse en una sinécdoque cuyo referente es 'todo lugar y tiempo', pues los dos últimos versos dicen: *che sospirando vo di riva in riva / La notte e'l giorno, al caldo ed a la neve* ("Que suspirando voy de riba en riba / Noche y día, al calor y con la nieve"). Sin embargo, en las estrofas VI y VII, la evocacion de la "nieve" se hace más concreta y, aunque la palabra se utilice como elemento retórico, en éste tiene importancia la representación visual; cuando en el primer verso de la estrofa VI, el poeta dice: *Dentro pur foco e for candida neve* ("Mas fuego dentro y fuera blanca nieve"), la antítesis doble "dentro" / "fuera" - "fuego" / "nieve", apunta, en los primeros términos, a la condición devoradora del amor y en los segundos se refiere a la edad avanzada que tendrá el poeta, simbolizada por el color blanco de nieve de sus cabellos.

En los versos finales de las rimas, que cierran el poema como el broche esmaltado de una gargantilla, la nieve presta su esplendor blanco a las imágenes preciosas que vienen a ser como una cifra o resumen de la primera impresión causada en el enamorado por la contemplación de la amada:

> *L'auro e i topacii al sol sopra la neve*
> *vincon le bionde chiome presso a gli occhi*
> *Che menan gli anni miei sì tosto a riva.*
>
> (Al oro y los topacios en la nieve
> Vencen blondos cabellos y los ojos
> Que apresuran mis años a la riba.)

Como el caballero que lanza un grito de combate al que ha de permanecer fiel a pesar de todos los sinsabores que pueda atravesar en su defensa, aquí, el poeta, tras hablar de sus tristezas, recuerda, desafiante, la perfección que ha sido la causa de todas ellas: esta perfección es el brillo y colorido de unos cabellos, ojos y tez que superan a materiales tan preciosos como el oro y los topacios, pero no ya cuando éstos se encuentran en un lugar que les sea propio -como puede ser un estuche, un vestido, un cuello femenino- sino cuando su rareza y válor se ven acentuados al ser colocados sobre la nieve, bajo el sol.

La tercera rima del poema es *anni* ("años"), palabra cuyo abanico semántico es muy limitado y que aquí parece siempre denotar su significado directo de "período de tiempo". Los "muchos años" de la estrofa primera (Cf. verso 3) son, en la segunda, *quanti vorrei quel giorno attender anni* ("cuantos aguardaría por aquel día años"), es decir, por el día en que pueda disfrutar la benevolencia de la amada. En la estrofa III, los "años" están integrados en una reflexión sobre la huida rápida del tiempo: *Ma perche vola il tempo e fuggon gli anni / Sí ch'a la morte in un punto s'arriva* ("Mas porque vuela el tiempo, huyen los años / Y en un punto a la muerte el hombre arriba"). En la estrofa IV, "años" forma parte de una alabanza a los bellos ojos de la dama, cuyo igual no se ha visto *o ne la nostra etade o ne' prim' anni* ("En nuestra edad ni en los primeros años"). En la estrofa V, *anni* se une al numeral *sette* ("siete") para indicar los que el poeta sufre de desamor (Cf. versos 28-30). El uso del numeral "siete" entra en la costumbre simbólica heredada, a través de Dante, de Virgilio y los antiguos, de expresar en números sagrados o mágicos el tiempo transcurrido, y en el poema no parece tener otro significado especial que el de comunicar una dimensión transcendente al tiempo mencionado. El numeral simbólico "siete" se transforma en "mil" en la estrofa VI, donde, unido a "años", hace referencia a una extensión de tiempo cuyos límites no se perciben y que el poeta evoca junto con la esperanza de que su fama y su obra vivan más allá de todo término imaginable (Cf. versos 34-37). En fin, el significado de la palabra *anni* llega a aproximarse más a la intimidad del autor en el terceto final, donde aparece como *gli anni miei* ("los años míos"), o sea, como el tiempo directamente poseído por el enamorado cuya duración se ve amenazada por los sinsabores y penas amorosas originados por los rubios cabellos y los ojos *che menan gli anni mei sí tosto a riva* ("que apresuran mis años a la riba").

Sorprendentemente, los "años" que, a lo largo del poema, sugieren una extensión larga de tiempo, pasan, en estos breves versos finales, a dar la imagen de poco tiempo. En la estrofa I, efectivamente, los años que el sol no ha recorrido la nieve no son muchos; en la II, los años son más que los cabellos del poeta; en la III, se dice que los años huyen pero se mencionan también las canas que poblarán la cabeza y esto sugiere una vida larga; en la estrofa IV, donde dice "los primeros años" se quiere indicar el largo período de la época primitiva de la humanidad; los siete años de la estrofa V son mencionados como un transcurso de tiempo excesivamente largo, mientras los mil de la estrofa VI sugieren una duración indeterminada. Pues bien, como contraste, en el terceto final, esa imagen de un tiempo tediosamente largo porque se opone a los deseos del poeta, o inimaginable por su extensión, aparece bruscamente reducida y proferida en un lamento resignado: "que apresuran mis años a la riba".

Chiome y *occhi* ("cabellera" y "ojos"), las rimas de los versos cuarto y quinto de la estrofa I, vienen a formar, junto con la "nieve" y el "laurel", el centro visual del poema. La "cabellera" es palabra usada siempre en su significado directo, pero unas veces se refiere a la de ella y otras a la de él: unas veces es placentera (Cf. estrofa I) y preciosa (Cf. estrofas IV y VIII), y en otras ocasiones indica el paso del tiempo (Así, en las estrofas III, V y VI se hace referencia al cambio de color en los cabellos que lleva consigo el avanzar de la edad y en la estrofa II es la base de una comparación con una cantidad innumerable de años).

En cuanto a *riva* ("ribera"), la última rima de las seis que se usan en el primer sexteto, es también la más dúctil pues en cada una de las estrofas su mismo significante evoca significados diferentes entre sí incluso en su nivel semántico ordinario. Así, en la primera estrofa, *riva*, con el significado de "ribera" está incluída en una sinécdoque y no representa exactamente el lugar agradable y sombreado a orillas de un río que normalmente evoca en el lenguaje cotidiano sino que, perdiendo la concrección de su significado, viene a indicar 'cualquier lugar', pues en el verso *ed avrò sempre ov'sia, in poggio o'n riva* ("y siempre irán, por montes o en la riba") la antítesis montes / ribera está en representación de 'todos los lugares posibles'.

En la estrofa II, *riva* pierde por completo su significado de "ribera" para formar parte de la frase *a riva* cuyo significado es 'a su finalidad', ' a su conclusión'. En la estrofa III, *riva* se conserva fónicamente como forma del verbo *arrivar* ("arribar, llegar") pero su significado como substantivo desaparece totalmente. Al contrario de lo que sucede en la III, en la estrofa IV -así como también, hasta cierto punto en las II y I, *riva* adquiere potencia plástica y asume el significado de "río": un río provocado por los ojos de la amada que, como el sol, hieren al poeta, quien es, como nieve, derretido y fluye hacia el duro laurel de la estrofa IV. En las estrofas V, VI y VII *riva* vuelve a desempeñar un papel oscuro y nada plástico pues, respectivamente, aparece de nuevo como sinécdoque de 'todo el mundo' (Cf. estrofas V y VI) y como parte de la frase 'llegar a la ribera', con el significado de 'descansar' (Cf. estrofa VII).

El poema es extraordinariamente elaborado y retórico y en estas dos últimas cualidades reside precisamente su atractivo, que sería vano buscar en otros aspectos aparentemente más apropiados para despertar la simpatía del lector, como, por ejemplo, el sentimiento amoroso o melancólico; amor y melancolía quedan sumergidos por el preciosismo de las imágenes, las rimas y la concatenación del pensamiento de manera que un lector de poesía no avezado ni siquiera puede percibirlos con facilidad aunque, sin embargo, sea muy sensible a las evocaciones visuales que, esparcidas por el poema de un modo reiterativo y casi geométrico, ofrecen a la imaginación un campo entretejido de verdor, blancura nívea y fulgores dorados por los que, penetrando con la lectura detenida, se entra en paisajes encantados donde la lisura y sobriedad de la expresión y la musicalidad del verso recrean el ánimo emocionándolo. Cuando, por ejemplo, en la estrofa cuarta se lee:

> *Non fur già mai veduti sì begli occhi,*
> *O ne la nostra etade o ne'prim'anni,*
> *Che mi struggon così come'l sol neve:*
> *Onde procede lagrimosa riva*
> *Ch'Amor conduce a piè del duro lauro*
> *Ch'à i rami di diamante e d'or le chiome.*

> (No se vieron jamás tan bellos ojos,
> En nuestra edad o en los primeros años,
> Que me abrasan lo mismo que el sol nieve:
> Y así un río de llanto va a la riba
> Que Amor conduce hasta el cruel laurel
> De ramas de diamante, áureos cabellos.),

se despliega ante la vista un lugar donde un río de lágrimas fluye hacia un laurel hecho de materias preciosas. Tal paisaje resulta fascinador precisamente porque sus elementos están artificializados y, ensalzados por una visión tan extraña, los ojos únicos en su belleza resplandecen de modo irresistible.

Cada una de las estrofas puede decirse que describe un lugar pequeño y artificioso en el que entran los mismos componentes, evocados por palabras idénticas y, así, el lector, al pasar de un sexteto a otro, va recogiendo en la imaginación variantes alternadas de un mismo espacio irreal y fantástico donde la nieve, el sol, los árboles y las riberas no son lo que parecen sino transformaciones cuya base es el aspecto y las cualidades de una mujer.

No encontramos en este poema ninguna de las evocaciones realistas que esmaltan los de los trovadores porque aquí todos los elementos básicos del recuerdo han sido filtrados con esmero para no dejar de ellos más que un resplandor. Pero los resplandores son tan firmes y están tan sólidamente encadenados unos con otros que el mundo artificioso que crean posee una realidad mental auténtica. Su trama es segura y la inteligencia se siente extraordinariamente halagada al discurrir por un mundo donde todo es puramente lógico y bello. La poesía de Petrarca -de cuya técnica y tono peculiares estimo que la *Rima XXX* es un ejemplo muy representativo- es para nosotros una joya mental que nos deslumbra y fascina.

3

Charles D'Orleans:
Balada

En la forest d'ennuÿeuse tristesse
un jour m'avint qu'a par moy cheminoye,
si rencontray l'amoureuse deesse
qui m'appella, demandant ou j'aloye.
5- Je respondy, que par fortune estoye
mis en exil en ce bois, long temps a,
et qu'a bon droit appeller me povoye
l'omme esgaré qui ne scet ou il va.

En sousriant par sa tresgrant humblesse
10- me respondy: 'amy, se je savoye
pour quoy tu es mis en ceste destresse,
a mon pouair voulentiers t'aideroye.
Car ja pieç'a je mis ton cueur en voye
de tout plaisir, ne sçay qui l'en osta.
15- Or me desplaist qu'a present je te voye
l'omme esgaré qui ne scet ou il va'.

'Helas' dis je, 'souverainne princesse,
mon fait savez: pour quoy le vous diroye?
c'est par la mort, qui fait a tous rudesse,
20- qui m'a tollu celle que tant amoye,
en qui estoit tout l'espoir que j'avoye,
qui me guidoit si bien m'acompaigna
en son vivant, que point ne me trouvoye
l'omme esgaré qui ne scet ou il va'.

25- Aveugle suy, ne sçay ou aler doye:
de mon baston, affin que ne forvoye,
je vois tastant mon chemin ça et la.
C'est grant pitié qu'il couvient que je soye
l'omme esgaré qui ne scet ou il va.

En la floresta de tristeza odiosa
un día sucedió que por mi vía
hube de hallar a la amorosa diosa
quien me llamó por ver a dónde iría.
5- Respondí que mi suerte me tenía
hace tiempo en el bosque desterrado
y que llamarme con verdad podía
el hombre que se sabe extraviado.

Sonriendo, pues era vergonzosa,
10- "amigo", respondió, "me gustaría
si supiese la cuita que te acosa,
ayudarte y, pudiendo, así lo haría.
Pues a tu corazón mostré la vía
del placer que por alguien te es negado
15- y me duele que seas todavía
el hombre que se sabe extraviado."

"Ay", dije yo, "princesa poderosa,
de mi sabed -¿por qué lo callaría?-
que es por la muerte, que jamás reposa,
20- y me ha robado a la que más quería:
en ella mi esperanza residía
y cuando estaba viva y a mi lado
en ninguna ocasión yo me sentía
el hombre que se sabe extraviado."

25- Ciego estoy, y mi paso se extravía:
con mi bordón, por no enredar mi vía,
voy tanteando a uno y otro lado.
Lástima que yo sea todavía
el hombre que se sabe extraviado.

(*Traducción de Angel Crespo*)

En la balada *En la forest d'ennuyeuse tristesse* ("En la floresta de tristeza odiosa") de Charles d'Orleans el tono dominante es el del misterio y la melancolía. El tema es aquí, como en la *Rima XXX* de Petrarca, el dolor causado por el amor pero -de modo muy distinto al poeta toscano-, el francés se expresa con dulzura y suavidad. La *Rima* de Petrarca es amarga y apasionada, además de altiva, mientras la balada del de Orleans es, sobre todo, triste, y pulsa una cuerda más íntima y resignada.

Desde el punto de vista de la emoción poética, los versos de Petrarca provocan un sentimiento de asombro y admiración por la perfecta arquitectura de sus metáforas, por el difícil vuelo de la inteligencia que ha trabado todas aquellas imágenes complicadas y por el brillo prodigioso de la estampa femenina que recogen, así como por el amor eterno y devoto del poeta; podemos decir que, con aquel poema, es la inteligencia la que se sorprende y maravilla, y que el asombro se produce gradualmente al ir entrando, con observación detallada, en el juego retórico de la expresión. Por el contrario, en la "balada", desde la primera lectura el ánimo se siente impresionado por el relato del poeta, que comienza diciendo:

> En la forest d'ennuyeuse tristesse
> Un jour m'avint qu'a par moy cheminoye
> Si recontray l'amoureuse deesse
> Qui m'appella, demandant ou j'aloye.
> Je respondy, que par fortune estoye
> Mis en exil en ce bois, long temps a,
> Et qu'a bon droit appeller me povoye
> L'omme esgaré qui ne scet ou il va.

> ("En la floresta de tristeza odiosa
> Un día sucedió que, por mi vía,
> Hube de hallar a la amorosa diosa,
> Quien me llamó por ver a dónde iría.
> Respondí que la suerte me tenía
> Hace tiempo en el bosque desterrado
> Y que llamarme con verdad podía
> El hombre que se sabe extraviado.")

Comprendemos en seguida el significado inmediato del relato y no tenemos, como en Petrarca, que volver sobre los versos para poder constatar la relación que guardan entre sí las frases sucesivas. Y el significado que comprendemos está poblado de sugerencias misteriosas: en primer lugar, el sitio en que el poeta se sitúa, la "floresta de tristeza odiosa", es sombrio e inquietante; además, allí, inesperadamente (Cf. verso 3), se encuentra "a la amorosa diosa" (encuentro que es otro misterio) que le interroga y, por consiguiente, el diálogo entre el poeta y ella está rodeado del prestigio de lo sobrenatural y maravilloso. Todo este planteamiento (versos 1-4) está dentro de la tradición alegórica y posiblemente tiene para el lector actual más impacto estético que tuvo para el de su época, demasiado habituado a este tipo de procedimientos. Pero la respuesta dada a la diosa (versos 5-8), aunque se sitúa también dentro de lo alegórico, conduce el misterio a un ámbito más personal cuyo individualismo se afina en el último verso de la estrofa, donde el caminante se da a sí mismo un mote: "el hombre que se sabe extraviado".

En la estrofa segunda de las cuatro que componen la balada, habla esta diosa del amor, esta Venus a quien se alude mediante una perífrasis y a quien se pinta graciosa y humilde como una doncella (*En sousriant par sa tres grant humblesse / Me respondy: 'amy...*, "Sonriendo, pues era vergonzosa / amigo respondió"). La imagen de la diosa del Amor no concuerda con los rasgos convencionales de la Venus antigua, triunfante y espléndida en lugar de sonriente y humilde, de modo que ésta pintada por Charles d'Orleans nos sorprende por lo poco habitual de su apariencia, que más que de diosa pagana es propia de una criatura angélica. En el parlamento de Venus que ocupa la estrofa II, lo más relevante es la timidez y ternura amistosa mostrada al condolerse con el poeta al mismo tiempo que lamenta su propia falta de omnipotencia: *a mon pouair voulentiers t'aideroye* ("me gustaría... ayudarte y, pudiendo, así lo haría"), le dice, como si ella fuera una mujer amable desprovista de poderes sobrenaturales. A su cariñosa invitación a la confidencia, "el hombre que se sabe extraviado" contesta, en los versos de la estrofa III, explicando quién ha sido la enemiga de su felicidad, con lo que evoca sentimientos universalmente dolorosos por la realidad a que se refieren: *c'est par la mort qui fait a tous rudesse* ("es por la muerte, que a todos maltrata").

De la mujer amada que le ha sido arrebatada por la muerte no menciona el poeta el aspecto exterior, no se refiere a su belleza sino tan sólo a la cualidad de ser su compañera, de manera que esta figura de mujer apenas entrevista, evocada solamente en su influencia benéfica sobre el enamorado (que, sin ella, vive con la conciencia de estar perdido) impresiona profundamente. La simpatía que suscita el poeta, la compasión, se profundizan en los cinco versos de la estrofa final que, dando por terminada la alegoría, presentan una imagen muy plástica y triste del autor:

> Aveugle suy, ne say ou aler doye:
> De mon baston, affin que ne forvoye,
> Je vois tastant mon chemin ça et là.
> C'est grand pitié qu'il convient que je soye
> L'omme esgaré qui ne scet ou il va.

> ("Ciego estoy, y mi paso se extravía;
> Con mi bordón, por no enredar mi vía,
> Voy tanteando a uno y otro lado.
> Lástima que yo sea todavía
> El hombre que se sabe extraviado.")

En realidad, estos versos vienen a ser la parte importante de la comunicación poética, el centro del mensaje del autor; su efecto, al estar situados como colofón de la historia que se narra anteriormente, es muy intenso pues se produce una ruptura de perspectiva entre lo expresado en las tres primeras estrofas y lo que se dice en esta última, ruptura que se apoya en el desfasamiento temporal del verbo, que se refiere al pasado en la primera parte del poema mientras en la última estrofa, rompiendo bruscamente la continuidad de su narración, el poeta se sitúa en el presente.

Las rupturas de perspectiva debidas al cambio de tiempo verbal son un recurso de gran eficacia en los poemas cuya estructuración se basa en núcleos narrativos porque producen en el ánimo un desconcierto que es apenas perceptible pero que resulta suficiente para modificar inconscientemente la actitud del lector hacia la materia de lo narrado, en la que percibe algo sorpresivo. Lo sorpresivo, en el caso que nos ocupa, está sobre todo en el cambio brusco de ese personaje que comienza narrando con tono calmado (Cf. verso 2: "Un día sucedió que, por mi vía,") como si se encontrase emocionalmente alejado de su historia y, súbitamente (Cf. versos 25 y ss.) se muestra a sí mismo -usando el tiempo presente- como un patético resultado de los sucesos que ha estado refiriendo con tanta serenidad.

Otro fundamento importante de la emoción poética en esta balada es el uso sabio de la alegoría, pues el autor toma de ella lo estrictamente necesario para dar connotaciones colectivas y universales a sus sentimientos pero a estas connotaciones les impone su propia intimidad y una visión que particulariza lo alegórico y le hace perder todo sabor estereotipado. Así, el bosque, tradicional lugar común donde ocurrían las apariciones o comenzaban los sueños de la poesía medieval, es mencionado aquí no como un pretendido lugar real sino como un auténtico símbolo: "la floresta de tristeza" del primer verso posee ya, en la conciencia del poeta que la nombra, la calidad de imagen retórica en lugar de ser la evocación ideal de un bosque que el lector deberá interpretar como simbólico pero que el poeta describe como real (por ejemplo, la "selva oscura" de Dante es posible en su significado literal mientras la "floresta de tristeza" nunca posee un significado literal sino solamente figurado). En tal lugar emocional, el autor se confiesa desterrado por la fortuna (Cf. versos 5-6), con lo que amplía la imagen primera, que concluye con la afirmación de su profundo desconcierto (Cf. versos 7-8), definido en el afortunado verso 8, que es el estribillo de la balada. Desde el punto de vista de lo informativo, este estribillo puede parecer redundante porque es evidente que "el hombre extraviado" "no sabe dónde va", pero, en el poema, el exceso de información hace sentir como desesperada la condición del poeta, porque mimetiza su estado de ánimo -que es confuso, aterrorizado y, por consiguiente, ilógico.

Con el triste lugar contrasta la benigna mujer divina que se interesa en el destino del extraviado: está dibujada con los rasgos de una dama cortés, sonriente, humilde y amable (19). En el encuentro entre ella y el poeta se desliza una alusión a un momento anterior de la relación entre ambos que tuvo como consecuencia el cumplimiento de los deseos amorosos de quien ahora está desterrado de la alegría (*Car ja piec'a mis ton cueur en voye / De tout plaisir, ne say qui l'en osta,* "Pues a tu corazón mostré la vía / Del placer que por alguien te es negado"); la alusión, que viene a aumentar el trasfondo melancólico del poema, se prolonga, en la estrofa III, con la explicación que el poeta da de su desgracia, indicando la identidad de quien ha malogrado la anterior intervención de la diosa en su favor. La mención de la muerte y sus maleficios -otro lugar común de la poesía medieval- se hace de un modo lacónico en el que solamente se indica

---

(19) Se trata del arquetipo de la dama cantada por los poetas del *Dolce Stil Novo:* "*Tanto gentile e tanto onesta pare / la donna mia quando ella altrui saluta, / ch'ogne lingua deven tremando muta, / e li occhi non l'ardiscon di guardare*", dice el primer cuarteto de uno de los sonetos más famosos de Dante que han conservado los rasgos ideales de mujer reverenciados por aquel poeta y la escuela a que perteneció. El mismo carácter espiritual y humilde posee esta Venus de Charles d'Orleans, que trae a la memoria la interpretación de la diosa griega por Sandro Botticelli.

lo más esencial y sobresaliente de su imagen en relación con la voluntad expresiva del poeta: "que a todos maltrata".

Este poema puede tomarse muy bien como uno de los ejemplos claros de fusión entre la sensibilidad individualista del hombre del Renacimiento y el material expresivo heredado de la Edad Media; éste es manejado de acuerdo con la nueva sensibilidad y si el uso de los tópicos alegóricos, el estribillo y las imágenes son medievalizantes, por otra parte, el laconismo en la alusión a dichos tópicos, la manera de describir a Venus, a la fortuna y a la amada desaparecida (manera que no alude nunca a detalles del aspecto exterior sino a las acciones y al comportamiento moral) son rasgos muy modernos, que parecen estar incluso muy de acuerdo con el gusto estético de nuestra época. No cabe duda de que la mezcla íntima de elementos procedentes de épocas dispares es una de las fuentes más fecundas y perdurables del efecto producido por una obra de arte y pienso que a ella se debe, en gran medida, el factor de sorpresa que actúa de un modo velado pero sumamente eficaz en la reunión de facetas estéticas disparejas, como la que se da en esta balada (20).

---

(20) Pedro Salinas, en su extenso examen de las *Coplas a la muerte de su padre* de Jorge Manrique, señala como una característica muy destacada de este poema la interpretación personal de los tópicos medievales hecha por su autor. Lo mismo creo que puede señalarse en este caso. Charles d'Orleans y Jorge Manrique fueron prácticamente contemporáneos y no tiene nada de extraño que su sensibilidad y el enfoque de la tradición pasada fuesen semejantes.

4

Garcilaso de la Vega:
Ode Ad Florem Gnidi

     Si de mi baja lira
     tanto pudiesse el son que en un momento
     aplacase la ira
     del animoso viento
5-   y la furia del mar y el movimiento,

     y en ásperas montañas
     con el süave canto enterneciesse
     las fieras alimañas,
     los árboles moviesse
10- y al son confusamente los truxiesse:

     no pienses que cantado
     sería de mí, hermosa flor de Gnido,
     el fiero Marte ayrado,
     a muerte convertido,
15- de polvo y sangre y de sudor teñido.

     ni aquellos capitanes
     en las sublimes ruedas colocados,
     por quien los alemanes,
     el fiero cuello atados,
20- y los franceses van domesticados;

     mas solamente aquella
     fuerça de tu beldad sería cantada,
     y alguna vez con ella
     también sería notada
25- el aspereza de que estás armada,

     y cómo por ti sola
     y por tu gran amor y hermosura,
     convertido en vïola,
     llora su desventura
30- el miserable amante en tu figura.

Hablo d'aquel cativo
de quien tener se debe más cuidado,
que' stá muriendo bivo,
al remo condenado,
35- en la concha de Venus amarrado.

Por tí, como solía,
de áspero cavallo no corrige
la furia y gallardía,
ni con freno la rige,
40- ni con bivas espuelas ya l'aflige;

por ti con diestra mano
no rebuelve la espada presurosa,
y en el dudoso llano
huye la polvorosa
45- palestra como sierpe ponçoñosa;

por ti su blanda musa,
en lugar de la cíthera sonante,
tristes querellas usa
que con llanto abundante
50- hazen bañar el rostro del amante;

por ti el mayor amigo
l'es importuno, grave y enojoso:
yo puedo ser testigo,
que ya del peligroso
55- naufragio fuy su puerto y su reposo,

y agora en tal manera
vence el dolor a la razón perdida
que ponçoñosa fiera
nunca fue aborrecida
60- tanto como yo dél, ni tan temida.

No fuiste tú engendrada
ni produzida de la dura tierra;
no deve ser notada
que ingratamente yerra
65- quien todo el otro error de sí destierra.

Hágate temerosa
el caso de Anaxárete, y covarde,
que de ser desdeñosa
se arrepintió muy tarde,
70- y assí su alma con su mármol arde.

Estávase alegrando
del mal ageno el pecho empedernido
quando, abaxo mirando,
el cuerpo muerto vido
75- del miserable amante allí tendido,

y al cuello el lazo atado
con que desenlazó de la cadena
el coraçón cuytado,
y con su breve pena
80- compró la eterna puniçión agena.

Sentió allí convertirse
en piedad amorosa el aspereza.
¡Oh tarde arrepentirse!
¡Oh última terneza!
85- ¿Cómo te sucedió mayor dureza?

Los ojos s'enclavaron
en el tendido cuerpo que allí vieron;
los huesos se tornaron
más duros y crecieron
90- y en sí toda la carne convirtieron;

las entrañas eladas
tornaron poco a poco en piedra dura;
por las venas cuytadas
la sangre su figura
95- iva desconociendo y su natura,

hasta que finalmente,
en duro mármol vuelta y transformada,
hizo de sí la gente
no tan maravillada
100- quanto de aquella ingratitud vengada.

No quieras tú, señora,
de Némesis ayrada las saetas
provar, por Dios, agora;
baste que tus perfettas
105- obras y hermosura a los poetas

den inmortal materia,
sin que también en verso lamentable
celebren la miseria
d'algún caso notable
110- que por ti passe, triste, miserable.

Versando también sobre el tema de la desventura amorosa, la "Oda a la Flor de Gnido" se encuentra, en cuanto a la técnica representativa se refiere, a medio camino entre la "Rima XXX" de Petrarca y la "Balada" de Charles d'Orleans. Si en ésta última el procedimiento poético se basa en la narración y en aquélla en la elaboración de conceptos, la "Oda" de Garcilaso participa, con la primera, de la narración como base expresiva y, con la segunda, de las transposiciones conceptuales que adornan los distintos fragmentos narrativos. Quiero decir con esto que, así como Charles d'Orleans, para expresar su dolor y desconcierto, se vale del relato de un episodio que presenta como sucedido a él mismo (el encuentro, en el bosque, con la diosa del amor y su conversación con ella), Garcilaso, en esta oda, usa como recurso principal el relato de una historia de amor, que toma de Ovidio (21); pero, así como el lenguaje del poema francés apenas hace uso de las figuras conceptuales y se ciñe denotativamente al caso que narra (aunque su significado verdadero sea simbólico) no oponiendo obstáculos a la comprensión inmediata, la "oda" del español se aproxima, en este sentido, al estilo de Petrarca al intercalar en el lenguaje discursivo y narrativo una serie de zonas de complicación conceptual que son semejantes a la expresión poblada de metáforas en que se complace el autor toscano.

Así, las trece primeras estrofas obedecen a un tono discursivo y encaminado a la persuasión, que se inicia con una frase condicional en el verso 1: "Si de mi baja lira / tanto pudiera el son..." Esta frase termina en el verso 9 para unirse, en el 10, a la oración principal de que depende: "no pienses que cantado / sería de mi..."; oración que, a su vez, es coordinada de la que empieza en la estrofa IV: "ni aquellos capitanes / ...", mientras ambas se continúan con una adversativa en el verso 1 de la estrofa V: "mas solamente aquella / fuerça de tu beldad sería cantada"; esta oración adversativa tiene, a su vez, una coordinada que encabeza la estrofa 6: "y cómo por ti sola / ..." Y solamente con la estrofa VI se termina el primer período de la

---

(21) En el libro XIV de las *Metamorfosis*, la historia de Iphis y Anaxárete forma parte de la de Pomona y Vertumnio.

"Oda" cuyos elementos integrantes se han ido extendiendo simétricamente a lo largo de treinta versos. En la estrofa VII comienza una frase nueva, que termina en la XII, y la estrofa XIII está compuesta por una frase aislada que va a ser la transición retórica entre la primera parte del poema (discursiva) y la segunda (narrativa).

En las primeras doce estrofas, de cada parte de la oración central se van desprendiendo distintos núcleos de lenguaje figurado como, por ejemplo, la alusión a Orfeo y sus virtudes musicales de las dos primeras estrofas, en cuyos versos el poeta, implícitamente, lo toma como parangón, y la metáfora alegórica de la estrofa III, que dice:

> el fiero Marte airado,
> a muerte convertido,
> de polvo y sangre y de sudor teñido.

La estrofa IV es una perífrasis (pues se refiere a los capitanes españoles, que no menciona directamente) que incluye una metáfora alegórica (verso 2: "en las sublimes ruedas colocados"), y, en la VI, otra imagen se refiere al amante "convertido en viola" que llora por las asperezas de la Hermosa Flor de Gnido. Las estrofas VII-XII se dedican a relatar el estado del enamorado despreciado por la dama, y las figuras conceptuales siguen al servicio del tema: así, el enamorado es llamado "cativo" que está "amarrado a la concha de Venus", "al remo condenado", y se indica el abandono en que tiene los ejercicios naturales de un caballero (el montar a caballo: estrofa VIII), la guerra (estrofa IX) y cómo su arte de componer versos hace derramar el llanto (estrofa IX); la descripción del estado en que se encuentra el amante despreciado termina con una hipérbole que se extiende a lo largo de dos estrofas (XI y XII) y que expresa cómo el poeta es aborrecido y temido más "que ponçoñosa fiera" por el enamorado (Garcilaso habla en nombre de otro) no obstante haber sido él en otro tiempo "su puerto y su reposo": mas ahora, dice en el comienzo de la estrofa XI, "por ti el mayor amigo / l'es importuno, grave y enojoso".

El lenguaje de Garcilaso, en esta primera parte de la "oda", se caracteriza no sólo por las imágenes constituídas mediante la técnica narrativa (perífrasis, alusiones, etc.) sino también por determinados procedimientos sintácticos muy propios del estilo de este poeta, como son el hipérbaton (ej.: "por quien los alemanes, / el fiero cuello atados, / y los franceses van domesticados") y el uso de adjetivos yuxtapuestos cuyos significados son de intensidad creciente o decreciente, para calificar una situación (ej.: "por ti el mayor amigo / L'es importuno, grave y enojoso"). Tanto la distorsión o complicación sintáctica como la insistencia en determinados conceptos mediante el uso de cuasi-sinónimos, colaboran con las imágenes para dar relieve y bulto plástico a la exposición clara y lógica del pensamiento que sirve de hilo conductor del poema.

Las estrofas XIII y XIV vienen a ser como un exordio, una amonestación a la dama a quien, tras haber relatado el triste estado de su amante, va a exponer el caso ocurrido a otra mujer ingrata en el amor:

> Hágate temerosa
> el caso de Anaxárete, y covarde,
> que de ser desdeñosa
> se arrepintió muy tarde,
> y así su alma con su mármol arde.

Y las seis estrofas siguientes van a dedicarse a la descripción de la metamorfosis ocurrida a Anaxárete, quien desdeñaba el amor de Iphis, que pasaba el día a su puerta, colgando de ella guirnaldas de suplicante y sollozando sin conseguir una mirada de la joven, hasta que un día sintió que no podía seguir viviendo siendo objeto de aquel desprecio y, después de suplicar a los dioses que se cuidasen de perpetuar su recuerdo en la memoria humana para, así, suplir los años de vida que le quitaba la ingratitud amorosa, se ahorcó, colgándose del mismo lugar donde ponía guirnaldas en la puerta de la casa de su amada. Al contemplar su cadáver, Anaxárete quedo convertida en piedra tan dura como su corazón.

En la "Oda", no se relata la leyenda de Anaxárete e Iphis sino que, aludiendo a ella, Garcilaso describe de modo muy vívido la metamorfosis de la muchacha: "Estávase alegrando / del mal ageno el pecho empedernido / Cuando, abaxo mirando, / el cuerpo muerto vido / del miserable amante allí tendido, // y al cuello el lazo atado / con que desenlazó de la cadena / el coraçón cuytado, y con su breve pena / compró la eterna punición agena". En estos versos, hemos de observar que el pasado continuo del primero y el inciso del tercero donde se proporciona un detalle de verismo muy descriptivo de la escena ("abaxo mirando"), contribuyen con algunos aspectos ambientales, poderosos aunque breves, a la aproximación al lector de la escena narrada; por otra parte, la referencia al "miserable amante" y la cadena en que tenía puesto el corazón, que desató por medio del suicidio, forman un eco que prolonga la imagen del cautivo de la estrofa III, "amarrado", también a la concha de Venus, y que introduce el segundo término de un paralelismo de conceptos que se sugieren entre el caso antiguo de amor despreciado y el contemporáneo del autor con el que se establece la semejanza.

En la descripción de la metamorfosis, el rasgo estilístico que hay que destacar más es el uso magistral de los tiempos verbales, muy abundantes (se usan veintidós formas verbales en seis estrofas) y con predominancia del pasado, que comunican viveza y verismo a la representación de la escena, concluída la cual, en las dos estrofas finales, el poeta corona su oda alabando la perfección de la dama a quien la dirige y asegurándole que su belleza y obras son suficientes para conseguir la fama inmortal:

> No quieres tú, señora,
> de Némesis ayrada las saetas
> provar, por Dios, agora;
> baste que tus perfettas
> obras y hermosura a los poetas
>
> den inmortal materia,
> sin que también en verso lamentable
> celebren la miseria
> d'algun caso notable
> que por tí passe, triste, miserable.

Seguramente el aspecto de la poesía de Garcilaso de la Vega que ha sido más destacado por los críticos es el de su armoniosa serenidad ligeramente perturbada por un temblor oculto. Por lo que se refiere a este poema, creo que esta evidente cualidad está producida fundamentalmente por un paralelismo que podemos señalar como existente en diversos planos y no siendo rigurosamente simétrico sino presentando algunas facetas desemejantes. Dicho paralelismo puede ser observado en las dos situaciones amorosas -una real y otra legendaria- que se evocan, en las frases sintácticas paralelas que componen las estrofas sucesivas, en la anáfora frecuente y en el mismo uso de sinónimos antes indicado (es decir, encontramos paralelismo en todos los niveles de la expresión, desde la historia narrada hasta la ordenación sintáctica y morfológica); la desemejanza se observa especialmente, en las historias amorosas paralelas, en el desenlace, pues se conoce el final de Anaxárete pero se espera que la Flor de Gnido preste oídos al conmovedor discurso del poeta. También dentro de la simetría de la expresión pueden señalarse varios desequilibrios, entre los que indicaremos el que se basa en la distorsión sintáctica de la frase o en el sumar a ésta un elemento inesperado cuando se la percibía ya como terminada y completa. Por ejemplo, en los versos:

> Si de mi baja lira
> tanto pudiera el son que en un momento
> aplacase la ira
> del animoso viento
> y la furia del mar y el movimiento,

ese "y el movimiento" final produce una ruptura en la percepción, es una aparición inesperada que, miméticamente, agita el pensamiento (al mismo tiempo que, por ser final de estrofa y encontrarse tan separado del resto de la frase, atrae sobre sí toda la atención) y hace que lo anteriormente leído palidezca en el recuerdo y, sobre ello, predomine la idea de "movimiento". Del mismo modo, en la estrofa última, el verso que la termina lleva, al final, dos adjetivos que en una frase normal deberían ir en la posición diferente -junto al substantivo y su otro adjetivo- pero que son apartados de ella y colocados en el extremo último de la estrofa, que recaba para sí toda la atención:

> ....
> sin que también en verso lamentable
> celebren la miseria
> d'algun caso notable
> que por ti pase, triste, miserable.

Los adjetivos "triste" y "miserable", desplazados de su orden habitual en la frase, causan sorpresa y quedan flotando en el ánimo como un eco melancólico, como un resumen triste de todo lo leído.

5

El barroco español:
Poemas de Quevedo y Góngora

FRANCISCO DE QUEVEDO: SONETOS

A Flori, que tenía unos claveles entre el cabello rubio

Al oro de tu frente unos claveles
veo matizar, cruentos, con heridas;
ellos mueren de amor, y a nuestras vidas
sus amenazas les avisan fieles.

5- Rúbricas son piadosas y crueles,
joyas facinorosas y advertidas;
pues, publicando muertes florecidas
ensangrientan al sol rizos doseles.

Mas con tus labios quedan vergonzosos
10- (que no compiten flores a rubíes)
y pálidos, después de temerosos.

Y cuando con relámpagos te ríes
de púrpura, cobardes, si ambiciosos,
marchitan sus blasones carmesíes.

Obstinado padecer sin intercadencia ni alivio

Colora abril el campo que mancilla
agudo hielo y nieve desatada
de nube oscura y yerta, y, bien pintada,
ya la selva lozana en torno brilla.

5- Los términos descubre de la orilla
corriente con el sol desenojada.
Y la voz del arroyo articulada
en guijas llama l'aura a competilla.

Las últimas ausencias del invierno
10- anciana seña son de las montañas,
y en el almendro aviso al mal gobierno:

sólo no hay primavera en mis entrañas,
que habitadas de amor arden infierno,
y bosque son de flechas y guadañas.

Que la vida es siempre breve y fugitiva

Todo tras sí lo lleva el año breve
de la vida mortal burlando el brío,
al acero valiente, al mármol frío,
que contra el tiempo su dureza atreve.

5- Antes que sepa andar, el pie se mueve
camino de la muerte, donde envío
mi vida oscura; pobre y turbio río,
que negro mar con altas ondas bebe.

Todo corto momento es paso largo,
10- que doy a mi pesar en tal jornada,
pues parado y durmiendo siempre aguijo;

breve suspiro, y último, y amargo,
es la muerte forzosa y heredada;
mas si es ley, y no pena, ¿qué me aflijo?

Represéntase la brevedad de lo que vive y cuán nada parece lo que se vivió

¡Ah de la vida! ¿Nadie me responde?
¡Aquí de los antaños que he vivido!;
la fortuna mis tiempos han mordido;
las horas mi locura las esconde.

5- ¡Qué sin poder saber cómo ni adónde,
la salud y la edad se hayan huído!
Falta la vida, asiste lo vivido
y no hay calamidad que no me ronde.

Ayer se fué, mañana no ha llegado,
10- hoy se está yendo sin parar un punto;
soy un fué, y un seré un es cansado.

En el hoy, y mañana, y ayer, junto
pañales y mortaja, y he quedado
presentes sucesiones de difunto.

Amor constante más alla de la muerte

Cerrar podrá mis ojos la postrera
sombra, que me llevare el blanco día,
y podrá desatar esta alma mía
hora, a su afán ansioso lisonjera;

5- mas no desotra parte en la ribera
dejará la memoria en donde ardía;
nadar sabe mi alma la agua fría,
y perder el respeto a la ley severa;

Alma a quien todo un dios prisión ha sido,
10- venas que humor a tanto fuego han dado,
medulas que han gloriosamente ardido,

su cuerpo dejarán, no su cuidado;
serán ceniza, mas tendrán sentido.
Polvo serán, mas polvo enamorado.

LUIS DE GONGORA: POEMAS

Soneto

Ilustre y hermosísima María,
mientras se deja ver a cualquier hora
en tus mejillas la rosada Aurora,
Febo en tus ojos, y en tu frente el día,

5- y mientras con gentil descortesía
mueve el viento la hebra voladora
que la Arabia en sus venas atesora
y el rico Tajo en sus arenas cría:

antes que de la edad Febo eclipsado,
10- y el claro día vuelto en noche oscura,
huya la Aurora de el mortal nublado;

antes que lo que es hoy rubio tesoro
venza a la blanca nieve su blancura,
goza, goza el color, la luz, el oro.

Soneto

Al tramontar del Sol, la ninfa mía,
de flores despojando el verde llano,
cuantas troncaba la hermosa mano,
tantas el blanco pie crecer hacía.

5- Ondeábale el viento que corría
el oro fino con error galano,
cual verde hoja de álamo lozano
se mueve al rojo despuntar del día;

mas luego que ciñó sus sienes bellas
10- de los varios despojos de su falda
(término puesto al oro y a la nieve),

juraré que lució más su guirnalda
con ser de flores, la otra ser de estrellas,
que la que ilustra el cielo en luces nueve.

Fábula de Polifemo y Galatea
(Fragmento: versos 177-248)

      La fugitiva Ninfa en tanto, donde
hurta un laurel su tronco al Sol ardiente,
tantos jazmines cuanta yerba esconde
180- la nieve de sus miembros da a una fuente.
Dulce se queja, dulce le responde
un ruiseñor a otro, y dulcemente
el sueño da a sus ojos la armonía,
por no abrasar con tres soles el día.

185- Salamandria del Sol, vestido estrellas,
latiendo el can del cielo estaba, cuando,
-polvo el cabello, húmedas centellas,
si no ardientes aljófares sudando-
llegó Acis, y de ambas luces bellas
190- dulce Occidente viendo al sueño blando,
su boca dió -y sus ojos, cuanto pudo,
al sonoro cristal- al cristal mudo.

      Era Acis un venablo de Cupido,
de un Fauno -medio hombre, medio fiera-,
195- en Simetis, hermosa Ninfa, habido;
gloria del mar, honor de su ribera.
El bello imán, el ídolo dormido,
que acero sigue, idólatra venera,
rico de cuanto el huerto ofrece pobre,
200- rinden las vacas y fomenta el robre.

      El celestial humor recién cuajado
que el almendra guardó, entre verde y seca,
en blanca mimbre se lo puso al lado,
y un copo, en verdes juncos, de manteca;
205- en breve corcho, pero bien labrado,
un rubio hijo de una encina hueca,
dulcísimo panal, a cuya cera

su néctar vinculó la Primavera.

    Caluroso, al arroyo da las manos,
210- y, con ellas, las ondas a su frente,
entre dos mirtos que -de espuma canos-
dos verdes garzas son de la corriente.
Vagas cortinas de volantes vanos
corrió Favonio lisonjeramente
215- a la del viento -cuando no sea cama
de frescas sombras- de menuda grama.

    La Ninfa, pues, la sonorosa plata
bullir sintió del arroyuelo apenas,
cuando -a los verdes márgenes ingrata-
220- seguir se hizo de sus azucenas.
Huyera..., mas tan frío se desata
un temor perezoso por sus venas,
que a la precisa fuga, al presto vuelo,
grillos de nieve fué, plumas de hielo.

225- Fruta en mimbres halló, leche exprimida
en juncos, miel en corcho, mas sin dueño;
si bien al dueño debe, agradecida,
su deidad culta, venerado el sueño.
A la ausencia mil veces ofrecida
230- este de cortesía no pequeño
indicio la dejó -aunque estatua helada-
más discursiva y menos alterada.

    No al Cíclope atribuye, no, la ofrenda;
no al Sátiro lascivo, ni a otro feo
235- morador de las selvas, cuya rienda
el sueño aflija que aflojó el deseo.
El niño dios, entonces, de la venda
ostentación gloriosa, alto trofeo
quiere que al árbol de su madre sea
240- el desdén hasta aquí de Galatea.

    Entre las ramas del que más se lava
en el arroyo, mirto levantado,
carcaj de cristal hizo, si no aljaba,
su blando pecho de un arpón dorado.

245- El monstruo de rigor, la fiera brava,
mira la ofrenda ya con más cuidado,
y aún siente que a su dueño sea devoto,
confuso alcaide más, el verde soto.

En los poemas de Quevedo y Góngora nos encontramos con lo que se puede considerar el grado cero del elemento narrativo. Motivados por una percepción visual o intelectiva, estos poemas giran en torno a un punto único, del que ofrecen distintas imágenes que se basan, a su vez, en motivos diferentes visuales o ideológicos y que no presentan un desarrollo en sentido lineal sino una intensificación del mismo motivo central, cuyo impacto profundizan. Así, el soneto de Quevedo "A Flori, que tenía unos claveles sobre el cabello rubio", consiste en una elaboración de conceptos en torno a la imagen visual que el título indica. En el primer cuarteto, los dos primeros versos no son una repetición de esta imagen pero la expresan no directamente sino transformada en otras dos cuya conexión con la realidad inicial es la semejanza del colorido: el cabello rubio se convierte en "el oro de tu frente" y los claveles rojos en heridas sangrientas:

> Al oro de tu frente unos claveles
> veo matizar, cruentos, con heridas;
> ellos mueren de amor, y a nuestras vidas
> sus amenazas les avisan fieles.

En los versos 2 y 3 recién citados, a los "claveles / heridas sangrientas" se les atribuye la condición de estar muriendo de amor, (es decir, se les humaniza) y la de estar advirtiendo a las vidas del poeta y de quienes estén representados con él en el plural del posesivo ("nuestras"), del riesgo que van a correr si se enamoran de Flori.

En el cuarteto segundo, cuatro imágenes cuyo origen sigue siendo el color de los claveles y el lugar eminente en que aparecen colocados, son otras tantas variaciones del mismo tema: los claveles son "rúbricas" y "joyas", "piadosas y crueles" a un tiempo las primeras y "facinerosas y advertidas" las segundas; las "rúbricas" -o marcas rojas- son piadosas hacia quienes las contemplan porque quieren salvarlos del peligro y "crueles" por su color, que evidencia sangre. Las "joyas" son "facinorosas" por su color y "advertidas" por su posición, que está expuesta a la contemplación de todos. Rúbricas y joyas (en que los claveles se han desdoblado) van "publicando muertes florecidas" (verso 7) y "ensangrentando al sol ricos doseles" (verso 8): en la primera imagen se concentra la de la muerte tratada en los versos anteriores, a la que se aplica el adjetivo de "florecida", en el que se ha llegado a transformar el substantivo "flores" mediante una metamorfosis de la función gramatical que es muy propia del estilo quevediano y conceptista; en efecto, lo que inicialmente fue un adjetivo -"cruento"- y un verbo -"ellos mueren de amor"- motivados por el color de las flores, se ha cambiado en el substantivo, mientas la substancia floral de los claveles ha pasado a ser un accidente: "muertes *florecidas*". Por otra parte, en la imagen segunda de las dos recién citadas, se da también una gran concentración conceptual que se apoya en las transformaciones de la función gramatical: "sol", "rizos" y "doseles" son tres substantivos cuya base común es la referencia (provocada por el poeta, en el contexto) a los cabellos rubios, de los cuales, cada uno de estos substantivos evoca un aspecto: "sol" el color, "rizos" la forma, "doseles" la situación con respecto a la persona de Flori pues, extendidos sobre su cabeza, imitan la función de un dosel. Las tres palabras, lanzada la una contra la otra en la apretura del verso endecasílabo, sufren una mezcla en sus significados de manera que, unidos éstos, vienen a ser el complemento necesario del verbo "ensangrentar" sin que sea posible hacer entre las tres palabras una verdadera separación semántica: el "sol rizos doseles" son los cabellos rubios, esté relacionado el "sol", en la estructura de la frase, con el verbo "ensangrentar" como complemento circunstancial o bien su papel dentro de la oración sea, como lo estoy interpretando aquí, servir de complemento al mismo verbo.

En los tercetos se introduce un nuevo elemento, que son los labios de Flori cuyo color rojo los relaciona inmediatamente con los claveles. El cabello rubio no aparece en los tercetos, donde el tema establece una especie de competición entre "claveles" y "labios", en que los segundos triunfan de los primeros. Los labios, aquí, son representados por "rubíes" (verso 10) y su movimiento al reirse se convierte en "relámpagos de púrpura" (versos 12 y 13). Junto a ellos, los claveles quedan "vergonzosos" (verso 9), "pálidos", "temerosos" (verso 11) y, por fin, "cobardes si ambiciosos / marchitan sus blasones carmesíes". En el último verso, reaparece una imagen de que los claveles son el referente, pues su color (y al mismo tiempo su exhibición) se recoge en los "blasones carmesíes" que se marchitan.

En el soneto "Obstinado padecer sin intercadencia ni alivio" el poeta compara el estado de su ánimo enamorado con el aspecto de una naturaleza floreciente. Contrariamente a lo que podría ocurrir en la poesía amorosa medieval (Cf. el poema de Guilhem de Pieutieus, p.

22), aquí se establece una antítesis en lugar de una semejanza, entre el nacimiento de la primavera y los sentimientos del enamorado no correspondido. A la descripción de la naturaleza en la primavera naciente se dedican los cuartetos y el primer terceto, mientras el segundo terceto es una reflexión sobre la falta de armonía existente entre aquel espéctaculo gozoso y la desesperación sentida por el autor del poema: el contrapunto es altamente mimético ya que se da un desequilibrio evidente entre el espacio dedicado a la descripción amable y el que introduce la reflexión amarga; este efecto apoya el mismo sentimiento de desequilibrio percibido entre la naturaleza renaciente y el ánimo falto de correspondencia amorosa. La descripción, que refleja -como las del soneto anteriormente visto- una imagen visual, es aquí más dinámica que lo es allí la evocación de cabellos, claveles y labios, pero se mantiene fuera de los límites de lo narrativo:

> Colora abril el campo que mancilla
> agudo hielo y nieve desatada
> de nube oscura y yerta, y, bien pintada,
> ya la selva lozana en torno brilla.

Estos versos producen la imagen nada estereotipada de un paisaje triste sobre el que apenas brilla un tono primaveral: la palabra "mancilla", el "agudo hielo", la "nieve desatada", la "nube oscura y yerta", vienen a ocupar la mitad del cuarteto y los recuerdos que las evocan son invernales y tétricos; sobre ellos, "colora abril" y "bien pintada, / ya la selva lozana en torno brilla" esparcen una luz agradable y esperanzadora. En el segundo cuarteto se continúa la evocación del mismo paisaje, sumándole la aparición de un arroyo: en estos versos, lo descrito va ganando amabilidad y no encontramos nada que produzca una impresión pesimista, sino que, al contrario, el ruido del agua resbalando por entre las piedras parece ser imitado por la estrofa, abundante en aliteraciones en r, que causa una sensación alegre.

El terceto primero continúa con la evocación del paisaje recién salido de los rigores invernales; todas sus evocaciones insisten en la plasticidad, despiertan en la imaginación aspectos visuales, con los que contrasta el último terceto que se refiere al ánimo del poeta, representado, muy materialmente, por la palabra "entrañas":

> sólo no hay primavera en mis entrañas,
> que abrasadas de amor arden infierno,
> y bosque son de flechas y guadañas.

En estos versos parece concentrarse toda la poeticidad: las "entrañas" son evocadas como un sólido territorio donde el amor 'habita' y por cuya causa "arden infierno"; con uso inusitado dentro de las normas gramaticales del castellano, el substantivo "infierno" es un adverbio del verbo "arder" y, por consiguiente, nos encontramos con un grupo léxico como el que señalamos en el soneto anterior en "al sol rizos doseles", en que la supresión de toda aclaración gramatical sobre la relación entre "arder" e "infierno" consigue un efecto sorpresivo y provoca una imagen muy concentrada del contacto que realmente se da entre los significados de una y otra palabra, reunidas violentamente en el verso. Por otra parte, el "bosque de flechas y guadañas" en que se ven transformados los sentimientos del enamorado es una imagen vivísima que evoca sufrimientos intolerables y, al mismo tiempo, enlaza con la descripción de la naturaleza que revive en primavera, la "selva que lozana en torno brilla", oponiendo a aquel florecer el imposible de las flechas y guadañas que forman su bosque interior.

Resumiendo, el impacto poético de este soneto se centra en la antítesis naturaleza / enamorado, en la brusca transición de la primera parte de la antítesis a la segunda y en el relieve plástico de las imágenes que se refieren al segundo término, donde toda la emoción parece vertida y concentrada.

Los sonetos "Que la vida es siempre breve y fugitiva" y "Represéntase la brevedad de lo que vive y cuán nada parece lo que se vivió" son dos de entre los muchos que Quevedo dedica a la reflexión sobre la muerte. Como reflexiones, su tipo de representación es estática, considerativa y no narrativa. La antítesis vida / muerte es el eje de ambos y, mientas en el primero la frase poética avanza inexorable desde el primer endecasílabo hasta el décimocuarto, señalando aspectos progresivamente más cercanos a la muerte, en el segundo, el pensamiento se mueve en círculos reiterativos de la misma idea, si bien ésta se expone bajo apariencias distintas. Así, "Que la vida es siempre... etc." empieza con una consideración de tipo general sobre la brevedad de ésta:

> Todo tras sí lo lleva el año breve
> de la vida mortal, burlando el brío
> al acero valiente, al mármol frío
> que contra el tiempo su dureza atreve.

En el verso 1, toda la extensión de la vida está mencionada con el nombre de "año", lo que comunica una intensa sensación de brevedad con la que contrastan el acero y el mármol duro que le sobreviven tanto. Es en el segundo cuarteto donde comienzan las imágenes que ponen de manifiesto, bajo distintas formas, esta brevedad: "Antes que sepa andar, el pie se mueve / camino de la muerte", es una; en ella, la palabra de la que dimana la fuerza transformadora es "mueve", cuyo significado de "caminar" se disocia del de "cambiar" al referirse a "pie", de manera que el pie 'que se mueve sin saber andar aún' se refiere al significado profundo de 'cambiar' en lugar del habitual de 'caminar' que se asocia con la variación de un pie en movimiento. En el mismo cuarteto, la muerte aparece comparada a un "negro mar con altas ondas" que bebe la vida, la que, a su vez, es un "río pobre y turbulento". La imagen del pie en movimiento hacia la muerte se continúa en el terceto primero:

> Todo momento corto es paso largo
> que doy a mi pesar en tal jornada,
> pues parado y durmiendo siempre aguijo:

La última estrofa insiste sobre la muerte, que se califica de "forzosa" y "heredada", y que aparece mencionada bajo las formas de "breve suspiro, y último y amargo". El primer adjetivo que atrae al poeta es el de la brevedad, y a éste se suman los dos siguientes, cuyo desplazamiento en la frase los hace inesperados y les da poder intensificador. El soneto termina con una reflexión moralizadora que se basa en una antítesis:

> Mas si es ley y no pena, ¿qué me aflijo?

Tal reflexión resta impacto poético al final del soneto que, a causa de ella, acaba por diluirse en un tono conversacional que aleja al lector de la atmósfera de lo artístico.

El soneto "Represéntase la brevedad de la vida..." comienza en forma de apóstrofe e interrogación retóricas con que el poeta interpela a la vida, que, de este modo, queda personificada; también, en el verso 2, es interpelado el pasado, bajo el nombre de "antaños", palabra más abstracta aún, si cabe, que "vida". La "fortuna", la "locura", son dotadas también de actividad humana, de manera que, cada verso del primer cuarteto, encierra una prosopopeya y el poeta se rodea de todas ellas como un actor en medio de un escenario donde aguarda la entrada de otros personajes para expresar su descontento:

> ¡Ah de la *vida*! ¿Nadie me responde?
> ¡Aquí de los *antaños* que he vivido!;
> la *fortuna* en mis tiempos ha mordido;
> las horas mi *locura* las esconde.

En los versos siguientes, del 5 al 10, se reflexiona sobre el paso del tiempo en un lenguaje conciso y directo hasta llegar al verso 11, que resume estas reflexiones en una construcción poética de las más representativas del estilo conceptista: en tres metáforas sucesivas, el poeta se identifica a sí mismo con cada una de las formas temporales más esenciales del verbo *ser*, dando un relieve concreto a los conceptos más abstractos: "soy un *fué*, y un *seré*, y un *es* cansado". En el último terceto se continúa la misma idea con un paralelismo que, primero (verso 12), se establece con *hoy, mañana* y *ayer*, y, luego, se cierra, en el endecasílabo final, con otra imagen (que es el prototipo de las conceptistas) en que el poeta de define como "presentes sucesiones de difunto", recurriendo al uso de las palabras denotadoras de conceptos abstractos "presente" y "sucesión" para transmitir una idea de la insondable fugacidad de la vida humana.

El último soneto que recogemos aquí, "Amor constante más alla de la muerte", es tenido por uno de los más hermosos poemas de amor escritos en castellano. En él, la honda preocupación por la muerte que es característica del poeta que nos ocupa, aparece estrechamente unida al sentimiento amoroso, y tal unión, que se asemeja a la que está presente en las rimas de Petrarca escritas después de la muerte de Laura, es enfocada de modo muy diferente porque para el poeta toscano la amada muerta se aparecía como un refugio seguro al que llegaría su alma tras de la muerte, pero, para el español, de modo contrario, la muerte será la separación total de la amada y, con toda la fuerza de su naturaleza, rechaza la posibilidad de que tal separación ocurra.

El enamorado seguirá unido a la mujer amada en este soneto de Quevedo pero no a través del alma sino del cuerpo; es decir, la esperanza no reside en el espíritu sino en la misma materia pues ésta será, deshecha tras la muerte, la que seguirá enamorada. La misma alma, que se menciona una vez en cada una de las tres primeras estrofas, parece estar concebida según una ideología heterodoxa ya que, por una parte, el camino del alma después de la muerte es pintado, al modo platónico, como el paso de un río con cuyo contacto se pierde la memoria y, por otra, el alma es uno más de los componentes de la personalidad del poeta, enumerados en el primero de los tercetos:

> Alma a quien todo un dios prisión ha sido,
> venas que humor a tanto fuego han dado,
> medulas que han gloriosamente ardido,

Los otros dos componentes, *venas* y *médulas*, son, como se ve, materiales, y en el terceto final no se establece ninguna diferencia entre el destino que aguarda, después de la muerte, al alma, las venas y las médulas, que "su cuerpo dejarán, no su cuidado; / serán ceniza, mas tendrán sentido. / Polvo serán, mas polvo enamorado".

Por lo que se refiere a la emoción poética, no hay duda de que está fuertemente arraigada en el mismo tema, eminentemente trágico, del desafío del hombre a la muerte, con que se abre el soneto:

> Cerrar podrán mis ojos la postrera
> sombra, que me llevare el blanco día,
> y podrá desatar esta alma mía
> hora, a su afán ansioso, lisonjera.

El hombre admite lo irremediable y el ataque de la muerte está evocado de modo frágil y leve ("la postrera / sombra que me llevare el blanco día") de modo que la vida, transformada en "blanco día", recuerda a un pañuelo albo, a algo pequeño y menudo cuyo contacto con la muerte terrible e irrevocable produce una angustia atenazadora. Los versos 3 y 4 son, paralelísticamente, expresión de la misma idea que los 1 y 2 pero su representación es conceptual y no visual como la de aquéllos. En el segundo cuarteto, se inicia el tema del recuerdo tenaz de la materia, que ocupa todos los demás versos del poema. Es el alma quien recuerda, quien puede ir contra lo establecido, burlar lo que parece someter a todos los mortales; la grandeza en el encuentro con la muerte irremediable se mezcla con la evocación de los misterios de ultratumba, traídos a la imaginación con todo su aparato clásico, porque detrás de esa "ribera" (verso 5) y esa "agua fría" (verso 7) que el alma sabe nadar, se pintan a la imaginación el Leteo y el Aqueronte y el cuadro completo descrito por Er el armenio, con almas que revolotean en el famoso valle.

En los tercetos, se expone la razón de que el alma sea imperecedera: es porque ha estado aprisionada por un dios (que, según el contexto, no es otro que Cupido) y porque el cuerpo todo ha ardido tanto en el fuego del amor que:

> su cuerpo dejarán, no su cuidado.
> Serán ceniza, mas tendrán sentido.
> Polvo serán, mas polvo enamorado.

Este terceto final resume, en términos lacónicos y paralelos, el tema del poema; estos tres endecasílabos, que expresan algo inverosímil y asombroso a la vez, lo hacen de modo tan simétrico y profundo que una ilusión de verosimilitud, un espejismo, brota en la mente del lector, que queda hondamente inmerso en la verdad de lo no-lógico.

Como rasgo fundamental del estilo quevedesco podemos señalar, (además de la ya mencionada construcción estática de los poemas que, por lo demás, es característica del soneto desde sus orígenes hasta el siglo XIX, pues esta estrofa surgió para la reflexión contemplativa y no para la narración), la búsqueda continua de la abstractización del lenguaje. Entre sus imágenes, es rara la que se encamina a sensorializar las ideas (Cf. la última de "Obstinado padecer..." como ejemplo de una excepción) ya que, por el contrario, el poeta se complace en crear zonas de puros conceptos, incluso cuando sus expresiones se refieren a realidades de apariencia muy visible. Un caso muy claro es el de las flores del primer soneto, claveles a los que se atribuye el adjetivo de "cruentos": esta palabra es, por su naturaleza, denotadora de una acción y no de un estado; lo mismo ocurre con la cualidad, atribuída a las flores, de advertir a quienes las contemplan de la muerte que aguarda a los que se enamoran; son propiedades no materiales las que el poeta descubre en los seres materiales en los que pone los ojos: las "joyas" o 'labios' son "facinerosas y advertidas", los claveles, junto a los labios, quedan "vergonzosos", "temerosos", y son "cobardes" y "ambiciosos" ante la risa. Del mismo modo, en "Obstinado padecer" (versos 9-11), "ausencia", "seña", "aviso al mal gobierno", son comparaciones usadas para evocar un paisaje en el comienzo de la primavera: naturalmente, el paisaje no es sugerido plásticamente, por estos métodos, sino abstractizado, sumergido con ideas morales. Igual sentido de transformar lo concreto en abstracto posee el uso abundante de verbos y adverbios, categorías morfológicas que constituyen la mayor parte del vocabulario y ocupan posiciones clave en los poemas (Cf. el uso de "ayer", "mañana", "hoy", "antaño", y de las distintas formas temporales de un mismo verbo), en los que los adjetivos denotadores de cualidades externas y los substantivos concretos son muy escasos.

Góngora: Dos sonetos

De los sonetos de Góngora, el primero gira en torno al tema del *carpe diem* y el segundo es la contemplación de una imagen femenina.

En ambos, lo más interesante son las trasposiciones metafóricas con que se sublima a la mujer, que es el objeto central de ellas, o, mejor dicho, su pretexto, puesto que, tanto la dama a quien se dirige el "Ilustre y hermosísima María" como la ninfa descrita en "Al tramontar del Sol, la ninfa mía", proporcionan al poeta la base de una apariencia visual sobre la que pueden operar sus imágenes, con las que teje un plano poético paralelo al real y unido a él por los invisibles hilos de semejanzas cromáticas. Así, el primero de los sonetos citados, está construido sobre el color de las mejillas, los ojos, la frente y los cabellos de la dama a quien se dirige y, siguiendo el esquema petrarquista de la técnica diseminativa-recolectiva (22), mejillas, ojos y frente aparecen, junto a su metáfora respectiva, en el primer cuarteto:

> Ilustre y hermosísima María,
> mientras se deja ver a cualquier hora
> en tus mejillas la rosada Aurora,
> Febo en tus ojos, y en tu frente el día.

De las metáforas mitológicas la primera conserva expreso el elemento de comparación en el adjetivo "rosada" que califica a Aurora y que es el mismo color de las mejillas, mientras el brillo de los ojos (que se asimila a la apariencia de Febo) y el blancor de la frente están elididos de las otras dos, de manera que el lector debe establecer por sí mismo el eslabón en la comparación.

El segundo cuarteto está totalmente dedicado al último de los elementos-base de las metáforas: el cabello (no mencionado en el cuarteto primero). El poeta engasta este cabello en una filigrana de imágenes ya que, de un modo explícito, lo compara a un hilo de oro pero, a su vez, el oro no aparece en el verso sino aludido mediante una perífrasis en que se le describe como "la hebra... / que la Arabia en sus venas atesora" (es decir, que se da en el subsuelo de la Arabia, en vetas) "y el rico Tajo en sus arenas cría" (pues era tradición famosa que en las arenas del río Tajo se encontraban pepitas de oro). Pero, para dar a tan preciosa hebra una característica que la aproxime más a la realidad del cabello, se la califica de "voladora" (verso 6) al soplo del viento. De manera simétrica, los seis versos de los tercetos se reparten entre los elementos cromáticos diseminados en el soneto; el verso 9 recoge la metáfora *ojos=Febo* ("antes que de la edad Febo eclipsado"); el 10, la de la *frente=día* ("y el claro día

---

(22) Cf. Dàmaso Alonso, *Un aspecto del petrarquismo. La correlación poética*, Instituto Italiano de Cultura, Madrid, 1954.

vuelto en noche oscura"); el 11, la de *mejillas* = *Aurora* ("huya la Aurora del mortal nublado"); los versos 12 y 13 recogen la metáfora *cabellos* = *oro*, siguiendo una proporción ya que a esta metáfora es a la que se dedica mayor espacio al llevar a cabo la diseminación ("antes que lo que es hoy rubio tesoro / venza a la blanca nieve su blancura"). En fin, el último endecasílabo recolecciona todos los elementos diseminados en los versos anteriores, representándolos, a su vez, en este caso, por otra imagen que es generalizadora pues las mejillas y la frente son englobadas en el mismo substantivo "color", el brillo de los ojos en la substancia que les confiere brillo, la "luz", y el color del cabello en otra metáfora en la que aparece, ahora, la palabra eludida en la perífrasis del cuarteto segundo con la que se hace alusión al oro sin nombrarlo: ahora, en lugar de 'cabello', en lugar de 'rubio', nos encontramos con la palabra "oro" como si emergiese de la desaparición que sufrió en aquel cuarteto:

goza, goza el color, la luz, el oro.

Esta síntesis final del soneto es un verso memorable tanto por su encantador y delicado sonido como por la concisión que le convierte en verdadera cifra de lo que se ha expuesto tan veladamente en el poema y aquí parece desvelarse y quedar manifiesto (aunque ello no sea completamente cierto porque, por más que la frase sintáctica resulte transparente y cristalina y el vocabulario no pueda ser más sencillo y aparentemente consista en una explicación de las metáforas previas, no lo es puesto que "color", "luz" y "oro" son nuevas representaciones imaginísticas de mejillas, frente, ojos y cabellos mientras que por otra parte, la incitación a gozar de ellos se refiere a gozar de la juventud, y tiene tras de sí los profundos ecos de la tradición del *carpe diem*, que atraviesan la Edad Media y llegan hasta traernos a las mientes la poesía horaciana).

En "Al tramontar del Sol", la divinización o glorificación de la mujer no se hace mediante la equiparación de su apariencia con seres mitológicos, astros o metales preciosos sino que la mujer se representa como sublime a través de los efectos que producen sus acciones, es decir, por la virtud milagrosa que emana de su naturaleza y da de su sublimidad una visión de tipo espiritual. No es dudoso que, para este soneto, Góngora se inspiró en el de Petrarca *"Come'el candido pie l'erba fresca / i dolci passi onestamente move, / vertú che'ntorno i fiori apre e rinnove / de la tenere piante sue par ch'esca"*, pues la imagen que lo abre es semejante y representa a una muchacha caminando por un prado donde el influjo milagroso de su pie hace renacer florecillas. Pero si en el soneto de Petrarca el elemento visual y colorista es solamente un punto de partida, en el de Góngora se convierte en lo más importante. Con cuidado, el pintor, el poeta difunde una luz rosada por el paisaje donde "al tramontar del sol" (verso 1) la ninfa camina cogiendo flores mientras su cabello "se mueve al rojo despuntar del día" (verso 8). Una imagen de larga tradición renacentista, muy querida al poeta cordobés, la del cabello rubio ondeando al viento, la visión del "blanco pie" y de la mano que corta flores, completan el cuadro que llena los dos cuartetos (Cf. versos 1-8). Hay que señalar que el tipo de frase del primer cuarteto parece presagiar una narración porque da la impresión de que hay algo que está ocurriendo y que es significativo, pero en el segundo cuarteto el esbozo de narración se detiene, y, aunque luego, dá un paso más en el primer terceto ("mas luego que ciñó sus sienes bellas / de los varios despojos de su falda"), allí mismo se corta y cede otra vez el paso a la actitud contemplativa, con la que se cierra el poema. Es decir, la intención del poeta al narrar el caminar de una ninfa que recoge flores de un prado al atardecer (al contacto de cuyo pie nacen nuevas flores donde la mano las siega), que luego hace una guirnalda y se la pone en los cabellos, es el gozarse en la belleza del espectáculo evocado y en el preciosismo con que él recrea tan espectáculo mediante el uso del color, el juego de antítesis (por ejemplo: "cuantas troncaba la hermosa mano / tantas el blanco pie crecer hacía"), que producen en el pensamiento una bella sensación de equilibrio inestable, las perífrasis elegantes ("varios despojos de su falda"='flores recogidas'; "término puesto al oro y a la nieve"='la guirnalda que, sobre su cabeza, terminó o coronó el oro de sus cabellos y la nieve de su frente'), y las comparaciones hiperbólicas, como la que concluye el soneto, en la que se asegura

> ... que lució más su guirnalda
> con ser de flores, la otra ser de estrellas,
> que la que ilustra el cielo en luces nueve.

Y la guirnalda de flores que tuvo más resplandor que las estrellas por la virtud de esta mujer evocada en el verso primero del soneto con la palabra "ninfa", acentúa la idea de una esencia superior a la mortal.

Góngora: El fragmento de "Polifemo y Galatea"

La "Fábula de Polifemo y Galatea", uno de los poemas más intrincados del barroco español, ha sido sabia y agudamente comentada en todos sus pormenores (23) y aquí no vamos a insistir en su comentario sino solamente a indicar, apoyándonos en el fragmento que se recoge en este libro, cuáles son los procedimientos usados principalmente por el autor en el logro de lo poético. En primer lugar, el tono dominante sigue siendo, como en los sonetos que acabamos de considerar, la evocación contemplativa de unas imágenes cuyas características se apartan totalmente de las de la realidad ordinaria y entran en un mundo extremadamente refinado donde se mezclan las apariencias de los seres mitológicos a las de los materiales tenidos convencionalmente por más preciosos, como la plata, el oro, el cristal, etc. Esta evocación se halla subordinada a una armazón narrativa cuyo interés no está en la misma fábula (pues la intriga y el desenlace de ésta las conocen todos los lectores capaces de leer el poema, ya que se trata de la fábula de Acis y Galatea, en la que Polifemo ocupa un lugar muy destacado). La historia mitológica sirve al poeta de pretexto para montar sobre ella -a la manera de un decorador de ópera- escenarios maravillosos. Así, en las nueve estrofas de ocho versos endecasílabos cada una, es decir, en los sesenta y tres versos aquí recogidos, se cuenta que Galatea, cansada de huir, se duerme bajo un árbol y poco después llega Acis al lugar donde ella está dormida; mientras la mira, bebe agua de un arroyo y deposita allí unos regalos de almendras, quesos y miel; Galatea, que despierta con el ruido del agua, comienza a huir pero se detiene al contemplar los obsequios, que hacen que su corazón se ablande hacia el donante. Este es el argumento de las nueve octavas reales y, si es ya breve de por sí en relación con la estructura de los versos, resulta que, además, se encuentra oculto en una larga serie de figuras retóricas e imágenes que impiden percibir el desarrollo de la corta historia de una manera directa puesto que cada aparición o movimiento de uno de los personajes debe ser recibida por el lector con una gran lentitud a causa de lo alejados que han llegado a estar entre sí los referentes y su transformación retórica, que es la que el lector percibe en primer lugar. Por ejemplo, cuando en la estrofa primera de las citadas, se lee: "La fugitiva Ninfa en tanto, donde / hurta un laurel su tronco al sol ardiente, / tantos jazmines cuanta yerba esconde / la nieve de sus miembros da a una fuente.", las primeras imágenes que pinta la fantasía son las de las ramas y el tronco del laurel, el sol, los jazmines, la nieve y la fuente: las cosas más plásticas producen un efecto más inmediato y nos representamos una selva donde lo blando

---

(23) El más reciente de estos comentarios es el de Dámaso Alonso, *Góngora y el "Polifemo"*, Ed. Gredos, Madrid, 1974.

y lo verde se mezclan con el brillo del sol, y, en ella, una ninfa "fugitiva", es decir, corriendo (acción que sugiere tanto la vivacidad en la huida que conlleva la palabra "ninfa" como el adjetivo "fugitiva" que la refuerza). No comprendemos inmediatamente lo que sucede en este paisaje porque eso es lo de menor importancia; en el primer momento de la percepción, el significado de la palabra "hurtar" es muy efectista y el laurel que "hurta su tronco al sol" parece -al estar mencionado junto a la ninfa que huye- una de las divinidades menores que pueblan las selvas y luchan contra los dioses del Olimpo. Luego, descubrimos que el significado de este verbo "hurtar" no es literal sino metafórico y que el lugar "donde / hurta un laurel su tronco al Sol ardiente" (versos 177-178) es la sombra del mismo laurel, allí donde el árbol evita que el sol lo ilumine. Del mismo modo, los jazmines que, con su fragancia y blancura, impresionan nuestros sentidos a través de la evocación suscitada por su nombre, no indican que haya de estas flores en el bosque pues los "tantos jazmines cuanta yerba esconde / la nieve de sus miembros..." (versos 179-180) lo que señalan son los blancos miembros de Galatea que, tendidos sobre la yerba, esconden tanto espacio de ésta como ocupan sobre ella; el significado literal de estas metáforas hilvanadas entre sí en una perífrasis es que la ninfa se echó sobre la hierba y que (nueva metáfora y perífrasis): "la nieve de sus miembros da a una fuente" (verso 180), es decir, que está echada junto a una fuente pues en sus aguas se reflejan los miembros blanquísimos.

En cualquiera de las estrofas que nos detuviésemos encontraríamos la misma pluralidad de percepciones. En los versos 209-216 el hilo argumental es que Acis se refresca la frente en el arroyo y ello levanta un fresco vientecillo sobre el lugar donde duerme Galatea; el sitio exacto donde el pastor se refresca está delimitado muy precisamente, "entre dos mirtos que, -de espuma canos- / dos verdes garzas son de la corriente" (versos 211-212); el poeta desea evocar una naturaleza transfigurada completamente por la imaginación, convertida por el hombre en algo diferente de todo lo que se produce espontaneámente, y los mirtos con que flanquea a Acis mientras se lava, son "de espuma canos" (como no pueden serlo otros mirtos que no se han descrito con estas palabras), y son "dos verdes garzas... de la corriente": con cualidades vegetales ("mirtos"), humanas ("canos") y animales ("garzas") estas plantas son singulares y únicas como cuidadas en un raro salón. Y lo mismo ocurre con el vientecillo que sopla sobre Galatea, que aparece evocado como unas "vagas cortinas de volantes vanos" (verso 213) que "corrió Favonio lisonjeramente / a la del viento -cuando no sea cama / de frescas sombras- de menuda grama". En estos verso -del 213 al 216- encontramos una construcción sintáctica muy característica del estilo gongorino, en la que conviene detenerse un momento. Dicen los versos:

> Vagas cortinas de volantes vanos
> corrió Favonio lisonjeramente
> a la del viento -cuando no sea cama
> de frescas sombras- de menuda grama.

Desde el punto de vista del lenguaje poético, estos versos están compuestos por unas cuantas metáforas en que aparecen transformadas las realidades básicas: una de ellas es el *'viento'* = *Favonio* (metáfora mitológica), otra, las *'ráfagas de viento'* = "*vagas cortinas de volantes vanos*" (residiendo la semejanza en que el aire se agita como podrían hacerlo unas cortinas de materia realmente invisible), la otra metáfora es *'el lugar donde Galatea está dormida'* = "*cama de frescas sombras, de menuda grama*". La imagen visual central es, evidentemente, la ninfa que duerme sobre la hierba, bajo la fronda, 'como en una cama', y la brisa que se agita sobre el lugar 'como unas cortinas movidas por el viento'. Desde el punto de vista sintáctico, lo curioso se encuentra en los dos últimos versos, en los que la frase -que tiene una marcha normal en los dos primeros- se retuerce violentamente al elidirse su palabra central -"cama"- de la oración principal de las dos:"... a la del viento (cama) de menuda grama" y usarla en la oración subordinada a ella de manera que su falta evidente sea colmada por su aparición inmediatamente posterior: "cuando no sea *cama* / de frescas sombras". Esta gran irregularidad con relación a la sintaxis del castellano (que, como figura retórica, recibe el nombre de zeugma) es una entre las numerosas que pueblan la expresión de nuestro poeta; en representación de todas ellas, lo que quiero señalar aquí es el efecto a la vez perturbador y triunfal que producen en el lector que, inicialmente, se siente perturbado por el dislocamiento de la frase que le enfrenta con un tipo de mensaje que él no está acostumbrado a interpretar y, más tarde, cuando lo ha descifrado, experimenta una profunda satisfacción por la dificultad vencida.

Creo que puede decirse que los dos puntos de apoyo fundamentales del estilo gongorino, los dos medios de operación de lo poético en la obra de este autor, son, por un lado, la importancia extraordinaria de los valores plásticos y, por otro, los caminor tortuosos que las licencias sintácticas y la multitud de imágenes y figuras retóricas hacen recorrer al pensamiento; una y otra cosa -extremadas en su estilo- hablan a la inteligencia y a los sentidos y halagan a ambos después de haberlos excitado por su rareza y dificultad.

6

John Donne:
A Valediction: of Weeping
y *The funeral.*

A VALEDICTION: OF WEEPING

    Let me pour forth
    My tears before thy face whilst I stay here,
    For thy face coins them, and thy stamp they bear,
    And by this mintage they are something worth,
5- For thus they be
    Pregnant of thee;
    Fruits of much grief they are, emblems of more-
    When a tear falls, that Thou falls wich it bore,
    So thou and I are nothing then, when on a diverse
                                                        [shore.

10- On a round ball
    A workman that hath copies by, can lay
    An Europe, Afric and an Asia,
    And quickly make that, which was nothing, all;
    So doth each tear
15- Which thee doth wear,
    A globe, yea world, by that impression grow,
    Till thy tears mixed mith mine do overflow
    This world; by waters sent from thee, my heaven
                                                        [dissolved so.

    O more than moon,
20- Draw not up-seas to drown me in thy sphere;
    Weep me not dead, in thy arms, but forbear
    To teach the sea what it may do too soon.
    Let not the wind
    Example find
25- To do more harm than it purposeth;
    Since thou and I sigh one another's breath,
    Whoe'er sighs most is cruelest, and hastes the other's
                                                                [death.

DESPEDIDA: DEL LLANTO

Déjame que vierta
Lágrimas ante tu rostro mientras estoy aquí,
Porque tu rostro las acuña y tu estampa llevan,
Y esta acuñación las hace valiosas,
5- Pues así están
De tí preñadas;
De gran dolor son fruto, señal de más:
Cuando cae una lágrima Tú caes porque te lleva,
Y entonces somos nada tú y yo, en distintas costas.

10- Sobre un globo redondo
Un obrero que copia muestras puede poner
A Europa, a Africa y a Asia,
Y en un momento hacer, lo que era nada, todo;
Así es con cada lágrima
15- Que a tí te lleva,
Un globo, tu mundo, crece con tu impresión,
Hasta que con las mías tus lágrimas mezcladas inunden
Este mundo: tus aguas enviadas por tí, mi cielo así
[disuelto.

Oh más que luna,
20- No levantes más mares que me ahoguen en tu esfera;
No llores por mí muerto, no le enseñes
Al mar lo que él hará tal vez muy pronto.
No des al viento
Ejemplo de hacer más
25- Daño del que él intenta;
Pues desde que cambiamos nuestros mutuos alientos
Quien más suspira es más cruel y apresura la muerte
[del otro.

THE FUNERAL

    Whoever comes to shroud me, do not harm
    Nor question much
    That subtle wreath of hair which crowns my arm;
    The mystery, the sign you must not touch,

5- For 'tis my outward soul,
    Viceroy to that, wich then to heaven being gone,
    Will leave this to control,
    and keep these limbs, her provinces, from dissolution.

    For if the sinewy thread my brain lets fall
10- Through every part
    Can tie those parts and make me one of all;

    These hairs, which upward grew, and strength and art
    Have from a better brain,
    Can better do it; except she meant than I
15- By this should know my pain,
    As prisoners then are manacled, when they are
                         [condemned to die.

    Whate'er she meant by it, bury it with me,
    For since I am
    Love's martyr, it might breed idolatry
20- If into others'hands these relics came;
    As 'twas humility
    To afford to it all that a soul can do,
    So 'tis some bravery,
    That since you would save none of me, I bury some of
                                              [you.

EL FUNERAL

Quienquiera me amortaje, no haga daño,
Ni pregunte el por qué,
De esa sutil guirnalda de cabello que corona mi brazo;
El misterio, el signo, no debe tocar,
5- Porque es mi alma exterior,
Virrey de aquélla que, ida al cielo,
Dejará a ésta que gobierne
Y preserve estos miembros, sus provincias, de la
[disolución.

Pues si el cordón nervioso mi cerebro deja caer
10- Y en cada parte
Puede atar estas partes y hacerme uno de todas,
Estos cabellos, que crecieron y fuerza y arte tienen
De un cerebro mejor,
Pueden mejor hacerlo; excepto que ella quiso

15- Con esto darme a conocer mi pena
Como a los prisioneros que se esposan cuando están
[condenados a morir.

Quisiese lo que fuera, enterradlo conmigo,
Pues como soy
Mártir de amor, engendraría idolatría
20- Si a otras manos llegase esta reliquia;
Y como fué humildad
Adjudicarle lo que un alma puede,
Así es orgullo esto
Pues ya que nada mio salvarías, algo tuyo yo entierro.

El ingenio de John Donne se ejercita sobre elementos muy distintos de los que utilizan Quevedo y Góngora, aunque básicamente la inspiración de su poesía no sea muy lejana de la de los maestros españoles. En efecto, *"A valediction: Of Weeping"* ("Despedida: Del llanto") parece tener, según sugiere el título, su origen en uno de los aconteceres de la vida de sociedad semejante al que debió de hacer a Don Francisco de Quevedo componer su "A Flori, que llevaba en los cabellos unos claveles rojos", o a Don Luis de Góngora su "Ilustre y hermosísima María". En la vida de la corte abundaban las ocasiones en que el poeta debía lucir su ingenio y el aprovecharlas no significa que los poemas así nacidos carezcan de veracidad sino tan sólo que la expresión de la verdad interior del autor era suscitada por unas ocasiones exteriores de tipo mundano. El dar a su "despedida" el título que podría corresponder perfectamente a un tratado moral y filosófico sobre ésta y el llanto, Donne se distancia del tema y le comunica un aire de impersonalidad semejante al de una composición de ocasión cortesana de reflexión moralizadora: estas dos cosas encuentran su paralelo en muchos de los poemas de Quevedo. Otra característica que relaciona al poeta inglés con sus contemporáneos españoles es la preocupación por la muerte y la inmortalidad, de la que se ven claras muestras tanto en *The Funeral* como en el verso final de *A Valediction*, donde la imagen de la muerte remata una composición cuyo motivo principal es el amor: *Who'er sighs most is cruelest, and hastes the other's death* ("Quien más suspira es más cruel y apresura la muerte del otro").

Otra relación de época que se da entre Donne, Quevedo y Góngora, es la necesidad de usar imágenes ingeniosas. Estos poetas, típicos representantes del espíritu barroco, necesitan crear relaciones complicadas entre las cosas del universo que se ponen a sus ojos y, así, mientras Quevedo busca la complejidad en los conceptos y se vale principalmente de los usos sintácticos insólitos para conseguirla, mientras Góngora provoca relaciones de aparente falta de armonía entre los elementos sintácticos de las frases y complica hasta un grado muy avanzado el uso de las metáforas cuya raíz busca en la mitología, la lírica cortesana de sus antecesores petrarquistas o en el mismo Petrarca, Donne dirige su ingenio hacia un terreno muy distinto del de uno y otro poeta pues busca sus imágenes en el vocabulario y la técnica cientifistas que estaban tan de moda en Inglaterra entre las clases sociales cultivadas del siglo XVII y, para expresarlas, se vale de un vocabulario sencillo, vulgar casi, en el que abundan los términos más corrientemente usados en el comercio, la industria o la divulgación de ideas científicas. En este sentido, Donne se aparta del petrarquismo, tendencia a la que pertenecen no sólo los poetas españoles sino los antecesores más gloriosos del mismo Donne en la poesía inglesa, como Sydney, Spenser o Shakespeare. Por esta característica de naturalidad y buen sentido, de aproximación a lo cotidiano, Donne parece tener algo de espíritu holandés y, si comparamos su poesía con la de Góngora, por ejemplo, se encuentra entre ellas una relación semejante a la que podría establecerse entre la pintura de Vermeer de Delft y la de El Greco.

En *A Valediction* el centro imaginístico aparece en la primera de las tres estrofas y, en cada una de éstas, va surgiendo una imagen distinta que siempre se relaciona con conocimientos geográficos o comerciales. Cuando el poema comienza diciendo:

>   Let me pour forth
>   My tears before thy face whilst I stay here,
>   For thy face coins them, and thy stamp they bear,
>   And by this mintage they are something worth,
>   For thus they be
>   Pregnant of thee;
>
>   ("Déjame que vierta
>   Lágrimas ante tu rostro mientras estoy aquí,
>   Porque tu rostro las acuña y tu estampa llevan,
>   Esta acuñación las hace valiosas,
>   Pues así están
>   De tí preñadas;")

encontramos que, en los dos versos primeros (que son una súplica amorosa expresada de modo directo y cuyo significado parece ser el de no querer apartarse de la presencia de la amada), la palabra más importante entre todas es *face* "rostro", porque las lágrimas del poeta, según las leyes de la óptica reproducen la imagen del rostro de la dama que está frente a ellas y este fenómeno se asemeja al de la acuñación de un rostro sobre una moneda, a consecuencia de cuya acuñación (con que, por una metáfora, se alude al reflejo de la amada en las lágrimas) éstas adquieren 'valor' del mismo tipo que poseen las monedas. Si el reflejo que puede darse en la lágrima es el punto de partida de la primera estrofa, el de la segunda es la forma de las mismas lágrimas, que el poeta compara a un globo terráqueo, entrelazando con esta nueva comparación la primera del reflejo:

> On a round ball
> A workman that hath copies by, can lay
> An Europe, Afric and an Asia,
> And quickly make that, which was nothing, all;
> So doth each tear
> Which thee doth wear,
> A globe, yea world, by thy impression grow,
>
> ("Sobre un globo redondo
> Un obrero que tiene muestras, puede poner
> A Europa, a Africa y a Asia,
> Y en un momento hacer lo que era nada, todo;
> Así es con cada lágrima
> Que a ti te lleva,
> Un globo, tu mundo, crece con tu impresión.")

El final de la segunda estrofa anuncia el tema que se desarrolla en la tercera: las lágrimas (versos 17-18) de la dama, mezcladas con las del amante inundarán aquel mundo de ella. Inmediatamente, en la estrofa última, se desarrolla otra imagen tomada del mundo científico: la dama, como la luna, puede hacer que aquella marea de lágrimas suba y ahogue al enamorado: *O more than moon, / Draw not up seas to drown me in thy sphere* ("Ah más que luna, / No levantes más mares que me ahoguen en tu esfera"). Y, dentro del ámbito de los fenómenos geográficos, en los versos 26-27 se hace una asociación entre el viento (evocado en relación con la marea) y los suspiros mientras, mediante otra imagen tomada de la observación fisiológica (*Since you and I sigh one another's breath* = Puesto que intercambiamos nuestros mutuos alientos") se indica la propiedad común por ambos de la respiración de uno y otro. Y, siendo el aliento propiedad común, "quien más suspira es más cruel y apresura del otro la muerte" porque está gastando, derrochando, el bien que no le pertenece a él solo.

Precisamente las características de recurrir, en la imaginería, a las realidades de la ciencia o la sociedad mercantil, son lo que hacen a John Donne un poeta más atrayente para la sensibilidad moderna que Luis de Góngora, inmerso en el océano de la mitología. John Donne resulta agradable y hogareño como Vermeer de Delft, y resulta sorprendente en alto grado, así como atractivo, por la curva acrobática de sus conceptos; sus saltos arriesgados desde los referentes a la imagen pueden apreciarse bien en los dos últimos versos de la estrofa primera donde, estando la amada frente a él, el poeta pierde el interés en ella, que ha dejado de existir como realidad poética: en la realidad poética acabada de crear lo que tiene importancia es la lágrima con la imagen de ella y, así al rodar por las mejillas del poeta y caer al suelo, éste se siente separado de la amada, anulado por la distancia abrumadora que se interpone entre ambos: *When a tear falls, that Thou falls which it bore / So thou and I are nothing, when on a diverse shore* ("Cuando cae una lágrima Tú caes porque te lleva / Y entonces somos nada tú y yo, en distinta costa").

The Funeral

También poema de amor, *The Funeral* ("El Funeral") se eleva con una gran fuerza apasionada y misteriosa sobre un terreno de conceptos donde se mezclan el espiritualismo y los conocimientos fisiológicos. Situándose en un tiempo posterior a su muerte (como Quevedo cuando afirma "polvo seré, mas polvo enamorado"), el poeta conjura a quien tenga que amortajarle a que no estropee la guirnalda de cabellos que encontrará alrededor de su brazo:

> *Whoever comes to shroud me, do not harm*
> *Nor question much*
> *That subtle wreath of hair which crowns my arm;*
> *The mystery, the sign you must not touch*
>
> ("Quienquiera me amortaje, no haga daño
> Ni pregunte el por qué
> De esa sutil guirnalda de cabellos que corona mi brazo;
> El misterio, el signo no debeis tocar,")

El verso 4, al referirse con la palabra misma de "misterio" (*mystery*) a ese objeto sorprendente que el poeta presenta a nuestra imaginación como futura compañía de su cadáver, adensa la extrañeza y predispone al lector a la percepción de algo extraordinario: lo que a continuación se expone de un modo extremadamente lógico y cuidadoso:

> *For 'tis my outward soul,*
> *Viceroy to that, which then to heaven being gone,*
> *Will leave this to control,*
> *And keep these limbs, her provinces, from dissolution.*
>
> (Porque es mi alma exterior,
> Virrey de aquélla que, ida al cielo,

> Dejará a ésta que gobierne
> Y preserve estos miembros, sus provincias, de la disolución.)

Es muy interesante comparar esta idea con la de Quevedo en "Amor constante más allá de la muerte": allí, el cadáver del enamorado pero, disuelto, seguirá amando, mientras que, en este caso, el amor -que está materializado, sensorializado en una guirnalda de cabello que es su símbolo- no consentirá la corrupción del cuerpo porque tendrá el mismo poder que el alma, de la que es Virrey y en cuyo lugar se queda. Mientras el poeta español da preeminencia a los conceptos y abstracciones sobre las realidades materiales, el inglés recorre un camino inverso y, actuando sobre las realidades, llega a la expresión de abstracciones. Por otra parte, se preocupa mucho de justificar lógicamente sus imágenes atrevidas, como en la estrofa segunda de este mismo poema cuando explica, basándose en los conocimientos fisiológicos, la razón de la imagen que acaba de crear: *For if the sinewy thread my brain lets fall / Through every part / Can tie those parts and make me one of all; / These hairs, which upward grew, and strength and art / Have from a better brain, / Can better do it;...* ("Pues si el cordón nervioso mi cerebro deja caer / Y en cada parte / Puede atar esas partes y hacerme uno de todas, / Estos cabellos, que crecieron, y fuerza y arte tienen / De un cerebro mejor, / Pueden mejor hacerlo;..."). Lo que el poeta hace es asimilar "alma" a "cerebro" y esto le da mayor misterio a su expresión a la vez que un sabor más fuerte de modernidad, de osadía, para el gusto del lector actual.

Al final de la estrofa segunda (versos 14-16) se da una transición hacia una nueva imagen: la guirnalda es semejante a un grillete y revela la condición de esclavitud en que se encuentra el enamorado. Y, en la estrofa última, (versos 16-17), continúa la idea del esposado, condenado a morir, identificándolo al poeta mismo, *Love's martyr* ("martir de amor"). En este momento, la idea del martirio enlaza con la inicial del amortajamiento que aparece en los primeros versos del poema, y retomando aquella imagen primera del cadáver y los cabellos circundando su brazo, el autor cambia bruscamente de interlocutor y, abandonando al desconocido a quien se refiere en tercera persona, se vuelve hacia el objeto de su amor y exclama:

> *As 'twas humility*
> *To afford to it all that a soul can do,*
> *So 'tis some bravery,*
> *That since you would save none of me, I bury some of you.*

("Y como fue humildad
Adjudicarle lo que un alma puede,
Así es orgullo esto
Pues ya que nada mío salvarías, algo tuyo yo entierro.")

La magia del poema se deshace lacónicamente al revelarse cuál es realmente ese "misterio, signo" a que se alude en el verso 4: su poder le ha sido adjudicado por un sentimiento de humildad en el enamorado que, sin embargo, también puede sentir deseos de venganza hacia quien le atormenta y, movido por ellos, hacer que entierren con su cadáver el pretendido talismán, los cabellos de la amada ingrata.

A las características señaladas más arriba sobre el estilo de John Donne, hemos de añadir la de una imaginación infatigable que se revela en la multiplicidad de las imágenes que centellean en torno a una misma idea y que se ensartan la una en la otra. En sus poemas no se da una sólida imagen central con ramificaciones, como encontramos en los que continúan la técnica petrarquista, sino una serie de imágenes consecutivas derivadas cada una de la anterior. Por otra parte, en el desarrollo de estas imágenes se producen momentos en en que se retrocede hacia una anterior, o se avanza hacia otra posterior, y este ritmo del pensamiento, -muy musical- sirve admirablemente para dar gracia a la exposición de unas ideas que tienen el aspecto de ser un tanto académicas y tediosas y que no ofrecen ningún rasgo colorístico. Los versos de pie quebrado y las estrofas de aire cancioneril son un elemento de contraste con el escolasticismo de unos razonamientos que sin ser excesivamente profundos, sí son bastante sorprendentes y están expresados con una gran nitidez de dicción, al mismo tiempo que con una vehemencia de tipo dramático que armoniza perfectamente con el vocabulario de términos coloquiales de que ya nos hemos ocupado.

7

Ignacio de Luzán:
Canción y
Juan Meléndez Valdés:
Anacreóntica y *Oda*

IGNACIO DE LUZAN: CANCION

    Ya vuelve el triste invierno,
desde el confín de Sármata aterido,
a turbar nuestros claros horizontes
con el ceñudo aspecto y faz rugosa,
5- con que, a influjos de la Osa,
manda intratable en los rifeos montes
y en la Zembla polar donde, temido
señor de eterna nieve y hielo eterno,
con tirano gobierno,
10- la entrada niega a todo trato humano;
el piloto holandés se atreve en vano,
ávido pescador del Ceto inmenso,
a surcar codicioso
el piélago glacial; el frío intenso
15- para su rumbo, y deja riguroso
en remota región, lejos del puerto,
la quilla inmoble, el navegante yerto.

    La hermosa primavera
desterrará el invierno, coronada,
20- la bella frente de jazmín y rosa,
cual iris que en las nubes aparece;
se alegra y reverdece
a su vista la tierra, y olorosa
recrea los sentidos, recobrada
25- la lozanía y juventud primera.
La fuentecilla de enemigo hielo,
ya entonces libre fertiliza el suelo
y nuevas hierbas alimenta y cría;
robles, hayas y pinos
30- vuelven a hacer la selva más umbría
en tanto al aire mil suaves trinos
esparcen las canoras avecillas,
más agradables cuanto más sencillas.

　　　　Sucederá el estío,
35-　y el can fogoso y el león rugiente
　　　marchitará la verde pompa y flores;
　　　y agotará a la fuente sus cristales;
　　　así bienes y males
　　　mezcla próvido el cielo; moradores
40-　hay en la zona fría, hay en la ardiente,
　　　sufriendo extremos de calor y frío;
　　　su vario señorío
　　　ejerce en todo la inconstante suerte.
　　　Nace sujeta a sucesiva muerte
45-　cada estación; murió la antigua gloria
　　　de Roma y de la Grecia,
　　　cuyas soberbias ruinas y memoria
　　　tanto la fama lisonjera aprecia;
　　　que al impulso fatal de las edades
50-　mueren también los reinos y ciudades.

JUAN MELENDEZ VALDES:

Anacreóntica

Un día que en la selva
me topé con Cupido
probando en unas rosas
lo agudo de sus tiros,
5- llegándome le dije:
¿Qué debo hacer, mi niño,
para que mis amores
cante con blando estilo?
porque maguer que beba
10- lo dulce a los racimos
cuando a cantar empiezo
lo dejo de corrido.
Pero Amor sonrióse,
armó el arco y me dijo:
15- -Para que mejor cantes,
toma esta flecha, amigo.

Oda

Cuando te peinas, Lálages divina,
cuando desatas la dorada trenza
dándola al viento que ligero vuela
lleno de flores,
5- De tu cabello la dorada lumbre
tanto resalta con la luz opuesta,
tanto me brilla que la vista hiere
ciego me deja.
Luego se enciende con amante llama
10- todo mi pecho del amor tocado
cual en verano trigo que se prende
y arde sonando.

Lágrimas tristes lloro por si puedo
(¡flaco remedio!) con el agua darle

15- corte a las llamas, pero doy al viento
      míseros ayes.
Y así creciendo con el aura débil
luego voraces más y más me cercan,
ya me consumen, a tu vista caigo,
20-   ¡ténme, mi vida!

Escrita en estancias, la "Canción" de Ignacio de Luzán parece tener por tema el paso del tiempo. La primera estrofa evoca la llegada del invierno y sus consecuencias, la segunda el desplazamiento del invierno por la primavera, y la tercera la derrota de la primavera por el verano; en ésta última, los versos en que se representa el verano (34-37) se prolongan con algunas consideraciones sobre la variedad de las fortunas posibles y la brevedad de las cosas humanas. Podríamos decir que este poema se encuentra dentro del espíritu de la filosofía moral y, por consiguiente, nos interesa encontrar en él los elementos de lo que modernamente se considera poético. En primer lugar, hemos de tener en cuenta que esta composición se halla muy distante de todas las que hemos considerado hasta ahora. Sus presupuestos no son los semilitúrgicos de la lírica provenzal, los erótico-platonizantes de Petrarca o Garcilaso ni los conflictivos de la época barroca que, cada cual a su manera, tratan de transformar los datos del lenguaje ordinario en una expresión específicamente poética conseguida mediante la alteración de las relaciones habituales entre significante y significado, o entre los distintos componentes de la frase sintáctica. Ignacio de Luzán, preceptista en España de la estética dieciochesca, mantiene el ideal de que las cosas son "más agradables cuanto más sencillas" (verso 33), es decir -refiriéndose a la poesía-, cuanto más conformes con la naturaleza (o con aquéllo que parece lo natural porque la percepción está habituada a ello) mejor serán las cosas. Luzán parece, pues, que, por definición, se aparta de lo sorprendente puesto que busca lo "sencillo".

El lenguaje de la "Canción" es, en efecto, sencillo y transparente hasta el punto de que sólo se encuentran en él tres imágenes retóricas, una por estancia, mediante las que se atribuyen cualidades de seres vivos, respectivamente, al invierno, la primavera y el verano. En la primera prosopopeya, el invierno es evocado como un gobernante viejo y tiránico (Cf. versos 1-10): se insiste en los lugares geográficos de las regiones glaciares donde el invierno reina eternamente y los calificativos que se atribuyen a esta estación del año ("triste", de "ceñudo aspecto", de "faz rugosa", "intratable", "temido señor", de "tirano gobierno") dibujan la imagen de un viejo antipático; no se usa ninguna adjetivación colorística en esta personificación en que el verso 1 y el 3 ("Ya vuelve el triste invierno / ... / a turbar nuestros claros horizontes"), unido a la adjetivación recién citada, expresan la actitud hostil del poeta hacia la estación que llega. Los versos 11-17 de esta estancia I exponen un ejemplo, desarrollado a modo de parábola, de la crueldad del invierno: tal ejemplo es muy concreto y particularizado, lo que tiene la virtud de grabar más poderosamente en la imaginación la tragedia de ese "navegante yerto" (verso 17) "en remota región, lejos del puerto / la quilla inmoble..." (versos 16-17).

En la estancia II, tras el cuadro tétrico que acaba de representarse a la imaginación, el verso "la hermosa primavera" comienza un pasaje riente en que primero se presenta a esta estación como una ninfa benéfica, "coronada / la bella frente de jazmín y rosa, / cual iris que en las nubes aparece" (como en el caso del invierno, en la prosopopeya de la primavera no hay descripción de la persona sino que se dan datos simbólicos de su aspecto y actividad agradables); luego, se dedican los demás versos de la estrofa a una descripción detallada del cambio experimentado por la naturaleza y el nacimiento de las flores, el deshielo de las fuentes y un renacimiento de los bosques que se concreta en el de tres tipos de árboles (robles, hayas y pinos), así como el trinar nuevo de los pájaros.

Pero el estado placentero de la naturaleza no durará mucho: "Sucederá el estío, / y el can fogoso y el león rugiente / marchitará la verde pompa y flores; / y agotará a la fuente sus cristales"; esta representación del verano es la que ofrece mayor intensidad poética de las tres relativas a las estaciones; breve, pero agudamente, es sugerida la acción devoradora del calor estival sobre la primavera por estas dos imágenes de animales enfebrecidos que son, a su vez, alegoría de las constelaciones del Can Mayor y de Leo, que dominan el cielo durante los meses de verano. Can y león terminarán con el verdor tan acertadamente sugerido por la palabra "pompa" (verso 36). Inmediatamente después de la evocación del estío, comienza la parte final del poema que se divide en otras dos: una del verso 38 al 43, donde se extrae una enseñanza de la diferencia entre las estaciones, y otra del verso 44 al 50, donde se da un paso más en la reflexión y, considerando el sucederse de las estaciones que se ha venido poniendo de relieve en el poema, se enlaza su rápido cambio y fin con el tradicional tema del *Ubi sunt?*, al traer a la memoria que todas las cosas nacen para morir, y no sólo las estaciones del año sino también el esplendor de Grecia y Roma:

> Nace sujeta a sucesiva muerte
> cada estación; murió la antigua gloria
> de Roma y de la Grecia,
> cuyas soberbias ruinas y memoria
> tanto la fama lisonjera aprecia;
> que al impulso fatal de las edades
> mueren también los reinos y ciudades.

Pues bien, ¿qué aspectos de esta "Canción" pueden hacer que se le atribuya con justeza la categoría de ser poesía según los presupuestos de lo poético que estamos considerando como válidos? En primer lugar, creo que hay que señalar la vivacidad y precisión de un lenguaje que se ajusta de un modo muy ceñido y evocador a las ideas: porque se trata de un poema nacido de ideas, no de sentimientos o emociones (por muy lejanas y filtradas por la reflexión que pudieran encontrarse, no hallamos aquí las huellas de antiguas emociones ya que la expresión es siempre sensata, tersa, y sencillamente interesada en exponer determinadas ideas). La contemplación de ciertos indicios de la llegada del invierno está en el origen del poema pues ella ha conducido al autor a percibir el paso rápido del tiempo y, luego, por consiguiente, a imaginar la futura -y próxima- llegada de la primavera y, luego, del estío; del mismo modo, la consideración de que hay países en que el clima invernal no cesa nunca, le ha hecho pensar en la diferencia de fortuna que el cielo establece (verso 39) -o la suerte (verso 43)- entre las personas que viven en el mismo momento sobre la tierra. Pero, en todo momento, el tono es reflexivo y ponderado, sin asomos de pasión: el lenguaje se adapta con gran precisión y elegancia, en versos de sonido agradable, al discurrir de la mente del poeta, y esto es ya indicio de la existencia de la poesía. En segundo lugar, las evocaciones de las estaciones son muy exactas y miméticas, contrastando las tres entre sí de modo convincente; no se da la monotonía en ellas, pues mientras la de la primavera trasmite un auténtico sentimiento del paisaje y del recreo del ánimo que va contemplando con cariño el renacer de la naturaleza al fijarse en detalles pequeños y sucesivos, la del invierno (desdoblada en dos partes: la prosopopeya y el ejemplo de lo que ocurre al pescador holandés empeñado en trasponer las riberas árticas) sigue una técnica muy distinta puesto que no describe nada con detalle sino que generaliza y, luego, concreta solamente lo que refiere en un ejemplo muy particularizado, que recoge (de modo sorprendente: Cf. versos 11-17) un hecho muy propio de una de las formas del trabajo humano. La evocación del verano es, a su vez, muy distinta de las dos primeras y contrasta fuertemente con ellas pues, en cuatro versos rápidos, se da una idea muy viva del calor estival cuando se precipita sobre la faz de la tierra y agosta las galas primaverales. En fin, podemos decir que la relación entre las evocaciones de las tres estaciones resulta poética por la diversidad en la semejanza que ofrece y que presenta al espíritu un contraste no fuerte pero sí delicado, al mismo tiempo que pinta a la imaginación cuadros muy limpios en sus líneas y representativos de las realidades de la naturaleza, a las que evoca.

Otro contraste es el de esta primera parte de la "Canción" con la segunda y última formada por las reflexiones moralizantes que, por un lado, parecen despegarse del tema tratado y, por el otro, se unen a él sin violencia al apoyarse en los datos proporcionados por las consideraciones previas sobre los climas y estaciones. La referencia a la gloria pasada de Grecia y Roma posee en sí la gracia ingenua de mostrar el deseo del poeta por enlazar sus reflexiones con las ya elaboradas en la poderosa tradición literaria a que pertenecen mientras, por otra parte, impresiona a la imaginación con el recuerdo de todo cuanto este tema lleva consigo.

Hay que señalar que en este poema típicamente dieciochesco vemos las características, tan propias de la época, de la tendencia filosofante y moralizadora, de la imposición de lo reflexivo sobre lo emocional, pero también observamos una frescura de lenguaje y un vigor en la pintura de ambientes que se mantienen dentro de los límites de lo poético aunque sea sólo por su contención: el sentido de la mesura, de lo variado dentro de lo armonioso, ha llevado a Luzán a graduar de modo gracioso las evocaciones de sus estaciones y a ser tan sobrio en los elementos elegidos para las mismas que su "Canción", a pesar de la inclinación a la filosofía moral, posee un valor poético indudable y sirve muy adecuadamente como ejemplo del tipo de poesía que hemos llamado secundaria (Cf. Introducción a este libro).

LA "ANACREONTICA" Y "ODA" DE MELENDEZ VALDES

En las dos composiciones de Meléndez Valdés aquí recogidas, se nos ofrece un aspecto diferente de la poesía del siglo XVIII: aquel que hace hincapié en la degustación de lo agradable. No de lo maravilloso o lo sublime, como los poemas de Petrarca o Góngora, ni de lo trágico y melancólico como la de Charles d'Orleans, Garcilaso o Quevedo, sino de lo amable, de lo placentero. Lo amable es sencillo, está dentro de las normas del "buen gusto" y, además presenta un entronque frecuente con temas o actitudes de la Antigüedad clásica.

En los poemitas de Meléndez Valdés la conexión con la Antigüedad está presente desde los títulos: "Anacreóntica" y "Oda" son géneros de la poesía antigua. El tema de ambos es el amor y, en los dos, el amor adquiere el aspecto de una joya elegante. Así, en la "Anacreóntica" -romancillo de diez y seis versos heptasílabos- el poeta relata un encuentro imaginario sucedido entre él y Cupido en la selva. Esta invención vuelve a tomar el tópico medieval cuya continuación hemos encontrado -entre los poemas que consideramos en este libro- en la "Balada" de Charles d'Orleans; este tópico había dejado de usarse en la literatura podríamos decir que desde el Renacimiento (cuando se cultivó siguiendo las huellas de Dante por el uso que este poeta hizo de él en el comienzo de la *Divina Comedia*), de manera que el utilizarlo aquí Meléndez Valdés nos indica una adopción deliberada de los recursos que habían adquirido antigüedad venerable, y ya clásica a su modo, dentro de la poesía en lengua romance. Pero si estos recursos se usaban tradicionalmente para servir de introducción a algún acontecimiento extraordinario y tenían por misión el preparar el ánimo del lector para ello, nuestro poeta los utiliza infundiéndoles un tono de perfecta naturalidad que destruye la posibilidad de todo asombro. Al leer:

> Un día que en la selva
> me topé con Cupido
> probando en unas rosas
> lo agudo de sus tiros,

no se tiene la impresión de asistir a algo anormal sino, por el contrario, de que el autor se refiere a un suceso habitual, cuya normalidad es sugerida por el tono casual de la primera fras; lo inusitado del relato sólo puede percibirse al llegar a los versos 3 y 4 donde, so color de una actividad que también parece cotidiana, se describe algo anormal como el ejercitarse en el tiro al blanco disparando a unas rosas. Este inusitado deporte provoca la desconfianza respecto al significado de las palabras "selva" y "Cupido", que incluidas en una frase aparentemente habitual (del tipo: "un día que me encontré en la calle con tu prima", "un día que me topé en el parque con don Alfonso", etc) como las que estamos citando, pueden pasar desapercibidas como sinónimos de otras realidades más vulgares: en efecto, "selva" puede percibirse tan sólo como lugar arbolado -'parque', 'jardín', etc.- y "Cupido" como un nombre propio de estirpe menos divinal. Pero la imagen de las frágiles rosas sirviendo de blanco a un tirador sí que sorprende, impresiona y hace que destaque con relieve especial lo extraordinario de ese bosque no cultivado o "selva" por donde el poeta pasea habitualmente, y que percibamos que el tirador al blanco es el personaje mitológico designado por su nombre, el dios del amor.

El clima extraordinario se ha creado de una manera nada abrupta y, dentro de él, el relato continúa con tono familiar:

> Llegándome le dije:
> ¿Qué debo hacer, mi niño,
> para que mis amores
> cante con blando estilo?
> porque maguer que beba
> lo dulce a los racimos
> cuando a cantar empiezo
> lo dejo de corrido.

La interpelación del poeta a Cupido enlaza directamente con todos los recuerdos culturales y literarios evocados por el nombre de éste y en el poema no se presenta solución de continuidad entre el personaje que tira a las rosas y el consejero en asuntos de estética amorosa que ve en él el autor; la solución de continuidad debe suplirla la cultura del lector: Cupido actúa como un símbolo de perfecciones en lo que a temas eróticos se refiere. Es interesante observar que la ambición del poeta sea un "blando estilo" y se queje de que, haciendo todos los esfuerzos para conseguirlo, "bebe (a) / lo dulce a los racimos": ambas cosas son indicaciones de la estética de lo amable y placentero que guía los esfuerzos del autor.

El final del poema es un broche de oro que sube la tensión poética del conjunto:

> Pero Amor sonrióse,
> armó el arco y me dijo:
> -Para que mejor cantes,
> toma esta flecha, amigo.

El nombre, lejano en su mitología, de Cupido, más extraño a la sensibilidad por su mismo prestigio literario estereotipado, es substituído por el de "Amor" y la respuesta que da este dios cierra el poema de un modo ambiguo pues es cierto que se trata de la solución a un problema de estética (es decir, de una cuestión ciertamente muy racionalista) ya que se dice que es necesario estar enamorado para cantar bien (o "mejor": Cf. verso 15) -y acabamos de ver que, según el poeta, cantar bien equivale a tener un estilo "blando"- pero, además, con la solución teórica nos llega una imagen verdaderamente poética, que es la del hombre herido por esa flecha inesperada que le dispara el Amor sonriente. No ocurre, aquí, como en los razonamientos moralizadores del final de la "Canción" de Luzán, que son directos y didácticos, sino que se cumple el precepto de la estética horaciana *dulcis ut utilis*, pues la enseñanza nos llega tan velada por la invención poética que la transporta que no impide a ésta realizar su verdadero fin de producir un impacto estético.

Respecto a la "Oda" del mismo poeta, puede ayudarnos mucho a comprender lo que hay en ella de peculiar y característico una comparación global y sumaria con el soneto de Quevedo "A Flori... etc.", ya que ambos tienen como motivo la alabanza a unos cabellos femeninos enlazada con el sentimiento amoroso. Si refrescamos la memoria leyendo el soneto barroco y repasando luego esta oda neoclásica veremos fácilmente cómo destaca en aquél la fragmentación de las ideas y en éste la unidad. Un movimiento único del pensamiento conduce al poeta salmantino desde la imagen de la mujer, desatando sus cabellos, evocada en la primera estrofa, hasta la confesión de un amor sin remedio, en la última. El color dorado de los cabellos bajo la luz del sol es comparado al fuego:

> De tu cabello la dorada lumbre
> tanto resalta con la luz opuesta,
> tanto me brilla que la vista hiere,
> ciego me deja.

Y esta lumbre exterior de la cabellera parece comunicarse al interior del poeta, que continúa hablando del fuego en la estrofa III, refiriéndolo ahora al amor que llena su corazón pero prolongando la imagen del amor que le consume como fuego con una comparación cuya base tiene como razón de ser la mimetización del aspecto de la cabellera, pues lo encontramos repetido en ese "en verano trigo que se prende / y arde sonando" (versos 11-12) a que compara el modo de propagarse la llama del amor en su pecho. En la estrofa IV se introduce un tema diferente, que es el del agua, opuesta al fuego y que precisamente por serlo no destruye la unidad de la imagen:

> Lágrimas tristes lloro por si puedo
> (flaco remedio) con el agua darle
> corte a las llamas, pero doy al viento
> míseros ayes.

el fuego reaparece en la estrofa última con las llamas que consumen al poeta hasta hacerlo desvanecerse a implorar a su amada: "ya me consumen, a tu vista caigo / ¡ténme, mi vida!". Con estas palabras se termina el poema y estas llamas son las que han surgido de la cabellera de Lálages, en la que se refleja el sol.

La unicidad total de la representación poética en esta oda es servida por la frase expresiva, que fluye sin cesuras ni retrocesos: una oración única de estructura sintáctica, sencillísima, forma las dos primeras estrofas; esta oración interesa desde en seguida con ese verso inicial que parece comenzar la narración de una historia *in medias res* ("Cuando te peinas, Lálages divina,....") y con esa imagen brillante, preciosa, del cabello destrenzado flotando en el viento e iluminado por el sol; en la estrofa III se inicia otra oración sintáctica, consecutiva de la anterior, y una cosa semejante ocurre en las otras dos estrofas de la "Oda", formada cada una por una sola frase de factura sencillamente clásica. Es una estructura que se encuentra en el polo opuesto a la del soneto de Quevedo a que nos hemos referido, donde se comienza jugando con una antítesis (cabellos / claveles), se suma a ella la imagen de los labios y se fragmenta la frase sintáctica como reflejo que es de un pensamiento cuyos vaivenes van jugando con una representación visual estática en la que se crean diferentes niveles de profundidad. En la "Oda" de Meléndez Valdés el impulso de la narración es progresivo y podemos decir que la contemplación de los cabellos de Lálages es dinámica, lo que se hace presente desde el "Cuando" que inicia el poema, desde la evocación de la mujer en medio de una acción, de la cabellera agitada por el viento; partiendo de esta evocación, todo progresa (como el fuego a través de los trigales) hasta la caída final del poeta, consumido por el amor, a los pies de la amada, de la que implora un movimiento: "¡Ténme, mi vida!"

La unicidad del poema de Meléndez Valdés, no cabe duda que es un signo de aticismo, de clasicismo, e igual ocurre con el uso de lo narrativo como base para sustentar la emoción. Y el amor, el cuidado y mimo con que se evoca la cabellera, elemento tan ornamental de la belleza femenina, le confieren una calidad de objeto aparte y aislado de toda otra realidad, la sitúan -como a una joya- separada de todo vínculo y expuesta en una vitrina para la admiración y la adoración. Lo sorprendente poético podemos decir que reside principalmente en esta elección de un sólo objeto adorable en una mujer, en la transformación de ese objeto en joya admirable; y al hacer esta observación no podemos olvidar que el deseo de usar el lenguaje para crear obras de orfebrería fue el centro de la estética parnasiana (24) que Meléndez Valdés parece preludiar aquí:

---

(24) El parnasianismo es un movimiento literario que, como el simbolismo, se da en Francia en la segunda mitad del siglo XIX. El nombre de este movimiento está tomado de la revista *Le Parnasse Contemporain, recueil de vers nouveaux* (París, 1866, 1871 y 1876) donde publicaron sus versos los poetas de esta tendencia cuyo ideal era, en varios aspectos, opuesto al del simbolismo ya que los parnasianos se adherían al espíritu positivista de la época y llevados por el deseo de superar la excesiva libertad

formal a que había llegado la poesía romántica, seguían una regla inflexible en sus composiciones, que evitaban las sugerencias y las imágenes retóricas y gustaban especialmente de lo descriptivo. Deseaban componer poemas que fuesen casi tangibles, perfectamente delimitados tanto en su forma como en sus evocaciones y con frecuencia elegían por temas las descripciones de objetos bellos y decorativos.

8

John Keats:
Ode on a Grecian Urn

Thou still unravished bride of quietness,
Thou foster child of silence and slow time,
Sylvan historian, who canst thus express
A flowery tale more sweetly than our rhyme:
5- What leaf-fringed legend haunts about thy shape
Of deities or mortals, or of both,
In Tempe or the dales of Arcady?
What men or gods are these? What maidens loath?
What mad pursuit? What struggle to escape?
10- What pipes and timbrels? What wild ecstasy?

Heard melodies are sweet, but those unheard
Are sweeter: therefore, ye soft pipes, play on;
Not to the sensual ear, but, more endeared,
Pipe to the spirit ditties of no tone:
15- Fair youth, beneath the trees, thou canst not leave
Thy song, nor ever can those trees be bare;
Bold Lover, never, never canst thou kiss,
Though winning near the goal -yet, do not grieve;
She cannot fade, though thou hast not thy bliss,
20- Forever wilt thou love, and she be fair!

Ah, happy, happy boughs! that cannot shed
Your leaves, nor ever bid the Spring adieu;
And, happy melodist, unwearied,
Forever piping songs forever new;
25- More happy love! more happy, happy love!
Forever warm and still to be enjoyed,
Forever panting, and forever young;
All breathing human passion far above,
That leaves a heart high-sorrowful and cloyed,
30- A burning forehead, and a parching tongue.

Tú, novia aún no violada de la calma,
Tú, hija adoptiva del silencio y el tiempo
Lento, historiador silvano, que así expresas
Una historia florida mejor que nuestras rimas:
5- ¿Qué frondosa leyenda vaga sobre tu forma
De dioses o mortales, o de ambos,
En Tempe o en los valles de la Arcadia?
¿Qué hombres o dioses son? ¿Qué vírgenes escapan?
¿De qué demente acoso? ¿De qué amenaza huyen?
10- ¿Qué flautas y timbales? ¿Qué éxtasis salvaje?

La melodía oída es dulce, y la no oída
Es más dulce; tocad, pues, suaves flautas,
No para los oídos: al espíritu
Mejor tocad canciones sin sonido:
15- Joven, tras de los árboles, no puedes
Abandonar tu canto, ni los árboles perder las hojas;
Amante osado, nunca, nunca la besarás,
Aunque casi lo hagas: mas no sufras;
No puede irse, tú amarás por siempre
20- Y ella por siempre será hermosa.

¡Ay qué dichosas ramas que las hojas
No perderéis, ni lejos veréis la Primavera!
¡Qué músico dichoso, infatigable,
Siempre tocando sones siempre nuevos!
25- ¡Y más dichoso amor! ¡más, más dichoso!
Ardiente siempre y siempre aún no gozado,
Siempre anhelante y joven siempre,
Lejos de la pasión de aliento humano
Que deja el corazón hastiado y triste,
30- Ardorosa la frente y la lengua abrasada.

Who are these coming to the sacrifice?
To what green altar, O mysterious priest,
Lead'st thou that heifer lowing at the skies,
And all her silken flanks with garlands dressed?
35- What little town by river or sea shore,
Or mountain built with peaceful citadel,
Is emptied of this folk, this pious morn?
And, little town, thy streets forevermore
Will silent be; and not a soul to tell
40- Why thou art desolate, can e'er return.

O Attic shape! Fair attitude! with brede
Of marble men and maidens overwrought,
With forest branches and the trodden weed;
Thou, silent form, dost tease us out of thought
45- As doth eternity: Cold Pastoral!
When old age shall this generation waste,
Thou shalt remain, in midst of other woe
Than ours, a friend to man, to whom thou say'st,
"Beauty is truth, truth beauty," -that is all
50- Ye know on earth, and all ye need to know.

¿Quiénes se acercan para el sacrificio?
¿A qué altar verde, misterioso preste,
Llevas a esa vaquilla que le muge a los cielos
Con los flancos sedeños vestidos de guirnaldas?
35- ¿Qué pueblo junto al río o junto al mar,
O alzado en la montaña, ciudadela pacífica,
Se ha quedado sin gente esta mañana?
Y, pueblo, para siempre tus calles
Estarán en silencio; y ni un alma a decir
40- Por qué estás desolado, podrá volver.

¡Ay forma ática, bella actitud, orlada
De hombres y de doncellas marmóreos,
Con ramas de los bosques y las hierbas holladas!
Tú, forma silenciosa, nos inquietas
45- Como la eternidad: ¡Pastoral fría!
Cuando el tiempo deshaga a esta generación,
Tú seguirás, en medio de otro dolor,
Siendo amiga del hombre, y le dirás:
"La belleza es verdad, la verdad es belleza":
50 Esto es cuanto se sabe y cuanto es necesario.

Como indica el título del poema, una urna griega es el motivo que lo inspira; ella es la *still unravished bride of quietness* ("aún novia inviolada de la calma"), *foster child of silence and slow time* ("hija adoptiva del silencio y el tiempo lento"), *sylvan historian* ("historiador silvano"), a quien el poeta interpela en los tres versos primeros. El bello objeto antiguo se personaliza bajo las imágenes recien citadas -todas indicadoras de una entidad misteriosa- y el poeta le pregunta como quien interroga a un oráculo. Sus preguntas primero, y después, el monólogo, dirigidos a las figuras pintadas o esculpidas sobre la urna, van dando indicaciones y describiendo de una manera indirecta el monumento funerario:

> *What leaf-fringed legend haunts about thy shape*
> *Of deities or mortals, or of both.*
> *In Tempe or the dales of Arcady?*
> *What men or gods are these? What maidens loath?*
> *What mad pursuit? What struggle to scape?*
> *What pipes and timbrels? What wild ecstasy?*

> ("¿Qué frondosa leyenda vaga sobre tu forma
> De dioses o mortales, o de ambos,
> En Tempe o en los valles de la Arcadia?
> ¿Qué hombres o dioses son? ¿Qué vírgenes escapan?
> ¿De qué demente acoso? ¿De qué amenaza huyen?
> ¿Qué flautas y timbales? ¿Qué éxtasis salvaje?")

La evocación de las figuras que decoran la urna está, como las personificaciones de ésta, impregnada de misterio. Las preguntas retóricas, sin respuesta posible, con que se las interpela, se suceden a un ritmo creciente denotador de un claro apasionamiento: una primera pregunta se extiende a lo largo de tres versos (5-7) mientras los tres siguientes se escanden, cada uno, en dos preguntas. Por otra parte, el mismo deseo de precisar la condición y las acciones de quienes están representados sobre la urna, manifiesta la imposibilidad de descubrirlas que es subrayada mediante el uso de la disyunción con que se expresa la diversidad de las respuestas posibles (Cf. versos 5-10). La fantasía se agita con el misterio y las preguntas sin contestación, mientras la imaginación se complace con el recuerdo de los seres míticos de la Antigüedad. Así, se pasa a la segunda estrofa, en la que hay una brusca transición de tono: el primer verso expresa una afirmación de tipo general que no se deriva de lo expresado anteriormente: *Heard melodies are sweet, but those unheard / are sweeter* ("La melodía oída es dulce, y la no oída / es más dulce"). Esta frase, que se asemeja por su laconismo y la contradicción aparente de su significado a un enigma, permanece en la conciencia del lector y vibra en ella mientras se continúan leyendo los versos siguientes, en los que se impreca a los flautistas representados en la urna (versos 12-14).

Desde el verso 16 hasta el 30 -es decir, en el espacio de una estrofa y media-, el poeta va deteniéndose en la evocación indirecta de los distintos motivos ornamentales del objeto artístico en cuestión y haciendo énfasis en la eterna fijación a que están sometidos, en la inmovilidad de sus gestos y posiciones (versos 16-18). Tales motivos están evocados de un modo muy vívido, muy inmediato, y se representan claramente en la imaginación. La estrofa III viene a ser una sucesión paralelística de comentarios relativos a los motivos de la estrofa II; los comentarios, admirativos y extasiados, ensalzan envidiosamente la inmovilidad de aquellas representaciones: "Ay, que dichosas ramas que las hojas / no perderéis, ni lejos veréis la Primavera..." etc.

En la estrofa IV el tono vuelve a enlazar con el de la primera, y se renuevan las preguntas sin respuesta, que ahora van delineando una escena diferente pues no aparecen las doncellas huyendo de los sátiros, no se trata de orgía ni de éxtasis sino de una procesión ordenada, de todo un pueblo que sigue a un sacerdote conductor de una vaquilla adornada para el sacrificio (Cf. versos 31-34). La identidad de las gentes y los lugares sigue siendo desconocida pero con tal misterio contrastan la evocación, muy concreta, de la vaquilla con su actitud y atavío y la seguridad de la afirmación final con relación al destino del pueblo de donde ha salido toda aquella gente que contempla esculpida o pintada sobre la urna, a la que se señala con el demostrativo (*this folk, this pious morn*) para indicar su absoluta contemporaneidad con el contemplador.

La estrofa V y última viene a ser un resumen y conclusión de todo el poema cuya simetría de conjunto es de una severidad clásica pues, como acabamos de hacer notar, las estrofas I y IV son las que desarrollan el tema de las preguntas sin respuesta con referencia a los motivos de la urna, mientras las dos estrofas intermedias glosan estos motivos: la quinta, viniendo a cerrar el poema, produce un equilibrio muy cerrado. Y precisamente en esta última estrofa, de tono reflexivo, la urna contemplada surge como símbolo platónico del bien supremo y la suma belleza; en este símbolo el poeta aprecia dos tipos de perfección cuya raigambre podemos enlazar, respectivamente, con el espíritu neoclásico y con el romántico. En los dos primeros versos de la estrofa (*O Attic shape! Fair attitude! with brede / Of marble men and maidens overwrought*="Ay, forma ática, bella actitud orlada / de hombres y de doncellas marmóreos") se expresa la predilección por la serenidad clásica, una admiración hacia ella que indica un gusto clasicista, mientras el verso siguiente (*With forest branches and the trodden weed*="Con ramas de los bosques y las yerbas holladas") apunta una complacencia en la naturaleza y una observación realista del detalle que están dentro de la sensibilidad tenida usualmente por romántica. La misma dualidad se desarrolla en el resto de la estrofa pues mientras la inquietud por la eternidad y la angustia por el paso del tiempo están claramente expresados en los versos 44-46:

> *Thou silent form, dost tease us out of thought*
> *As doth eternity: Cold Pastoral!*
> *When old age shall this generation waste,*
> ....

("Tú, forma silenciosa, nos inquietas
Como la eternidad: ¡Pastoral fría!
Cuando el tiempo deshaga esta generación,
...."),

en los versos 47-50 se expresa la creencia en un valor atemporal superior a las cosas que envejecen, en un ideal platónico de identidad entre la verdad y la belleza del cual la urna contemplada le parece al poeta como un signo, un mensajero:

> *Thou shalt remain, in midst of other woe*
> *Than ours, a friend to man, to whom thou say'st,*
> *'Beauty is truth, truth beauty,' -that is all*
> *Ye know on earth, and all ye need to know.*

("Tú seguirás, en medio de otro dolor,
Siendo amiga del hombre, a quien dirás:
'La belleza es verdad, y la verdad es belleza',
Esto es cuanto se sabe y cuanto es necesario")

Este dualismo que señalamos es parte de la evidencia del conflicto interior que parece residir en el origen de este poema. Conflicto entre intuición e inteligencia, entre tendencias apolíneas y dionisíacas (25) que llegan a equilibrarse muy difícil y bellamente. Apolínea es, en efecto, la armoniosa y pulida forma del poema, la frase recortada y exacta, y la creencia en una norma que se impone a las perturbaciones sentidas por el espíritu (versos 11-12, 21-30, 41-50) es igualmente apolínea aunque la norma sea de tipo místico platónico; apolíneo es el deseo de calma y de inmovilidad y el afán por huir de todo lo que varía. Dionisíacos son la inquietud y el misterio, la angustia ante lo perecedero que late en toda la oda, el apasionamiento del acento con que se expresa su autor. Una tendencia y otra se oponen y el poeta busca una armonía entre ellas que, finalmente, desde el punto de vista de las ideas, se resuelve a favor de lo apolíneo y sereno, según podemos juzgar por la lectura de la estrofa V.

Pero poéticamente, lo que importa no es la solución del conflicto sino la huella que su expresión deja en nuestros espíritus: y es una huella viva y caliente, habitada por las presencias misteriosas de esos seres cuya imagen el poeta ha contemplado sobre la urna inspiradora y cuya evocación ha acumulado en sus versos. Porque diríamos que lo poético, en esta oda de Keats, está transmitido mediante la evocación de realidades que son descritas incompletamente valiéndose de interrogaciones o exclamaciones que se acumulan primero y luego se remansan en las frases rotundamente afirmativas de los versos 1, 2 y 3, el 11 y los últimos de la composición. Este tipo de expresión es más propia de la sugerencia que de la sorpresa y hemos de recordar que la sugerencia es también un medio muy propicio para provocar el sentimiento poético (Cf. estudio introductorio). Si en los poemas considerados hasta este momento no hemos señalado un uso realmente significativo de la sugerencia es porque, en realidad, este uso empieza a hacerse importante con el romanticismo. Su importancia en este caso es otro de los motivos para que este poema -que aparece en difícil equilibrio entre lo neoclásico y lo romántico- pueda situarse decididamente dentro de la esfera del romanticismo a pesar de su estructura ática: porque aquí nos encontramos con un uso masivo de la sugerencia que, muy adecuadamente, sirve a la expresión de lo misterioso que el poeta percibe en el objeto artístico sobre el que apoya su afan ardiente de serenidad.

---

(25) "Apolíneo" y "dionisíaco" son los términos que Nietzsche utiliza en *El origen de la tragedia* (1871), para referirse a las tendencias racionales e instintivas de la naturaleza humana, respectivamente. Apolo, que es el dios de la claridad mental, de la medida y la objetividad, da su nombre a lo que el filósofo alemán llama "apolíneo", y mientras Dionisos -el dios de lo subjetivo, improvisado y caótico- trasmite el suyo a lo denominado "dionisíaco". Son clasificaciones que se han impuesto en el lenguaje literario.

9

Victor Hugo:
Booz Endormi

Booz s'était couché de fatigue accablé;
Il avait tout le jour travaillé dans son aire,
Puis avait fait son lit à sa place ordinaire;
Booz dormait auprès des boisseaux pleins de blé.

5- Ce vieillard possédait des champs de blés et d'orge,
Il etait, quoique riche, à la justice enclin:
Il n'avait pas de fange en l'eau de son moulin,
Il n'avait pas d'enfer dans le feu de sa forge.

Sa barbe était d'argent comme un ruisseau d'avril
10- Sa gerbe n'était point avare ni haineuse;
Quand il voyait passer quelque pauvre glaneuse:
-Laissez tomber exprès des épis, disait-il.

Cet homme marchait pur loin des sentiers obliques,
Vêtu de probité candide et de lin blanc;
15- Et, toujours du côté des pauvres ruisselant,
Ses sacs de grains semblaient des fontaines publiques.

Booz était bon maître et fidèle parent;
Il était généreux, quoiqu'il fût économe;
Les femmes regardaient Booz plus qu'un jeune homme,
20- Car le jeune homme est beau, mais le vieillard est
[grand.

Le vieillard, qui revient vers la source première,
Entre aux jours éternels et sort des jours changeants;
Et l'on voit de la flamme aux yeux des jeunes gens,
Mais dans l'oeil du vieillard on voit de la lumière.

25- Donc, Booz dans la nuit dormait parmi les siens,
Prés des meules, qu'on eût prises pour des décombres,
Les moissonneurs couchés faisaient des groupes
[sombres
Et ceci se passait dans des temps très anciens.

Booz se había acostado rendido de cansancio;
Había trabajado todo el día en la era,
Y luego en el lugar de siempre se hizo el lecho;
Booz dormía muy cerca de los sacos de grano.

5- Este anciano tenía campos de avena y trigo,
y aunque era rico era a la justicia dado;
En su molino el fango no le enturbiaba el agua
Ni se mezclaba escoria al fuego de su fragua.

Su barba era de plata como un río de abril,
10- Su gavilla no era ni enconada ni avara;
Cuando veía pasar a alguna espigadora:
—Dejad caer espigas con intención, decía.

Este hombre iba derecho por senderos oblicuos,
Vestido de honradez cándida y lino blanco;
15- Y, siempre derramándose del lado de los pobres,
El grano de sus sacos era una fuente pública.

Booz era un amo bueno y era un pariente fiel;
Y aunque fuese ahorrador era también magnánimo;
Las mujeres miraban a Booz más que a un muchacho,
20- Porque el joven es bello pero el anciano es grande.

El anciano, que vuelve a la fuente primera,
Entra en el tiempo eterno y sale del mudable;
Y en la mirada joven puede advertirse el fuego
Pero en la del anciano se contempla la luz.

25- Pues Booz aquella noche dormía entre los suyos,
Cerca de los almiares que parecían escombros,
Los segadores eran, echados, negros grupos
Y todo esto pasaba en tiempos muy antiguos.

Les tribus d'Israël avaient pour chef un juge;
30- La terre, où l'homme errait sous la tente, inquiet
Des empreintes de pieds de géant qu'il voyait,
Etait encor mouillée et molle du déluge.

Comme dormait Jacob, comme dormait Judith,
Booz, les yeux fermés, gisait sous la feuillée.
35- Or, la porte du ciel s'étant entre-baîllée
Au-dessus de sa tête, un songe en descendit.

Et ce songe était tel, que Booz vit un chêne
Qui sorti de son ventre, allait jusqu'au ciel bleu;
Une race y montait comme une longue chaîne;
40- Un roi chantait en bas, en haut mourait un dieu.

Et Booz murmurait avec la voix de l'âme:
"Comment se pourrait-il que de moi ceci vînt?
Le chiffre de mes ans a passé quatre-vingt,
Et je n'ai pas de fils, et je n'ai plus de femme.

45- "Voilà longtemps que celle avec qui j'ai dormi,
O Seïgneur! a quité ma couche pour la vôtre;
Et nous sommes encor tout mêlés l'un à l'autre,
Elle à demi vivant et moi mort à demi.

"Une race naîtrait de moi! Comment le croire?
50- Comment se pourrait-il que j'eusse des enfants?
Quand on est jeune, on a des matins triomphants,
Le jour sort de la nuit comme d'une victoire;

"Mais, vieux, on tremble ainsi qu'à l'hiver le bouleau.
Je suis veuf, je suis seul, et sur moi le soir tombe,
55- Et je courbe, ô mon Dieu! mon âme vers la tombe,
Comme un boeuf ayant soif penche son front vers l'eau".

Ainsi parlait Booz dans le rêve et l'extase,
Tournant vers Dieu ses yeux par le sommeil noyés;
Le cèdre ne sent pas une rose à sa base,
Et lui ne sentait pas une femme à ses pieds.

60- Pendant qu'il sommeillait, Ruth, une Moabite,
S'était couchée aux pieds de Booz, le sein nu,
Espérant on ne sait quel rayon inconnu,

El jefe de las tribus de Israel era un juez;
30- La tierra, donde el hombre, bajo su tienda, erraba,
Inquieto por las huellas gigantes que veía,
Conservaba la húmeda blandura del diluvio.

Como durmió Jacob, como durmió Judith,
Booz con ojos cerrados, yacía bajo las ramas,
35- Cuando, abriéndose a medias la puerta de los cielos,
Por sobre su cabeza descendió de ella un sueño.

Y este sueño era tal que Booz vio que una encina,
Saliendo de su vientre iba hasta el cielo azul;
Como larga cadena subía por ella un pueblo;
40- Un rey cantaba abajo, arriba un dios moría.

Y murmuraba Booz con la voz de su alma:
"¿Cómo podría ser que esto fuera a ocurrir?
Mis años han pasado ya el número de ochenta,
Y ni he tenido hijos ni ya tengo mujer.

45- Hace tiempo que aquélla con la que yo dormía,
Oh Señor, ha dejado mi lecho por el vuestro;
Y estamos todavía mezclados uno y otro,
Ella medio viviente y yo difunto a medias.

"¡Un pueblo va a nacer de mí! ¿Cómo creerlo?
¿Cómo podría ser que yo tuviese hijos?
Cuando se es joven son las mañanas triunfantes,
Y, vencedor, el día emerge de la noche.

"Pero, viejo, se tiembla como en invierno el álamo.
Yo soy viudo, estoy solo, cae sobre mí la tarde,
55- Y, Dios mío, así inclino mi alma hacia la tumba
Como el buey que, sediento, su frente inclina al agua".

Así iba hablando Booz en el ensueño y éxtasis,
Volviendo a Dios los ojos por el sueño anegados;
El cedro no percibe una rosa en su base,
60- Y él a sus pies no pudo sentir una mujer.

Mientras él dormitaba, Ruth, una Moabita,
A sus pies se había echado con el seno desnudo,
Esperando un ignoto rayo desconocido

Quand viendrait du réveil la lumière subite.

Booz ne savait point qu'une femme était là,
65- Et Ruth ne savait point ce que Dieu voulait d'elle,
Un frais parfum sortait des touffes d'asphodèle;
Les souffles de la nuit flottaient sur Galgala.

L'ombre était nuptiale, auguste et solennelle;
Les anges y volaient sans doute obscurément,
70- Car on voyait passer dans la nuit, par moment,
Quelque chose de bleu qui paraissait une aile.

La respiration de Booz qui dormait
Se melait au bruit sourd des ruisseaux sur la mousse.
On était dans le mois où la nature est douce,
75- Les collines ayant les lys sur leur sommet.

Ruth songeait et Booz dormait; l'herbe était noire;
Les grelots des troupeaux palpitaient vaguement;
Une inmense bonté tombait du firmament;
C'était l'heure tanquille où les lions vont boire.

80- Tout reposait dans Ur et dans Jérimadeth;
Les astres émaillaient le ciel profond et sombre;
Le croissant fin et clair parmi ces fleurs de l'ombre
Brillait à l'occident, et Ruth se demandait,

Immobile, ouvrant l'oeil à moitié sous ses voiles,
85- Quel dieu, quel moissonneur de l'èternel été
Avait, en s'en allant, négligemment jeté
Cette faucille d'or dans le champ des étoiles.

INTRODUCCIÓN A LA POESÍA LÍRICA 141

Cuando del despertar llegase la luz súbita.

65- Booz no sabía que una mujer estaba allí,
Y no sabía Ruth lo que Dios le pedía,
Las matas de asfodelos daban un fresco aroma;
Los hálitos nocturnos flotaban en Galgala.

La sombra era nupcial, era augusta y solemne;
70- Sin duda oscuramente los ángeles volaban
Por ella, pues a veces se veía en la noche
Pasar algo azulado que parecía un ala.

El aliento de Booz, que dormía, se iba
Mezclando al sordo ruido de arroyos sobre el césped.
75- Era el mes en que es dulce toda naturaleza,
Y las colinas tienen lirios sobre sus cimas.

Ruth pensaba y Booz dormía; la hierba era negra;
Vagamente palpitaban las esquilas de los rebaños;
Una inmensa bondad caía del firmamento;
80- Era la hora tranquila en que se abrevan los leones.

Todo reposaba en Ur y Jerimadeth;
Los astros esmaltaban el cielo oscuro y hondo;
El creciente delgado y claro entre estas flores de la
[sombra
Brillaba en occidente y Ruth se preguntaba,

85- Inmóvil, entreabriendo los ojos bajo el velo,
Qué dios, qué segador del sempiterno estío
Había, al retirarse con descuido, arrojado
Esta hoz de oro en el campo de los astros.

Este poema de Víctor Hugo es un fragmento tomado de *La legènde des Siècles*. Su tema pertenece a la historia bíblica: el encuentro entre Rut y Booz que se narra en el "Libro de Rut" es el centro en torno al cual el poeta francés crea un ambiente lírico especialmente sutil.

Contrariamente a lo que ocurre en la *"Ode to a Grecian urn"* de John Keats, los núcleos principales de material en este poema no guardan entre sí ninguna relación simétrica sino que se suceden el uno al otro según un ciclo abierto y de equilibrio desigual pues, partiendo de una base narrativa, la expresión se inclina progresivamente hacia un lirismo que primero guarda una relación estrecha con la narración pero luego se va alejando de ella hasta culminar en lo puramente contemplativo de las estrofas finales. En efecto, el poema comienza con una narración *in medias res* donde Booz se presenta como un personaje ya conocido por el lector y se dan detalles minuciosos sobre el momento en que se acuesta y el lugar donde lo hace (estrofa I). Una vez presentado Booz como alguien familiar y conocido el poeta retrocede en la perspectiva y, a lo largo de las seis estrofas siguientes, explica quién era el israelita valiéndose de un lenguaje en el que la descripción directa (del tipo: *Ce vieillard possédait des champs de blés et d'orge / Il était, quoique riche, à la justice enclin*="Este anciano tenía campos de avena y trigo, / y aunque era rico era a la justicia dado") alterna con las imágenes poéticas puestas al servicio de la descripción, como las citadas seguidamente:

> *Sa barbe était d'argent comme un ruisseau d'avril*
> *Sa gerbe n'était point avare ni haineuse*
>
> ("Su barba era de plata como arroyo de abril,
> Su gavilla no era ni enconada ni avara"). (Versos 9-10)
>
> *Cet homme marchait pur loin des sentiers obliques,*
> *Vetû de probité candide et de lin blanc;*
>
> ("Este hombre iba derecho, por senderos no oblicuos,
> Vestido de honradez cándida y lino blanco;"). (Versos 13-14)

En la imagen del anciano se indica directamente un rasgo de su aspecto físico (la barba blanquísima y copiosa) e, indirectamente, el vigor corporal necesario para que pudiese trabajar en el campo todo el día (Cf. verso 2). Las otras cualidades que se señalan son su riqueza y buen sentido -que le hacen ser no derrochador pero sí magnánimo y justo (estrofas II y III)- y el atractivo que ejerce sobre las mujeres (Cf. versos 18-24), *car le jeune homme est beau, mais le vieillard est grand* ("pues el joven es bello pero el anciano es grande"). Sobre esta último rasgo se extiende el poeta y comenta, a lo largo de una estrofa entera, el tipo de encanto solemne y grandioso que puede emanar de un hombre anciano (versos 21-22) comparando el atractivo del joven al de una llama y con el de la luz el del anciano (*Et l'on voit de la flamme aux yeux des jeunes gens, / Mais dans l'oeil du vieillard on voit de la lumière* = "Y en la mirada joven puede advertirse el fuego, / Pero en la del anciano se contempla la luz"). Esta insistencia es la primera indicación del asunto místico-erótico en que va a centrarse el poema.

Una vez delineados los rasgos del personaje que tienen importancia en la historia en que se inserta a éste, evocadas su majestuosa figura llena de vigor y la pureza de su corazón, el poeta retrocede coloquialmente (digo coloquialmente porque se vale de un giro muy familiar -el uso de *donc* "pues"- para hacer cambiar el enfoque de su relato: Cf. verso 25) al momento de la vida del anciano con cuya descripción comenzó el poema:

> *Donc, Booz dans la nuit dormait parmi les siens,*
> *Près des meules, qu'on eû prises pour des décombres,*
> *Les moissonneurs couchés faisaient des groupes sombres*
> *Et ceci se passait dans des temps très anciens.*
>
> ("Pues Booz, aquella noche, dormía entre los suyos,
> Cerca de los almiares que parecían escombros,
> Los segadores eran, echados, negros grupos
> Y todo esto pasaba en tiempos muy antiguos"). (Versos 25-28)

En estos versos, además de referir la acción de Booz, se busca dar una imagen plástica, muy pictórica incluso, de la escena nocturna, y, por otra parte, se introduce la referencia a la época remota en que sucedió lo que se relata. En la estrofa VIII se añaden algunas pinceladas a la evocación de aquellos tiempos lejanos y se da de ellos una imagen angustiosa y exótica: la tierra estaba marcada aún por la humedad del diluvio y el hombre erraba "inquieto por las huellas gigantes que veía" (verso 31).

A continuación, en la estrofa IX, al recuerdo de los tiempos antiguos se une el de los nombres famosos de Jacob y Judit, con cuya manera de dormir se compara la de Booz. Se la compara haciendo referencia al hecho material de que aquéllos y éste dormían bajo las ramas, es decir, tumbados en pleno campo, pero está implícita en la comparación la alusión al sueño milagroso de Jacob, al sueño inspirador de Judit. En los versos siguientes empieza el segundo bloque estructural de este poema, que ocupa siete estrofas y tiene por objeto la descripción del sueño profético tenido por Booz. De este sueño, las alusiones a personajes bíblicos y la exposición del cuadro simbólico contemplado por el durmiente, se resumen en la estrofa X, mientras las que la siguen comentan la reacción de Booz ante el sueño, cuyo significado comprende inmediatamente y ante el cual reacciona con incredulidad. Para el conocedor de la Biblia, el sueño de Booz y su escepticismo ante la promesa de una larga descendencia en su edad avanzada, es un eco familiar, un resumen de las numerosas ocasiones en que se relatan situaciones semejantes en los Libros Sagrados (referidas a Abraham, Zacarías, etc.). En su poema, Víctor Hugo insiste en las reflexiones de Booz sobre su vida sexual ya terminada (Cf. versos 43-46 y 50-54), y, después, luego de la presentación del personaje y la descripción de su sueño, comienza en el poema la parte que podemos llamar estrictamente lírica, que se extiende desde el verso 59 hasta el 88, último éste de la composición.

En esta parte última, o tercer núcleo en la estructura del poema, el tono narrativo dominante queda abandonado y se le substituye por otro reflexivo, extático y dominado por las sugerencias que, apoyándose tanto en las alusiones a los sucesos bíblicos como en evocaciones simbólicas de tipo visual u olfativo, crea una imagen global sugerente del modo en que va a cumplirse la profecía recibida en sueños por Booz.

Primeramente, los versos 59 y 60 comentan la perplejidad del patriarca ante la profecía mediante una imagen que sirve de enlace entre tal perplejidad y el suceso que se desarrolla junto a él durante su sueño: una mujer ha venido a arrojarse a sus pies. La imagen (verso 59: *Le cèdre ne sent pas une rose à sa base*="El cedro no percibe una rosa en su base") alterna paralelísticamente con su explicación (verso 60: *Et lui ne sentait pas une femme à ses pieds*="Y él a sus pies no pudo sentir una mujer"), y, a la vez, inicia la serie de representaciones referentes a la naturaleza tranquila y florida que envuelve todo el cuadro evocado en esta parte final. Efectivamente, aquí se termina la acción pero los comentarios giran en torno al destino que aguarda a estos dos personajes y se expresan con un tono misterioso y voluptuosamente lleno de bondad. Así, lo misterioso se indica tanto en las referencias reiteradas al estado de ánimo del anciano y la mujer moabita (*Espérant on ne sait quel rayon inconnu,* / *quand viendrait du réveil la lumière subite* = "Esperando un ignoto rayo desconocido / cuando del despertar llegase la luz súbita": versos 63-64; *Booz ne savait point qu'une femme était là,* / *Et Ruth ne savait pas ce que Dieu voulait d'elle* = "Booz no sabía que una mujer estaba allí, / Y no sabía Ruth lo que Dios le pedía": versos 65-66; ...*Et Ruth se demandait,* / *Inmobile, ouvrant l'oeil à moitié sous ses voiles,* / *Quel dieu, quel moissoneur de l'èternel été* = "... y Ruth se preguntaba / Inmóvil, entreabriendo los ojos bajo el velo, / Qué dios, qué segador del sempiterno estío": versos 84-86), como en las palabras sugeridoras de un misterio cuya raíz se hunde en la nocturnidad de la escena pero que aflora aquí y allá en expresiones como *Les anges y volaient, sand doute, obscurément* ("Sin duda, oscuramente, los ángeles volaban": verso 70), o *La respiration de Booz, qui dormait* / *Se melait au bruit sourd des ruisseaux sur la mousse* ("El aliento de Booz, que dormía, se iba / Mezclando al ruido sordo de arroyos sobre el césped": versos 73-74). La naturaleza se mezcla intimamente con los hombres y ocupa el lugar de los buenos presagios que se ciernen sobre la Moabita y Booz, tras decir que ella y él ignoraban su destino, el poeta se vuelve al paisaje que los rodea y señala:

> Un frais parfum sortait des touffes d'asphodèles;
> Les souffles de la nuit flottaient sur Galgala.
>
> L'ombre était nuptiale, auguste et solennelle
>
> ("Las matas de asfodelos daban un fresco aroma;
> Los hálitos nocturnos flotaban en Galgala.
>
> La sombra era nupcial, era augusta y solemne".) (Versos 67-69).

La indicación de la belleza y bondad de la naturaleza como un presagio de ventura va intensificándose. La felicidad que aguarda a Rut y Booz, la bendición divina, lo providencial de su unión y la admiración mística con que el poeta la revive en su imaginación, se expresan indirectamente a través del aumento de referencias al ámbito nocturno, profundo, bello y misterioso, que se evoca con sus olores (Cf. versos 67-68) y sonidos (Cf. versos 73-74, 79, 80-81).

También los toques de color son importantísimos en la recreación de la escena pues de ellos depende en gran medida su cualidad simbólica: algunos tienden a producir un aire exótico, como las referencias a Rut, a quien describe con el seno desnudo (verso 62), envuelta en velos, e inmóvil (verso 85); otros, sugieren el misterio sagrado que planea sobre la pareja, como los siguientes:

> L'ombre était nuptiale, auguste et solennelle;
> Les anges y volaient sans doute obscurément,
> Car on voyait passer dans la nuit, par moments,
> Quelque chose de bleu qui paraissait une aile.
>
> ("La sombra era nupcial, era augusta y solemne;
> Sin duda oscuramente los ángeles volaban
> Por ella, pues a veces se veía en la noche
> Pasar algo azulado que parecía un ala.") (Versos 69-72)

El poema se termina con una imagen visual que desprende resonancias y sugerencias, que hace extender la imaginación hacia el futuro y, al mismo tiempo, la apoya en el pasado: es la representación de Rut, inmóvil, contemplando el creciente de la luna sobre el cielo que le parece ser la hoz gigante que un segador divino ha arrojado a los espacios siderales (Cf. versos 82-88). Con la metáfora final se crea -sutilmente, con un solo rasgo- un paralelismo tan importante en el ambiente místico del poema como éste esbozado entre las tierras en que Booz y Rut viven y los cielos habitados por Dios, puesto que si ellos están ocupados en la faena de la siega sobre la tierra son como un reflejo perecedero de ese "segador del sempiterno estío" cuya "hoz de oro en el campo de los astros" es el creciente de la luna que Rut contempla meditabunda mientras espera el despertar de su pariente.

Resumiendo, podemos decir que este poema de Víctor Hugo, que pertenece a *La Lègende des siècles*, es un magnífico ejemplo de la vertiente de la poesía romántica que se inspira en lo épico, y que en general, es buen modelo en que observar la transformación de los elementos narrativos en líricos. En la narración, la progresión de las acciones es un valor esencial mientras en la lírica, por el contrario, lo importante es la contemplación, lo que no quiere decir que la lírica no utilice elementos narrativos sino que los utiliza vaciándolos de su posible interés argumental. Porque el lirismo excluye la certidumbre absoluta, el lirismo se complace en la ambigüedad porque actúa sobre las capas de la personalidad que necesitan ser sacudidas por la llamada del misterio para revivir y sentir el sobresalto poético. Y cuando lo narrativo aparece en la poesía lírica -como ocurre en la medieval y vuelve a suceder en la romántica-, ésta posee la función de crear imágenes amplias y jugosas por las que la imaginación se explaya (como ocurre aquí con toda la detallada descripción de Booz y su sueño) pero la razón de ser del poema no estará en la organización de tales descripciones en una línea argumental que se desarrolle siguiendo los momentos aristotélicos de planteamiento, nudo y desenlace, sino todo lo contrario, en su función de ruptura con una línea argumental de este tipo. En el caso presente, el poeta, una vez elegida la historia bíblica de Rut y Booz para desarrollarla líricamente, selecciona el momento determinado en que la moabita se arroja a los pies de Booz siguiendo las instrucciones de su suegra. El sueño profético de Booz no se encuentra en el "Libro de Rut" sino que parece una síntesis elaborada por Víctor Hugo entre el de Jacob y las profecías de Abraham: ficción, con respecto a la historia bíblica, que introduce en el poema el tema de la predestinación de aquel matrimonio y su descendencia. En el "Libro de Rut" ocurren cosas, se cuenta una historia, pero en el poema de Hugo se contempla, aislándolo, un momento determinado de tal historia, que se enriquece con la añadidura de la intervención sobrenatural y con la asociación de la naturaleza a los buenos presagios de la unión. Primero la figura de Booz -que es el personaje central del poema, de modo diferente a lo que sucede en la historia bíblica donde es una figura secundaria que cumple los designios de la Providencia respecto a Rut-, después el sueño profético y, finalmente, la incorporación de los cielos, la tierra y la noche al encuentro milagroso, amplifican el momento elegido por el poeta y lo dotan de un relieve único, lo singularizan y cargan de toda la fuerza necesaria para subsistir por sí mismo.

En cuanto a la estructuración del poema, algo que la sitúa dentro de lo específicamente romántico es su condición, que ya señalé al principio de esta nota, de ser abierta; es decir, de que su final no recoja ningún motivo del comienzo y que tampoco el final sea -como lo es en *Ode to a Grecian urn*- una consecuencia o reflexión del conjunto anterior. En los poemas examinados en este libro desde Petrarca hasta Keats podemos advertir un cierre final, un recogerse del material del poema sobre sí mismo que, sin embargo, no se produce ni en las canciones provenzales ni en la balada de Charles d'Orleans, y esto nos hace observar que con Víctor Hugo nos hemos asomado a la ruptura de una tradición que empezó con los poetas *stilnovistas*.

10

Edgar Allan Poe: "Ulalume"

The skies they were ashen and sober;
　　　　The leaves they were crisped and sere-
　　　　The leaves they were withering and sere;
　　It was night in the lonesome October
5-　　　　Of my most immemorial year;
　　It was hard by the dim lake of Auber,
　　　　In the misty mid region of Weir-
　　It as down by the dank tarn of Auber,
　　　　In the ghoul-haunted woodland of Weir.

10-　Here once, through an alley Titanic,
　　　　Of cypres, I roamed with my Soul-
　　　　Of cypres, with Psyche, my Soul.
　　These were Days when my heart was volcanic
　　　　As the scoriac rivers that roll-
15-　　　　As the lavas that restless roll
　　Their sulphurous currents down Yaanek
　　　　In the ultimate climes of the pole-
　　That groan as they roll down Mount Yaanek
　　　　In the realms of the boreal pole.

20-　Our talk had been serious and sober,
　　　　But our thoughts they were palsied and sere-
　　　　Our memories were treacherous and sere,-
　　For we knew not the month was October,
　　　　And we marked not the night of the year
25-　　　　(Ah, night of all nights in the year)-
　　We noted not the dim lake of Auber
　　　　(Though once we had journeyed down there)-
　　Remembered not the dank tarn of Auber,
　　　　Not the ghoul-haunted woodland of Weir.

30-　And now, as the night was senescent
　　　　And star-dials pointed to morn-

　　　　El cielo era sobrio y ceniciento
　　　　　　Las hojas encrespadas y resecas-
　　　　　　Las hojas marchitándose y resecas;
　　　　Era de noche en el Octubre solo
5-　　　　　De mi más inmemorable año;
　　　　Hacía mal tiempo junto al lago Auber,
　　　　　　En la tierra difusa de Weir:
　　　　Era en la húmeda laguna de Auber,
　　　　　　En el bosque embrujado de Weir.

10-　Aquí, un día, por un paseo inmenso
　　　　　　De cipreses vagué con mi Alma:
　　　　　　De cipreses, con Psiqué, mi Alma.
　　　　Era entonces mi pecho volcánico
　　　　　　Como ríos de escoria que ruedan:
　　Como lavas que sin cesar ruedan
　　　　　　Sus corrientes de azufre del Yaanek
　　　　　　En los últimos climas del polo:
　　　　Que al rodar van rugiendo del Yaanek
　　　　　　A los reinos del polo boreal.

20-　Nuestra charla fue sobria y sensata,
　　　　　　Mas el pensar rígido y seco:
　　　　　　Los recuerdos era traidores y secos,:
　　　　No supimos que el mes fuese Octubre,
　　　　　　No sabíamos qué noche del año
25- .　　　　(¡Ah, qué noche, entre todas, del año!):
　　　　No advertimos el lago de Auber
　　　　　　(Aunque allí habíamos ido una vez):
　　　　No recordamos la laguna de Auber
　　　　　　Ni el embrujado bosque de Weir.

30-　Y ahora que la noche iba cayendo
　　　　　　Y los astros-esferas indicaban el día:

As the star-dials hinted of morn-
At the end ·of our path a liquescent
And nebulous lustre was born,
35- Out of wich a miraculous crescent
Arose with a duplicate horn-
Astarte's bediamonded crescent
Distinct with a duplicate horn-
And I said: "she is warmer than Dian:
40- She rolls through an ether os sighs-
She revels in a region of sighs:

She has seen that the tears are not dry on
These cheeks, where the worm never dies,
And has come past the stars of the Lion
45- To point us the path to the skies
To the Lethean peace of the skies-
Come up, in despite of the Lion
To shine on us with her bright eyes-
Come up trough the lair of the Lion,
50- With love in her luminous eyes".

But Psyche, uplifting her finger,
Said: "Sadly this star I mistrust-
Her pallor I strangely mistrust:-
Oh, hasten! -oh, let us not linger!
55- Oh, fly! -let us fly! -for we must".
In terror she spoke, letting sink her
Wings until they trailed in the dust-
In agony sobbed, letting sink her
Plumes till they trailed in the dust-
60- Till they sorrowfully trailed in the dust-

I replied: "This is nothing but dreaming:
Let us on by this tremulous light!
Let us bathe in this crystalline light!
Its Sybillic splendor is beaming
65- With Hope and in Beauty to-night!-
See! -it flickers up the sky through the night!
Ah, we safely may trust to a gleaming,
That cannot but guide us aright,
Since it flickers up to Heaven through the night"

Al presagiar los astros-esferas el día:
Al final de la senda un licuescente
Y nebuloso brillo había nacido,
35- Del que un creciente milagroso
    Se levantó con duplicado cuerno:
De Astarté el creciente bidiamante
    Señalado con duplicado cuerno:
Y yo dije: "Es más tierna que Diana:
40- Rueda a través de un éter sin suspiros:
    Se deleita en país sin suspiros:

Ha mirado el llanto que no seca
    De este rostro, donde está el gusano,
Y ha pasado los astros del León
45-   Para indicarnos dónde están los cielos
    La paz leteana de los cielos:
Ha venido, a pesar del León,
    A iluminarnos con brillantes ojos:
Venido atravesando el cubil del León,
50-   Con amor en sus ojos luminosos".

Pero Psiqué, elevando el dedo, dijo:
    "Desconfío, con dolor, de esta estrella:
    Mucho desconfío de su palidez:
Oh, apresúrate. No nos paremos
55-   Oh, vuela, -volemos- debemos volar".
Con terror hablaba, dejando sus alas
    Caer hasta que barrieron el polvo:
Sollozaba agónica, dejando sus plumas
    Caer hasta que barrieron el polvo:
60-   Hasta que tristemente barrieron el polvo:

Yo repliqué: "Sólo es un sueño:
    ¡Caminemos por esta luz trémula!
    ¡Bañémonos de cristalina luz!
¡Su esplendor Sibilino reluce
65-   De esperanza, en Belleza, esta noche!:
    ¡Mira, centellea por el cielo en la noche!
¡Podemos, sí, fiarnos de una luz
    Que tiene que guiarnos rectamente
    Pues centellea hacia el Cielo en la noche!".

70- Thus I pacified Psyche and kissed her,
        And tempted her out of her gloom-
        And conquered her scruples and gloom;
    And we passed to the end of the vista,
        But were stopped by the door of a tomb-
75-   By the door of a legended tomb;
And I said: "What is written, sweet sister,
        On the door of that legended tomb?"
        She replied: "Ulalume-Ulalume-
        'Tis the vault of thy lost Ulalume!"

80- Then my heart it grew ashen and sober
        As the leaves that were crisped and sere-
        As the leaves that were withering and sere,
    An I cried: "It was surely October
        On *this* very night of last year
85-   That I journeyed -I journeyed down here-
        That I brought a dread burden down here-
        On this night of all nights in the year,
        Ah, what demon has tempted me here?
    Well I know, now, this dank tarn or Auber,
90-   This ghoul-haunted woodland of Weir".

70- Así tranquilice a Psiqué y beséla,
    Y la conduje fuera de su angustia:
    Y conquisté su escrúpulo y su angustia;
  Y llegamos al fin del panorama,
    Pero allí nos detuvo la puerta de una tumba:
75-   La puerta de una tumba con leyenda;
  Y yo le dije: "¿Qué dice, hermana mía,
    En la puerta de esa tumba escrito?"
    Me replicó: Ulalume: Ulalume:
    La cripta es de tu muerta Ulalume".

80- Mi corazón se puso ceniciento y sobrio
    Como las hojas encrespadas y secas:
    Como las hojas marchitándose secas,
  Y yo grité: "Seguro que era Octubre
    En esta noche del pasado año
85-   Cuando yo estuve -yo estuve aquí:
  Cuando traje un terrible fardo aquí:
    Esta noche, entre todas, del año,
    ¿Qué demonio me tentó a venir?
  Bien conozco, ahora la laguna de Auber,
90-   Este embrujado bosque de Weir".

En este poema de Edgar Allan Poe, lo primero que se puede advertir en relación con la composición romántica de que nos ha servido como ejemplo el *Booz endormi* de Víctor Hugo, es la reducción del elemento narrativo, que sigue siendo el sostén del poema pero queda casi completamente sumergido en una multitud de desviaciones encaminadas a provocar nubes de sugerencias que borran lo perfiles de lo que podríamos llamar narración. Estas desviaciones fragmentan la frase conductora del poema, repiten partes de ella y componen salmodias reiterativas de palabras y sonidos, desempeñando, así, un papel muy importante en la creación de una atmósfera ambigua en la que queda envuelto lo referido por el poeta (que, por otra parte, ya es en sí mismo fantástico). En efecto, Poe recuerda una ocasión en que caminaba, conversando con su alma, por una inmensa avenida (Cf. estrofa II), de noche (Cf. estrofa II), hasta el momento en que, repentinamente, al acercarse el amanecer (Cf. estrofa IV), aparece en el cielo un creciente luminoso cuya vista aterroriza al alma, pero no al poeta (Cf. estrofas V, VI y VII) quien la persuade de seguir caminando hasta que ambos tropiezan con una tumba sobre la que está escrito el nombre de "Ulalume". Este nombre aterra al poeta y le hace darse cuenta de que todo lo que está ocurriéndole sucede en la misma noche en que se cumple un año desde que él transportó un *dread burden* ("terrible fardo") a aquel mismo lugar (Cf. estrofas VIII y IX).

El relato es fantástico por presentar al poeta desdoblado en dos seres de entidad diferente -es decir, por personificar al alma- y por dejar la historia truncada con un final que sugiere mucho pero no asegura nada y que deja a la fantasía ajena en total libertad para suponer datos que puedan componer, con los proporcionados por el poeta, una historia lógica. Pero, además, el relato está completamente trascendido por el ambiente en que se sitúa, que absorbe la atención y, como si fuera un espejo, refleja un estado de ánimo. Este ambiente, combinado con las referencias directas a las sensaciones experimentadas por el autor, es lo que propiamente constituye el poema.

La evocación del ambiente con sus circunstancias de lugar, de época del año, de momento del día, está lograda mediante frases reiterativas y distorsionadas que se mezclan en salmodias sucesivas e imitan el vaivén del pensamiento. Así, si consideramos la primera estrofa, observaremos que los rasgos retóricos predominantes son el paralelismo y la aliteración, ambos propios de la antigua lírica coral y apropiados para suscitar los estados de ánimo deseados. Cuando leemos:

> The skies they were ashen and sober;
> The leaves they were crisped and sere-
> The leaves they were whitering and sere;
> It was night in the lonesome October
> Of my most immemorial year;
> It was hard by the dim lake of Auber,
> in the misty mid region of Weir-
> It was down by the dank tarn of Auber,
> In the ghoulhaunted woodland of Weir.

> ("El cielo era sobrio y ceniciento
> Las hojas encrespadas y resecas-
> Las hojas marchitándose y resecas;
> Era de noche en el Octubre solo
> De mi más inmemorable año;
> Hacía mal tiempo junto al lago Auber,
> En la tierra difusa de Weir:
> Era en la húmeda laguna de Auber,
> En el bosque embrujado de Weir").

la impresión que nos invade es somnolienta y mágica y, en ella, percibimos un mundo hundido en la niebla: *ashen* ("ceniciento"), *sere* ("resecas"), *whitering* ("marchitándose"), *night* ("noche"), *lonesome* ("solitario"), *inmemorial* ("inmemorial"), *dim* ("indistinto"), *misty* ("difuso"), *dank tarn* ("laguna húmeda"), *ghoulhaunted* ("embrujado"), *woodland* ("bosque"), son las palabras clave con que se teje la delicada tela de estos versos. Sus sugerencias, por lo que se refiere a los conceptos, y sus reiteraciones, por lo que afecta a los sonidos, pintan vivamente en la imaginación el mundo gris, monótono y frío, amenazador, de ese lugar de Weir, junto al lago Auber, donde "hacía mal tiempo".

En la segunda estrofa el tono cambia de melancólico a grandioso: la avenida por donde van paseando el poeta y su alma es calificada de *Titanic* ("titánica") y el grupo de palabras que describen el estado de ánimo del poeta en aquel tiempo que se recuerda, es portador de un significado cósmicamente destructor: *volcanic* ("volcánico"), *scoriac rivers* ("ríos de escoria"), *lavas that restless roll* ("lavas que sin cesar ruedan"), *sulphurous currents* ("corrientes de azufre"), *ultimate climes of the pole* ("últimos climas del polo"). Igual que ocurre en la estrofa primera, todas estas características de la naturaleza se relacionan entre sí pero, en este caso, los paisajes que se evocan son usados como imagen de un estado de espíritu y se yuxtaponen a las de la tierra de Weir, donde se sitúa el momento que el poeta recuerda. La personificación del alma, intensificada al conferirle un nombre propio (tomado de la mitología y sin intención de mixtificar -ya que toda persona medianamente culta conoce la equivalencia psiqué= alma- pero sí de crear una ambigüedad aparente que dé un relieve importante al desdoblamiento de la personalidad del poeta) se produce por primera vez en esta estrofa, en los versos 11 y 12, pero se interrumpe para continuar en la estrofa III, a partir de la cual ella y el poeta son los dos caminantes que comparten el lugar y los sucesos.

La estrofa III es, fóneticamente, una variante de la primera: conserva exactamente las rimas de aquélla (Cf. estrofas I y III) y parte de varias de sus frases pero les infunde un sentido contrario. En la primera estrofa el poeta se sitúa en un lugar, época y momento que parece conocer perfectamente pero en la tercera afirma haber desconocido aquellos lugares y el tiempo del año en que estuvo en ellos; además, las "hojas encrespadas y resecas" son substituídas por los "pensamientos" y "recuerdos" "rígidos y secos" (Cf. versos 21 y 22);el verso 23 es, por otra parte, un eco del 4 y, a la vez, es su reverso (Cf.: *It was night in the lonesome October*="era de noche en el Octubre solo" y *For we knew no the month was October*="No supimos que el mes fuese Octubre"). Este verso 23 alcanza una de las cimas de la emoción poética al referirse súbitamente a algo que parece no guardar ninguna relación lógica con el principio de la frase de que es continuación (*Our talk had been serious and sober, / But our thoughts they were palsied an sere- / Our memories were treacherous and sere,- / For we knew not the month was October*= "Nuestra charla fue sobria y sensata, / Mas el pensar rígido y seco: / Los recuerdos eran traidores y secos,: / No supimos que el mes fuese Octubre") y que señala al mes de Octubre como a la causa conocida de un determinado estado de espíritu. Al mismo tiempo, el Octubre de la estrofa primera revive aquí en el pensamiento y se amplifica a su efecto misterioso. En los versos siguientes -y respectivamente paralelos a los correspondientes de la estrofa inicial- el lago Auber y el bosque de Weir son presentados bajo una luz fantasmal que ya ha sido introducida en el poema por la adjetivación *ghoul-haunted* con que se califica el bosque por primera vez en el verso 9.

En las estrofas IV y V se describe la aparición de una luz misteriosa en el cielo que el poeta interpreta como benéfica, como un presagio de consuelo para su alma. Cada verso descriptivo de un momento de la aparición de la luz va seguido de ecos que lo amplifican y forman una especie de fondo musical que a un tiempo diluye y refuerza las imágenes. El vocabulario de estas estrofas que refieren la aparición de la luz estelar posee una calidad sonora y evocativa que es sedosa y transparente: *senescent* ("envejeciendo"), *liquescent* ("licuescente"), *nebulous lustre* ("nebuloso brillo"), *crescent* ("creciente"), *bediamonded* ("bidiamante"), *stars* ("estrellas"), *skies* ("cielos"), *lethean peace* ("paz leteica"), *lair of the Lion* ("el cubil del León"), etc.

Después de recordar la aparición de aquella luminaria celestial, las estrofas VI y VII, antitéticamente, comentan la reacción provocada en el poeta y su alma. En la estrofa VI se dice de *Psiqué* que "elevando el dedo dijo": es decir, se la presenta haciendo un ademán de advertencia cuyo significado se continúa en la tristeza que se desprende de la estrofa a través de las palabras del alma y de la imagen final en que se la pinta por dos veces arrastrando sus alas por el polvo.

El poeta, por el contrario, se sigue describiendo a sí mismo lleno de confianza en aquella hermosa luz cuya palidez tanto sobresalta a su alma; los versos 61-73 expresan esta confianza y el esfuerzo con que tranquiliza las inquietudes de Psiqué hasta el momento en que ambos tropiezan con la puerta de una tumba:

> *But we were stopped by the door of a tomb;*
> *By the door of a legended tomb;*
> *And I said: "What is written, sweet sister,*
> *On the door of that legended tomb?*
> *She replied: "Ulalume -Ulalume-*
> *'Tis the vault of thy lost Ulalume"*

> ("Pero allí nos detuvo la puerta de una tumba;
> La puerta de una tumba con leyenda;
> Y yo dije: ¿Qué dice, hermana mía,
> En la puerta de esa tumba escrito?".
> Me repuso: "Ulalume: Ulalume:
> La cripta es de tu muerta Ulalume").

Y aquí nos encontramos con el misterio que da título al poema e impregna todo de presagios tristes. En la estrofa última -que imita el esquema de las primera y tercera- parece que va a darse una explicación al misterio que se ha planteado pero, si ello ocurriese, lo narrativo habría triunfado sobre lo lírico. No sucede así, sino que, insistiendo en la circunstancia del tiempo y del día del año (Cf. versos 83-90) se cierra el círculo de lo maravilloso, se insiste en la existencia de una maldición, en la magia adversa del bosque de Weir, de la laguna de Auber, donde el poeta había llegado exactamente un año antes, llevando consigo un "terrible fardo".

Este poema es una representación excelente de la rama gótica del Romanticismo. Se sitúa en la línea misteriosa, sobrenatural y lúgubre de la *Rime of the Ancient Mariner* de Coleridge, de *La Belle Dame sans mercie* de Keats, de los "Romances" del *Libro de Canciones* de Heine y las *Leyendas* de Bécquer. Pero si su tema es romántico la expresión trasciende al romanticismo a causa de la homogeneidad de una calidad que podríamos definir como etérea en que la narración se diluye totalmente. Esta calidad está dada por la uniformidad del ambiente espiritual, manifiesta en el tono continuo de la melancolía, tristeza, violencia o desesperación que reinan en cada fragmento estrófico del poema con una fuerza totalmente dominante. Lo que, sobre todo, importa aquí es el ambiente de tragedia, las hojas secas a las que corresponden los pensamientos secos, la melancólica conversación con el alma propia, la desesperanza. Es decir, lo que importa es lo estrictamente lírico, que se apoya en una musicalidad del lenguaje exquisitamente adaptada a los sentimientos. En este sentido "Ulalume" va más allá del romanticismo y se sitúa en los comienzos -o en los presagios- de la poesía simbolista, con la que tiene, igualmente, en común, la uniformidad de un tono continuamente evocador y melancólico y el menosprecio por la narración.

11

Charles Baudelaire:
Tres sonetos de "Las Flores del Mal"

L'ENNEMI

Ma jeunesse ne fut qu'un ténébreux orage,
Traversé çà et là par de brillants soleils;
Le tonerre et la pluie ont fait un tel ravage
Qu'il reste en mon jardin bien peu de fruits vermeils.

Voilà que j'ai touché l'automne des idèes,
Et qu'il faut employer la pelle et les râteaux
Pour rassembler à neuf les terres inondées,
Où l'eau creuse des trous grands comme des tombeaux.

Et qui sait si les fleurs nouvelles que je rêve
Trouveront dans ce sol lavé comme une grève
Le mystique aliment qui ferait leur vigueur?

-O douleur! O douleur! Le Temps mange la vie,
Et l'obscur Ennemi qui nous ronge le coeur
Du sang que nous perdons croît et se fortifie!

LA VIE ANTERIEURE

J'ai longtemps habité sous de vastes portiques
Que les soleils marins teignaient de mille feux
Et que leurs grands piliers, droits et majestueux,
Rendaient pareils, le soir, aux grottes basaltiques.

Les houles, en roulant les images des cieux,
Mêlaient d'une façon solennelle et mystique
Les tout-puissants accords de leur riche musique
Aux coleurs du couchant reflété par mes yeux.

C'est là que j'ai vécu dans les voluptés calmes,
Au milieu de l'azur, des vagues, des splendeurs
Et des esclaves nus, tout imprégnés d'odeurs,

EL ENEMIGO

Mi juventud fue una tempestad tenebrosa,
Atravesada a veces por soles deslumbrantes;
Los truenos y las lluvias han hecho tal destrozo
Que en el jardín me quedan pocas frutas bermejas.

5- Héme aquí que al otoño de las ideas llego
Y es preciso emplear la pala y los rastrillos
Para juntar de nuevo las tierras inundadas
Donde las aguas cavan hoyos como sepulcros.

¿Quién sabe si las flores nuevas con las que sueño
10- Hallarán en el suelo, como una playa limpio,
El místico alimento que les dará vigor?

-¡Oh dolor! ¡Oh dolor! Come el Tiempo a la vida,
y el oscuro Enemigo que nos roe el corazón
Con nuestra sangre fresca crece y se fortalece.

LA VIDA ANTERIOR

Mucho tiempo he vivido bajo los vastos pórticos
Que los soles marinos teñían con mil llamas,
Cuyos grandes pilares, majestuosos, rectos,
De noche asemejábanse a las grutas basálticas.

5- Las olas, que rodaban la imagen de los cielos,
Mezclaban, de manera majestuosa y mística,
Los acordes potentes de su música rica
Al color del poniente reflejado en mis ojos.

Allí es donde he vivido en voluptuosa calma,
10- En medio del azur, el esplendor, las olas,
Y desnudos esclavos impregnados de olores

Qui me rafraîchissaient le front avec des palmes,
Et dont l'unique soin était d'approfondir
Le secret douloureux qui me faisait languir.

CORRESPONDANCES

La Nature est un temple où de vivants piliers
Laissent parfois sortir de confuses paroles:
L'homme y passe à travers des forêts de symboles
Qui l'observent avec des regards familiers.

Comme de longs échos qui de loin se confondent
Dans une ténébreuse et profonde unité
Vaste comme la nuit et comme la clarté,
Les parfums, les couleurs et les sons se répondent.

Il est des parfums frais comme des chairs d'enfants,
Doux comme les hautbois, verts comme les prairies,
Et d'autres corrompus, riches et triomphants,

Ayant l'expansion des choses infinies,
Comme l'ambre, le musc, le benjoin el l'encens
Qui chantent les transports de l'esprit et des sens.

Que, refrescándome el rostro con unas palmas,
Tenían por cuidado único hacer más hondo
El secreto doliente por que languidecía.

CORRESPONDENCIAS

El Universo es templo de vivientes pilares
Que confusas palabras a veces salir dejan:
Por los bosques de símbolos los hombres atraviesan
Mientras son observados por ojos familiares.

5- Como profundos ecos que, lejos, se confunden
En una tenebrosa y profunda unidad
Vasta como la noche, como la claridad,
Los perfumes, colores, sonidos, se responden.

Los hay, perfumes, frescos como carne de niños,
10- Suaves como el óboe, verdes como los prados,
-Y hay otros corrompidos, ricos y triunfantes,
Que poseen la expansión de todo lo infinito
Como el ámbar, almizcle, el benjuí y el áloe,
Que cantan a los éxtasis del cuerpo y el espíritu.

L'ENNEMI

Los *fruits vermeils* ("frutos bermejos") y los *brillants soleils* ("soles brillantes") parecen colgar, en el paisaje desolado que Charles Baudelaire evoca en este soneto, deslumbradoramente, como esas lunas o soles de los grabados japoneses que se destacan, perfectamente definidos, en medio de una naturaleza de contornos difuminados y grisáceos. Junto con "las flores nuevas con las que sueña" (verso 9), son los objetos amables que se destacan en esta mimetización de un estado de ánimo desesperado, y es su amabilidad -el resplandeciente atractivo de los soles y frutas así como la fragilidad de las flores deseadas- la que, destacando sobre un fondo desolado, produce una sorpresa patética.

La imagen de la tempestad que comienza el poema es continuada en los dos cuartetos y el primer terceto con la evocación de un terreno destruido por la lluvia y los vientos que representa el espíritu del autor en la época en que, pasada su juventud (Cf. verso 1), "ha tocado el otoño de las ideas" y, al contemplar los destrozos hechos por el tiempo en su ánimo, sólo puede alimentar la esperanza de que, trabajando con pala y rastrillo los terrenos anegados (versos 6 y 7), el suelo nuevo -tan distinto del jardín de su juventud-, lavado como una playa, pueda alimentar las flores de los ensueños actuales. Sin embargo, la reflexión del último terceto, termina el poema con un sentimiento de desesperación:

> -O douleur! O douleur! Le Temps mange la vie,
> Et l'obscur Ennemi qui nous ronge le coeur
> Du sang que nous perdons croît et se fortifie
>
> ("¡Oh dolor! ¡Oh dolor! Come el Tiempo la vida,
> Y el oscuro Enemigo que el corazón nos roe
> Con nuestra sangre fresca crece y se fortalece").

Desde el punto de vista de la organización del material, este soneto continúa la técnica diseminadora/recolectiva del petrarquismo: el tiempo pasado -la juventud- se evoca en el primer cuarteto; el presente -el otoño o la madurez- es el tema de la reflexión del segundo, mientras el primero de los tercetos se refiere al futuro. El terceto último expresa un sentimiento originado por la consideración del tiempo pasado, presente y futuro. En una factura tan clásica, la libertad de las imágenes, la fluidez de las frases que con frecuencia pasan, encabalgadas, de uno a otro verso, el sentimiento tétrico y místico a la vez que es preponderante, y el vocabulario prosaico (Cf. *pelle* ("pala"), *rateaux* ("rastrillos"), *trous* ("agujeros"), *lavé* ("lavado"), *aliment* ("alimento"), *mange* ("come"), etc.) que se usa con gran desenvoltura, introducen a grandes ráfagas el aire de la modernidad. El tono íntimo y directo usado para referir el desencanto y angustias personales está lleno de romanticismo, e igualmente pueden adscribirse a las conquistas románticas para la poesía la libertad en la elección de imágenes, frases líricas y vocabulario que acabo de señalar.

Por otra parte, también procede del romanticismo el sentimiento que producen vocablos como *ténébreux* ("tenebroso"), con que se adjetiva *jeunesse* ("juventud"), *pelle* ("pala") y *rateaux* ("rastrillos") en un contexto en que su proximidad con *tombeaux* ("tumbas") les hace adquirir un tinte fúnebre (Cf. verso 8) y, en el terceto final, la imagen del Tiempo devorador de la vida que pierde la lejanía de sus orígenes mitológicos por el uso de una palabra tan cotidiana como *manger* ("comer"), con la que se le actualiza y da inmediatez dramática y que, en los versos 13 y 14, se desdobla en la figura del "enemigo". Este Enemigo con letra mayúscula ofrece una visión más interiorizada del Tiempo, pues si éste es mentado en una proposición general y abstracta (*"Le Temps mange la vie* = "El Tiempo come la vida"), el Enemigo aparece transformado -mediante el uso del reflexivo *nous* ("nos") en la sensación individual e íntima del poeta ante el desgaste de su propia existencia. En los dos versos finales la reflexión de tipo general del 12 es enfocada desde la experiencia personal y Baudelaire funde en ellos sus sentimientos con los de la humanidad de vida fugaz (o, mejor dicho, incorpora la humanidad a su propia experiencia, ya que la única expresión de tipo general del soneto es la mencionada anteriormente) que lleva al enemigo enraizado en el mismo corazón.

La plasticidad en la evocación de ese ser que *du sang que nous perdons croît et se fortifie* ("con la sangre que perdemos crece y se fortifica") y la serie de palabras e imágenes a que acabo de referirme se combinan para crear una sensación de profundo desagrado que es uno de los ingredientes típicos de la poesía baudeleriana, un elemento de sabor fuerte que desentona del lirismo y rica musicalidad en que está engarzado y que, al contrastar con ellos, produce un efecto agridulce, una nueva tensión entre sentimientos dispares que se corresponde con la que se produce entre las expresiones majestuosas del tipo *tenebreux orage* ("tempestad tenebrosa"), *brillants soleils* ("soles brillantes"), *fruits vermeils* ("frutos bermejos"), *mystique aliment* ("místico alimento"), *obscur Ennemi* ("oscuro Enemigo"), y las palabras prosaicas ya citadas. Todos estos elementos disparejos están, en el soneto del poeta francés, sometidos a un control riguroso muy exigente de metro y ritmo que aprisionan lo diverso en una geométrica red expresiva.

Hay que señalar, también, en este soneto, la fuerte atracción sensorial de las imágenes, que se presentan de un modo vívido tanto por el colorido como por la novedad y que crean, a lo largo del poema, una especie de tejido material y espeso que va desde las tinieblas en que se evoca la tempestad de la juventud hasta el terrible Enemigo "oscuro" royendo el corazón y tomando de él la sangre que le es necesaria y con la que le vemos crecer ante nuestros ojos como a un Saturno goyesco de mandíbulas ensangrentadas. Y, finalmente, hay que tener también en cuenta el matiz de misticismo que se observa, por un lado, en el uso de las palabras *Temps* y *Ennemi*, cuya inicial mayúscula apoya su significado sobrenatural, y, por otro, en la referencia del primer terceto a la actitud mezclada de áscesis y misticismo con que el poeta se dispone a trabajar ingratamente en la labor espiritual desolada y gris de cultivar las tierras anegadas de su espíritu en la confianza de que pueda surgir de ellas algún logro (*les fleurs nouvelles que je rêve* = "las flores nuevas con las que sueño") para el que es necesario un alimento místico.

LA VIE ANTERIEURE

También en este soneto Baudelaire aborda el tema de la infelicidad, que es uno de los constantes en su poesía. Aquí se habla de una infelicidad espléndida y exótica que se refiere a una época del pasado. De acuerdo con el título y con el modo en que se recuerda la "vida anterior", el autor está evocando una existencia antigua que fue suya y es traída a la memoria aquí, con el lugar de *vastes portiques* ("vastos porticos") y *grands piliers* ("grandes pilares") en que se desarrolló. "Pórticos" y "pilares" sugieren a la vez el templo y el palacio y los adjetivos que acompañan al segundo de estos substantivos (*droits et majestueux* = "derechos y majestuosos") acentúan su connotación de majestuosidad. Los adjetivos y substantivos que se refieren a los aspectos del lugar recordado están usados en la forma plural: *portiques* ("pórticos"), *soleils* ("soles"), *feux* ("fuegos"), *piliers* ("pilares"), *grottes* ("grutas"), *houles* ("oleajes"), *images* ("imágenes"), *cieux* ("cielos"), *accords* ("acordes"), *couleurs* ("colores"), *voluptés* ("voluptuosidades"), *splendeurs* ("esplendores"), *esclaves* ("esclavos"), *odeurs* ("olores"), *palmes* ("palmas"). Toda esta serie de elementos múltiples se despliega ante la imaginación como un aparatoso decorado de ópera: lo dramático y lo magnífico emanan de ellos y, a la vez, el conjunto se impregna de un sentimiento íntimo de religiosidad y temor ante la grandiosidad de esa imagen de los edificios cuyos contornos, desvanecidos pero inmensos, se mezclan con una mar agitada que, al reflejar los cielos, los hace rodar en su oleaje. La música que el mismo mar produce como si fuese un armonium gigantesco y sublime se incorpora a los cielos mecidos por las aguas y todo se une misteriosamente a los colores del sol poniente que se reflejan en los ojos del poeta:

> Les houles, en roulant les images des cieux,
> Melaîent d'une façon solennelle et mystique
> Les tout-puissants accords de leur riche musique
> Aux couleurs du couchant réflété par mes yeux.
>
> ("Las olas, que rodaban la imagen de los cielos,
> Mezclaban, de manera majestuosa y mística,
> Los acordes potentes de su música rica
> Al color del poniente reflejado en mis ojos").

Las sensaciones visuales se mezclan con las auditivas y los contornos delimitadores de los seres se diluyen dejando que unos invadan a los otros, pues no solamente el mar se incorpora a los cielos sino que, en el último verso, se evidencia una fusión física del poeta con el universo, a cuyos colores y música sirven sus ojos de sustentación. El sentimiento religioso que es sugerido en la primera estrofa por los pórticos y columnas se intensifica en ésta segunda por el modo de adjetivar la fusión entre los distintos elementos evocados (se la llama *solennelle et mystique*="solemne y mistica") y la calificación de *tout-puissants* ("omnipotentes") que se da a los "acordes" producidos por el oleaje.

Los dos tercetos continúan la imagen iniciada por los cuartetos. Al comenzar el primero se identifica de nuevo en el lugar que se está recordando como aquél donde el poeta vivió y el tono conversacional de la frase (*C'est-là que j'ai vecu*="allí es donde he vivido") contrasta con el grandilocuente de los versos anteriores y, a la vez, ofrece un paralelismo con el de las primeras palabras del soneto: *"j'ai longtemps habité sous...* (Mucho tiempo he vivido bajo..."), con lo que resulta que el soneto aparece dividido en dos partes desiguales la primera de las cuales, de siete versos, depende de esta expresión coloquialista recién citada y la segunda, de cinco versos, está introducida por el verso 9.

A la grandiosidad y el misticismo -conservados en los tercetos- se une el tono voluptuoso introducido por el verso 9: *C'est-là que j'ai vecu dans des voluptés calmes* ("Allí es donde he vivido en voluptuosa calma") y por la imagen de los esclavos desnudos que refrescaban con palmas la frente del poeta (Cf. versos 11 y siguientes) y eran los únicos compañeros de una existencia suntuosa, y maldita a la vez como indican los dos últimos versos, en que, sorpresivamente, los dulzores que se desprenden de la fastuosidad recordada aparecen envenenados por la labor de aquellos servidores exóticos "cuyo único cuidado era profundizar / el secreto doliente por que languidecía".

Lo exótico, lo tenebroso y lo admirable son características muy destacadas de la poesía de Charles Baudelaire y proceden fundamentalmente del romanticismo en que está arraigado nuestro autor. Pero en este soneto se encuentran ya rasgos muy relevantes de los que más tarde será llamado simbolismo (26). Podemos señalar uno en el terreno temático y por lo menos un par de ellos en el formal: el primero es el recuerdo de otra vida y otro lugar que se supone que han dejado huellas profundas en el autor y cobran nueva existencia a través de su poesía (27); de los formales, el uno afecta a las imágenes y el otro a la estructura básica de la composición. Las imágenes son fuertemente sensoriales y combinan percepciones visuales ("Las olas, que rodaban la imagen de los cielos") con auditivas ("Los acordes potentes de su música rica"), olfativas ("Y de esclavos desnudos, impregnados de olores") y táctiles ("Que con palmas la frente me refrescaban"). Este recurso a toda la gama de las percepciones sensoriales es típico de la estética simbolista y *"La Vie anterieure"* ofrece un ejemplo perfecto de él. En cuanto a la novedad en la

---

(26) Ver nota 2.

(27) La veta de platonismo es muy importante en la poesía simbolista, y el pensamiento platónico presupone la creencia en la reencarnación y, en todo caso, la explicación del conocimiento como un recuerdo de algo que se ha conocido ya en una existencia o una esencia anteriores y que se ha olvidado antes de volver a nacer (Cf. Platón, *República*: el mito del Armenio Er) pero que, en casos excepcionales, es posible recordar. Este soneto de Baudelaire viene a ser una ilustración de esta creencia platónica.

estructura, me refiero a que en ella se rompe la técnica diseminativa/recolectiva propia del soneto desde sus orígenes para dar paso a una forma en que el equilibrio de la materia expresiva está roto. Se trata del mismo tipo de novedad que hemos señalado en el poema de Víctor Hugo al indicar que no gira en torno a una idea central hacia la que conduce el comienzo de la composición y a la que retrocede su final, sino que la expresión lírica se abre hacia sugerencias que, progresivamente, se van alejando de lo expuesto en los versos iniciales. Este tipo de estructura abierta resulta, en el soneto, extremadamente revolucionaria y hemos observado que no se daba en *"L'Ennemi"*, pero en *"La vie anterieure"* el terceto final no sólo deja de recoger los temas expuestos en los versos anteriores sino que introduce uno nuevo:

> *Qui me rafraîchissaient le front avec des palmes*
> *Et dont l'unique soin était d'approfondir*
> *Le secret douloureux qui me faisait languir.*

> ("Que, refrescándome el rostro con unas palmas,
> Tenían por cuidado único hacer más hondo
> El secreto doliente por que languidecía").

Con la sorpresa provocada por los dos últimos versos se termina el soneto, que pretende despertar sugerencias y sentimientos, deslumbrar la fantasía, y es reflejo de una sensibilidad moderna mucho más proclive al desequilibrio emocional que a la organización geométrica de las emociones.

CORRESPONDANCES

El mismo tipo de composición abierta lo encontramos en este célebre soneto considerado como la exposición del credo simbolista. Su primer cuarteto introduce el tema de la naturaleza como templo de columnas vivientes que, a manera de oráculos, *laissent parfois sortir de confuses paroles* ("dejan, a veces, escapar confusas palabras"), con una imagen extremadamente llamativa: los *vivant piliers* ("pilares vivientes") que sostienen el templo de la Naturaleza, confunden su identidad con la de espesos árboles gracias al uso de la palabra *fôret* ("bosque") (Cf. verso 3) como metáfora para referirse al 'conjunto' de los símbolos entre los que vive el hombre. Basándose en el paralelismo de imágenes evocado por la palabra *pilier* ("pilar") y la palabra *fôret* ("bosque") en su significado habitual de 'conjunto de árboles', los versos 3 y 4 producen una idea muy misteriosa de la vida representada como un espacio poblado de árboles que son, al mismo tiempo, pilares de un templo, que están dotados de vida propia y que miran al hombre que pasa *avec des regards familiers* ("con miradas familiares"), es decir, como quienes le conocen bien; mientras tanto sus voces confusas resuenan ocasionalmente.

Esta imágen mágica que sitúa al hombre como ser pasajero en un universo animado, continuo y conocedor de las cosas secretas, es el arquetipo del personaje perdido en el bosque cuyos árboles parecen animarse y contemplarle hostilmente que tradicionalmente se ha usado para representar un estado de ánimo desconcertado y medroso. Pero el bosque de símbolos que es la naturaleza contempla al hombre desorientado "con ojos familiares" y el adjetivo descarga considerablemente el *pathos* latente en la imagen.

El cuarteto segundo amplía la descripción del cuadro recién trazado pero solamente en una dirección de las apuntadas en el primer cuarteto: en la de indicar dos fuentes más de comunicación posible entre los símbolos naturales en adición a las palabras. Los perfumes y los colores (Cf. verso 8) emiten también llamadas y respuestas y la comparación usada por el poeta para designar el conjunto de los signos existentes en el universo es la de que son:

> *Comme de longs échos qui de loin se confondent*
> *Dans une ténébreuse et profonde unité*
> *Vaste comme la nuit et comme la clarté*
>
> ("Como profundos ecos que, lejos, se confunden
> en una tenebrosa y profunda unidad
> vasta como la noche, como la claridad,")

Es decir, la fusión de todas las llamadas misteriosas del universo se compara en su extensión tanto a la noche como a la luz, como si una y otra no fuesen sino el anverso y el reverso de una misma medalla, o como si las esencias pudieran mostrarse bajo apariencias contrarias.

Hasta el final de este segundo cuarteto llega el desarrollo del núcleo del poema porque ya en los tercetos el tema es únicamente un elemento del mundo de símbolos evocado: las percepciones olfativas, que al absorber la atención, rompen el equilibrio del conjunto temático. En las imágenes que se refieren a ella, triunfa la famosa sinestesia simbolista pues cada adjetivación reúne dos tipo de sensaciones diferentes: el *frais* ("frescos) del verso 9 se refiere tanto a la sensación olfativa como a la táctil de la carne infantil; el *doux* ("dulce") vale tanto para el perfume como para la sensación auditiva del óboe, el *verts* ("verdes") del mismo verso 10 califica tanto a la sensación olfativa como a la visual de las praderas. Y, por fin en el último terceto -que es continuación del verso 11 donde la comparación de los perfumes está hecha ya con cualidades de tipo moral como *corrompus*, "corrompidos", y *triomphants*, "triunfantes"- la dimensión que se confiere a los olores exóticos como los del ámbar, el almizcle, el benjuí y el áloe, rebasa los límites de lo sensorial y es espiritual y llena de connotaciones que reúnen la experiencia sensual a la mística:

> Et d'autres (parfums) corrompus, riches et triomphants
> Ayant l'expansion des choses infinies,
> Comme l'ambre, le musc, le benjoin et l'encens
> Qui chantent les transports de l'esprit et des sens.
>
> ("Y hay otros (perfumes) corrompidos, ricos y triunfantes
> Que poseen la expansión de todo lo infinito,
> Como el ámbar, almizcle, el benjuí y el áloe
> Que cantan a los éxtasis del cuerpo y el espíritu")

Así, flotando de un modo mágico y ejerciendo fuerte atracción sobre los sentidos, la imagen del Universo sagrado se desglosa en una serie de olores de lejana seducción.

12

Paul Verlaine:
"Art Poètique" y otros poemas.

ART POETIQUE

De la musique avant toute chose,
Et pour cela préfère l'Impar
Plus vague et plus soluble dans l'air,
Sans rien en lui qui pèse ou qui pose.

5- Il faut aussi que tu n'ailles point
Choisir tes mots sans quelque méprise:
Rien de plus cher que la chanson grise
Où l'Indécis au Précis se joint.

C'est des beaux yeux derrière des voiles,
10- C'est le grand jour tremblant de midi,
C'est, par un ciel d'automne attiédi,
Le bleu fouillis des claires étoiles!

Car nous voulons la Nuance encor,
Pas la Couleur, rien que la nuance!
15- Oh! La nuance seule fiance
Le rêve au rêve et la flûte au cor!

Fuis de plus loin la Pointe assassine,
L'Esprit cruel et le Rire impur,
Qui font pleurer les yeux de l'Azur,
20- Et tout cet ail de basse cuisine!

Prends l'éloquence et tords-lui son cou!
Tu ferais bien, en train d'énergie,
De rendre un peu la Rime assagie.
Si l'on n'y veille, elle ira jusqu'où?

25- Oh! qui dira les torts de la Rime!
Quel enfant sourd ou quel nègre fou
Nous a forgé ce bijou d'un sou
Qui sonne creux at faux sous la lime?

ARTE POETICA

Que sea música antes que nada,
Y para eso prefiérelo Impar,
Leve en el aire, presto a volar,
Sin pesadumbre rebuscada.

Las palabras debes buscar
Con un poco de ambigüedad:
Al canto gris se ama más
Por lo Vago y lo Preciso juntar.

¡Es ojos bellos tras de velos,
La luz temblando a mediodía,
Es tibia, azul desarmonía
De las estrellas en los cielos!

Porque queremos el Matiz
¡Sólo el Matiz, sin el Color!
¡El matiz, sólo fundidor
De sueño y sueño, cuerno y flautín!

Huye de lejos la Punta asesina,
El mal Espíritu, Risa procaz,
Que al Azur mismo hacen llorar,
De ese ajo de mala cocina.

A la elocuencia debes ahogar
Y bien harás, con energía,
En acalmar algo la Rima;
Si no, ¿hasta dónde va a llegar?

¿Quién dirá el daño de la Rima?
¿Qué niño sordo o negro loco
Han hecho esta bisutería
Que suena hueca bajo la lima?

De la musique encore et toujours!
30- Que ton vers soit la chose envolée,
Qu'on sent qui fuit d'une âme en allée
Vers d'autres cieux à d'autres amours.

Que ton vers soit la bonne aventure
Eparse au vent crispé du matin
35- Qui va fleurant la menthe et le thym...
Et tout le reste est littérature.

LES COQUILLAGES

Chaque coquillage incrusté
Dans la grotte où nous nous aimâmes
A sa particularité.

L'un a la pourpre de nos âmes
5- Derobée au sang de nos coeurs
Quand je brûle et que tu t'enflâmmes;

Cet autre affecte tes langueurs
Et tes paleurs alors que, lasse,
Tu m'en veux de mes yeux moqueurs;

10- Celui-ci contrefait la grâce
De ton oreille, et celui-là
Ta nuque rose, courte et grasse;

Mais un, entre autres, me troubla.

EN SOURDINE

Calmes dans le dèmi-jour
que les branches hautes font,
pénétrons bien notre amour
de ce silence profond.

¡Que sea música antes y ahora!
Que sea tu verso lo que vuela
De un alma cuando se consuela
Soñando con la nueva aurora.

Que sea la buenaventura
Echada al viento matutino
Que huele a menta y a tomillo...
Lo demás es literatura.

LAS CONCHAS

Cada concha que está incrustada
En la gruta en que nos amamos
Tiene su peculiaridad.

Púrpura, una, de nuestras almas,
5- Robada a nuestros corazones
Cuando yo ardo y tú te inflamas;

Esa otra afecta tu languor
Y palidez cuando, cansada,
Odias mi mirada burlona;

10- Esta de aquí imita la gracia
De tus orejas, aquella otra
Tu nuca rosa, corta y lustrosa;

Pero, entre todas, una me turbó.

EN SORDINA

Tranquilos en la penumbra
que las ramas altas forman,
penetremos nuestro amor
de este silencio profundo.

5- Fondons nos âmes, nos coeurs
   Et nos sens extasiés,
   Parmi les vagues langueurs
   Des pins et des arbousiers.

   Ferme tes yeux à demi,
10- Croise tes bras sur ton sein,
   Et de ton coeur endormi
   Chasse à jamais tout dessein.

   Laissons nous persuader
   Au souffle berceur et doux
   Qui vient à tes pieds rider
   Les ondes de gazon roux.

   Et quand, solennel, le soir
   Des chênes noirs tombera,
   Voix de notre désespoir,
20- Le rossignol chantera.

SPLEEN

   Les roses étaient toutes rouges
   Et les lierres étaient tout noirs.

   Chère, pour peu que tu ne bouges,
   Renaissent tous mes désespoirs.

5- Le ciel était trop bleu, trop tendre,
   La mer trop verte et l'air trop doux.

   Je crains toujours, -ce que est d'attendre!
   Quelque fuite atroce de vous.

   Du houx à la feuille vernie
10- Et du luissant buis je suis las,

   Et de la campagne infinie
   Et de tout, fors de vous hèlas!

5- Fundiendo almas, corazones,
y el extasiado sentido,
entre la languidez vaga
de los arbustos y pinos.

Entorna un poco los ojos,
10- Los brazos pon sobre el pecho,
Y del corazón dormido
Aleja todo proyecto.

Dejémosnos persuadir
Por el soplo arrullador
15- Que a tus pies viene a arrugar
Las olas de césped rojo.

Y cuando caiga, solemne,
de las encinas de la tarde,
voz de nuestro desaliento,
20- el ruiseñor cantará.

SPLEEN

Las rosas eran todas rojas
Y las hojas de hiedra negras.

Amada, mis desesperanzas
Vuelven por poco que te muevas.

5- Demasiado era el cielo azul y tierno
Demasiado verde la mar y el aire dulce.

Yo siempre temo -¡así es la espera!
Que te escapes de modo cruel.

El acebo de hoja brillante
10- Y el boj luciente me fatigan,

Y los campos infinitos
¡Y todo, ay, excepto tú!

Las dos máximas más importantes y famosas del poema de Verlaine "Art Poètique", donde se enuncian los principios del nuevo arte de escribir versos, son las contenidas en las estrofas I y VI: *De la musique avant toute chose* ("que sea música antes que nada"), y:

> *Prends l'éloquence et tords-lui son cou!*
> *Tu feras bien, en train d'énergie,*
> *De rendre un peu la Rime assagie.*
> *Si l'on n'y veille, elle ira jusqu'où?*
> *Oh, qui dira les torts de la Rime!*

("A la elocuencia debes ahogar
Y bien harás, con energía,
En acalmar algo la Rima;
Si no, ¿hasta dónde va a llegar?

¿Quién dirá el daño de la Rima?")

Estos preceptos tienden, como se ve, por un lado a simplificar el lenguaje poético, a hacerlo más próximo al coloquial al apartarle tanto de las amplificaciones oratorias como de la repetición periódica de los sonidos mantenida por la rima; por otro lado, predican el alejamiento de lo conversacional en cuanto su expresión es denotativa y explicativa. Lo propio de la música no es la explicación sino la sugerencia, y sugerencia es, en resumen, lo que Verlaine considera más necesario en poesía (por eso enseña a huir de las abundancias retóricas y del énfasis excesivo de las palabras rimadas) donde lo más preciado es *la chanson grise / où l'Indecis au Prècis se joint* (la canción gris / donde lo Indeciso se une a lo Preciso"). Todas las imágenes de la estrofa III que ejemplifican el ideal verleniano de la poesía evocan situaciones nebulosas, envueltas en imprecisión: ojos detrás de velos, claridad caliginosa del mediodía, o brillo azulado de las estrellas en un cielo otoñal. Es decir, lo que Verlaine pide para la poesía es el Matiz, no el Color: *Car nous voulons la Nuance encor, / Pas la Couleur, rien que la Nuance* ("Porque queremos el Matiz, / Sólo el Matiz, sin el Color"); pide que se huya de lo definido y de la

Punta (es decir, del ingenio) asesina (Cf. verso 17) y que, en fin, el verso sea:

> .... la chose envolée,
> Qu'on sent qui fuit d'une âme en allée
> Vers d'autres cieux à d'autres amours.
>
> Que ton vers soit la bonne aventure
> Eparse au vent crispé du matin
> Qui va fleurant la menthe et le thym...
> El tout le reste est litérature.
>
> (".......... lo que vuela
> De un alma cuanso se consuela
> Soñando con la nueva aurora.
>
> Que sea la buenaventura
> Echada al viento matutino
> Que huele a menta y a tomillo...
> Lo demás es literatura.")

Es decir, en el último verso del "Arte Poética" se llega a oponer el significado de "literatura" al de "poesía" considerando aquélla como equivalente a lo retórico y explicativo.

Los poemas de Verlaine que recogemos en esta selección, de acuerdo con sus teorías, son composiciones muy breves, de metro impar y rima aguda con pocas excepciones: estas particularidades están encaminadas a conseguir una ligereza alada del ritmo que se adecúa perfectamente con las frases gramaticales cortas y sencillas y con los temas apenas esbozados mediante una serie de evocaciones referidas a una situación de la que apenas se ofrecen algunos detalles concretos. Así, en Les coquillages ("Las conchas"), si el tema principal lo constituye determinado recuerdo de una relación amorosa, este recuerdo es enfocado, diríamos que esquivamente, desde una de sus circunstancias periféricas; el poeta, para expresar la emoción, se vale de la evocación demorada de algunas características del lugar en donde se desarrolló la vivencia que le impulsa a escribir, a la manera de quien desvía su mirada de la realidad para fijarla en un espejo, y empieza diciendo:

> Chaque coquillage incrusté
> Dans la grotte où nous nous aimâmes
> A sa particularité
>
> ("Cada concha que está incrustada
> En la gruta en que nos amamos
> Tiene su peculiaridad,")

Utilizando una técnica indirecta, el poeta se aproxima al tema como si lo importante y central fuesen esas conchas con que comienza el primer verso y lo que de ellas va a decirse. Sin embargo, en la estrofa segunda, referida al color de una de las conchas, la imagen de este color, totalmente metafórica, hace que el amor mencionado en el verso 2 como una simple circunstancia aclaratoria del lugar que se quería precisar (la gruta), pase a ser lo más importante, pues el tinte rojo de la concha aludida pierde su importancia como color para convertirse en una materialización del espíritu de los enamorados, cuyas almas adquieren también una realidad tangible al ser portadoras del color púrpura que han tomado de la sangre en el fuego de la pasión: en una sinestesia atrevida, en que el color "rojo" es el elemento igualador, se mezclan las almas, el ardor amoroso, la sangre y los corazones para quedar todo quintaesenciado en el tono púrpura de las conchas (Cf. estrofa II).

En la estrofa tercera, la referencia a otra de las conchas y su relación con la amada se basa en el color blanco y las líneas blandas, si bien no se mencionan ni el color ni la forma de la concha que *affecte tes langueurs / Et les paleurs alors que, lasse, / Tu m'en veux de mes yeux moqueurs* ("afecta tu languor / Y palidez cuando, cansada, / Odias mi mirada burlona"): se trata de una circunstancia muy específica de la intimidad amorosa pero la referencia se hace, también, indirectamente, como si lo importante fuese la calidad de la concha, y lo que es esencial fuera accesorio.

La estrofa IV llama la atención sobre dos conchas más, y ahora la semejanza se establece entre su forma y dos rasgos físicos de la amada que no pueden ofrecer de ella sino las imágenes aisladas de unas orejas y una nuca, rasgos de una figura lejos de la contemplación habitual y cuya evocación sugiere una relación prolongada e íntima. Observemos que en esta comparación la carga más poderosa de la intención descansa sobre la línea y estructura de las conchas, a las que orejas y nuca parecen subordinadas: y es que parece que la imagen de las líneas y la calidad del caparazón de los moluscos es sobre lo que se apoya el significado de este último verso (solitario en una estrofa) con que se cierra el poema y que, desequilibrando el esquema original de la composcición, asume toda la carga semántica y emocional de ésta:

> *Mais un, entre autres, me troubla*
>
> ("¡Peró una, entre todas, me turbó!").

El "alma", o el "espíritu", el "corazón", son palabras predilectas de la poesía verleniana y su significado es casi intercambiable porque todas vienen a ser sinónimos de 'amor', 'espíritu', 'ánimo', 'alma', 'deseo', es decir, de toda una realidad inaprensible, espiritual y vaga que afecta a la vez los sentidos, al sentimiento y a los ideales más queridos; podríamos decir que la obra de Verlaine es una especie de transformación de la realidad visible en la invisible ya que todos los seres materiales que tienen un lugar en ella lo ocupan en cuanto símbolos o signos de una realidad espiritual. Así, por ejemplo, en el poema titulado *Spleen*, unas cuantas referencias a la naturaleza sirven para producir la impresión de una gran fatiga espiritual y, a la vez, el temor de perder el amor de la única persona todavía capaz de romper el tedio sufrido por el poeta. Como una técnica semejante a la de los pintores impresionistas, Verlaine extrema en este poemita su levedad expresiva y desliga a cada frase de la siguiente, de manera que las estrofillas (de un par de versos) adquieren un significado conjunto por yuxtaposición; cada una de ellas es como una pincelada aparte y la conciencia del lector debe unir todas para completar una impresión. Los dísticos son seis y el 1, 3 y 5 se refieren a elementos de la naturaleza pero no los representan con su objetividad: es decir, no buscan imitarlos sino imitar el modo en que la sensibilidad doliente del poeta los percibe. Así, *les roses étaient toutes rouges / et les lierres étaient tout noirs* ("las rosas eran todas rojas / y las hojas de hiedra negras"), es el primer dístico que parece ser el comienzo en la evocación de alguna historia, pero esta representación de la naturaleza no es nada realista sino heráldica y trágica a la vez pues el rojo sobre el negro (dos colores tímbricos y el de la hiedra dictado por una percepción subjetiva) forman un contraste muy dramático.

Los versos 3 y 4 no ofrecen hilación con los del 1 y 2 pero lo cierto es que instintivamente se enlazan en la imaginación la palabra *noir* ("negro") del primer dístico y el *desespoir* ("desesperanza") de éste segundo, no solamente a causa de que el color negro y la desesperación se asocian automáticamente sino también porque una y otra palabra riman entre sí y el paralelismo de la rima hace que se perciban juntas.

En la estrofilla III, hay que observar cómo el adverbio *trop* ("demasiado"), que modifica el "azul" del cielo, el "verde" de la mar y la "suavidad" del aire, bañan de subjetividad al "cielo", el "mar" y el "aire" recordados por el poeta.

El dístico IV se aleja, como lo hacía el II respecto al I, de la evocación del paisaje: igual que ocurría entre el primero y el segundo, se produce en el cuarto respecto al tercero, un desfasamiento temporal pues la evocación del paisaje está expresada en pasado mientras, para sus propios sentimientos, Verlaine usa el presente.

Los dos últimos dísticos expresan directamente el disgusto, el desagrado, el *spleen* que motivan el poema. En ellas, la referencia a la naturaleza está simbolizada por dos arbustos cuyo aspecto lustroso es la particularidad más preciada (*Du houx à la feuille vernie / Et du luissant buis je suis las* = "El acebo de hoja brillante / y el luciente boj me fatigan"), y por la extensión infinita de los campos: unos y otra sirven para ejemplificar el cansancio de un ánimo que, lamentablemente, de lo único que no se hastía es de lo que está temiendo perder.

Ligeros y exquisitos en su musicalidad y admirables por la mímesis alada de sensaciones indefinibles, los poemas de Verlaine -de larga e importante influencia en la poesía moderna- rezuman tristeza y melancolía y, tal como lo reclama su "arte poética", un velo gris y tenue los envuelve. Un último ejemplo en donde también triunfa el espíritu decadente que repudia la acción y se complace en los éxtasis langurosos, podemos verlo en el poema *En sourdine* ("En sordina"), cuyo título, tomado al lenguaje musical, pinta ya los tonos velados de sonidos, luz y sentimientos que forman el leve tejido de su expresión. Así, la primera estrofa evoca un lugar en penumbra, en el campo, bajo una enramada tupida, sumido en un silencio profundo con el que el poeta desea fundir su amor y el de la persona amada. Este sentimiento panteísta se reitera en la estrofa segunda, donde se pide la fusión de las "almas", los "corazones" y los "sentidos" *parmi les vagues langueurs / des pins et des arbousiers* ("entre la languidez vaga / de los arbustos y pinos"): aquí, el deseo de que desaparezcan los contornos delimitados, se acentúa con esa "languidez vaga" que se atribuye a pinos y arbustos.

La estrofa III se vale de dos gestos característicos de los estados de abandono y calma (*Ferme les yeux à demi, / Croise tes bras sur ton sein* = "Entorna un poco los ojos / los brazos pon sobre el pecho") para aconsejar la renuncia a la actividad y el logro de la disolución del alma en la caricia vaga de la naturaleza donde el poeta presupone encontrarse.

Los versos 13-20 son una interpretación subjetiva de la naturaleza: el alma percibe al césped de color "rojo" y a las encinas "negras" -con lo que nos encontramos nuevamente los dos colores de *Spleen*, que presentan las hierbas y las plantas como símbolos llenos de dramatismo- y hace que el ruiseñor tenga la voz de la propia desesperanza:

INTRODUCCIÓN A LA POESÍA LÍRICA

Et quand, solennel, le soir
Des chênes noirs tombera,
Voix de notre déséspoir,
Le rossignol chantera.

("Cuando la tarde, solemne
caiga de la negra encina
Voz de nuestro desaliento,
El ruiseñor cantará.")

En la triste y quejumbrosa poesía de Paul Verlaine nos encontramos con un tipo de voz nueva en la larga tradición lírica que comienza con los trovadores provenzales. En algunos aspectos, el innovador del siglo XIX no se encuentra lejos de las canciones trovadorescas por las que sabemos que se sintió atraído: descendiente del Romanticismo, Paul Verlaine gusta de la Edad Media, pero no de su tradición colectiva y retórica sino de lo que en esta época puede haberse producido de más raro y personal. Las canciones trovadorescas le ofrecieron un modelo de musicalidad y ligereza que se adaptaba muy perfectamente a su concepto de la poesía y muchos de los ritmos y metros que florecen en esta obra recuerdan a los provenzales, pero en lo que no coincide con aquellos primeros cantores de nuestra lírica es en la impostación radicalmente individualista de su expresión: porque él no sigue ninguna tradición sino que, por el contrario, el dominio magistral del lenguaje y la música le sirven para mimetizar sus estados de ánimo, que, aunque siempre melancólicos, son cambiantes e inestables.

Las poesías de Verlaine tienen el tono secreto de una confesión que se estuviese susurrando al oído y que se abriera paso entre emociones. En este autor se puede considerar rota la vena romántica de la expresión grandilocuente que todavía aparece tan claramente en las sonoridades rotundas de Baudelaire y en sus temas demoníacos y exóticos; el ritmo de Verlaine, aunque es fuerte, parece quebradizo y en su temática lo que predomina es el sentimiento cotidiano del amor y la tristeza, del arrepentimiento y la melancolía, expresados mediante referencias a situaciones familiares: los paseos por una naturaleza en la que crecen las rosas, los pinos, los arbustos y el césped, los encuentros amorosos en una gruta, el canto de un pájaro tan conocido como el ruiseñor... Es decir, el exotismo desaparece casi totalmente de esta poesía y se inaugura con ella un modo de expresión familiar pero no vulgar, sencilla pero exquisita, que tampoco continúa la espontaneidad romántica sino que es una búsqueda nueva del refinamiento que pueda haber oculto en las situaciones habituales, la creación de una zona de percepción bellamente iluminada que deja en la sombra las vulgaridades y las hace olvidar.

13

Arthur Rimbaud:
Le Bateau Ivre

Comme je descendais des Fleuves impassibles,
Je ne me sentis plus guidé par les haleurs:
Des Peaux-Rouges criards les avaient pris pour cibles,
Les ayant cloués nus aux poteaux de couleurs.

5- J'étais insouciex de tous les équipages,
Porteur de blés flamands ou de cotons anglais,
Quand avec mes haleurs ont fini ces tapages,
Les fleuves m'ont laissé descendre où je voulais.

Dans les clapotements furieux des marées,
10- Moi, l'autre hiver, plus sourd que les cerveaux
[d'enfants
Je courus! et les Péninsules démarrées
N'ont pas subi tohu-bohus plus triomphants.

La tempête a béni mes éveils maritimes.
Plus léger qu'un bouchon j'ai dansé sur les flots
15- Qu'on apelle rouleurs éternels de victimes,
Dix nuits, sans regretter l'oeil niais des falots.

Plus douce au'aux enfants la chair des pommes sures,
L'eau verte pénétra ma coque de sapin,
Et des taches de vins bleus et de vomissures
20- Me lava, dispersant gouvernail et grappin.

Et, dès lors, je me suis baigné dans le poème
De la Mer infusé d'astres et latescent,
Dévorant les azurs verts où, flottaison blême,
Et ravie, un noyé pensif parfois descend;

25- Où, teignant tout à coup les bleuités, délires
Et rythmes lents sous les rutilements du jour,
Plus fortes que l'alcool, plus vastes que vos lyres,
Fermentent les rousseurs amères de l'amour!

Al ir yo descendiendo los Ríos impasibles
No me sentía ya guiado por sirgadores:
Bulliciosos Piel-Rojas los tomaron por blanco
Y clavaron, desnudos, a postes de colores.

5- Nada me preocupaba por las tripulaciones,
Portador de algodón o de flamenco trigo,
Cuando mis sirgadores les hubieran cansado,
Los ríos me han dejado bajar donde quería.

¡Entre los chapoteos furiosos de las olas
10- Yo, el otro invierno, sordo más que lo son los niños,
Corría! y las Penínsulas zarpadas
No han sufrido un desorden más triunfante.

La tempestad bendijo mi despertar marítimo.
Más ligero que un corcho he bailado en las olas,
15- Llamadas las eternas rodadoras de víctimas,
Diez noches sin desear la luz necia de un faro.

Más dulce que las agrias manzanas para un niño,
El agua verde entró en mi casco de abeto
Y las manchas de vinos azules y de vómitos
20- Me lavó, dispersando el timón y el arpero.

Y desde entonces me he bañado en el poema
De la Mar, infusión de astros y lactescente,
Devorando el azur verdoso donde, a veces,
Feliz y pensativo un ahogado desciende.

25- Donde, coloreando lo azuloso de súbito, delirio
Y ritmo lento bajo el brillar del día,
Más invasoras que el alcohol y vuestras liras,
Fermentan las rojeces amargas del amor.

Je sais les cieux crevant en éclairs, et les trombes,
30- Et les ressacs, et les courants: je sais le soir,
L'Aube exaltée ainsi qu'un peuple de colombes,
Et j'ai vu quelquefois ce que l'homme a cru voir.

J'ai vu le soleil bas taché d'horreurs mystiques,
Illuminant de longs figements violets;
Pareils à des acteurs de drames très antiques,
Les flots roulant au loin leurs frissons de volets.

J'ai rêvé la nuit verte aux neiges éblouies,
Baiser montant aux yeux des mers avec lenteur:
La circulation des sèves inouïes,
Et l'éveil jaune et bleu des phosphores chanteurs.

J'ai suivi des mois pleins, pareille aux vacheries
Hystériques, la houle à l'assaut des récifs,
Sans songer que les pieds lumineux des Maries
Pussent forcer le mufle aux Océans poussifs.

45- J'ai heurté, savez-vous, d'incroyables Florides
Mêlant aux fleurs des yeux de panthères, à peaux
D'hommes! Des arcs-en-ciel tendus comme des brides,
Sous l'horizon des mers, à de glauques troupeaux.

J'ai vu fermenter les marais, énormes nasses
Où pourrit dans les joncs tout un Léviathan;
Des écroulements d'eaux au milieu des bonaces,
Et les lointains vers les gouffres cataractant,

Glaciers, soleils d'argent, flots nacreux, cieux de
                                          braises,
Echouages hideux au fond des golfes bruns
55- Où les serpents géants dévorés des punaises
Choient des arbres tordus avec de noirs parfums.

J'aurais voulu montrer aux enfants ces dorades
Du flot bleu, ces poissons d'or, ces poissons chantants.
Des écumes de fleurs ont bercé mes dérades,
60- Et d'ineffables vents m'ont ailé par instants.

Conozco el cielo roto en fulgores, las trombas,
30- Y las resacas, las corrientes, y la tarde.
El Alba loca como un pueblo de palomas,
Y alguna vez he visto lo que el hombre cree ver.

He visto el sol poniente manchado de horror místico,
Iluminando largos coágulos violeta;
35- Semejantes a actores de dramas muy antiguos,
A las olas rodando su temblor de postigos.

He soñado la noche verde de nieves cándidas,
Beso subiendo lento al rostro de los mares:
El circular de savias inauditas, y azul
40- Y amarilla la aurora de fósforos cantores.

Como a las vaquerías histéricas, seguí
Meses enteros al oleaje embravecido
Sin creer que los pies de luz de las Marías
Forzar podrían el morro al jadeante Océano.

45- Me he topado, sabedlo, Floridas increíbles
Que con las flores mezclan los ojos de panteras
De humana piel: tensos arcoiris como bridas,
De los rebaños glaucos, bajo los horizontes.

Yo he visto fermentar los pantanos, las nasas
50- Enormes donde, en juncos, se pudre un Leviatán,
Desprendimientos de aguas en medio de bonanzas,
Las lejanías hacia las simas despeñándose,

Glaciares, sol argénteo, las olas nacaradas,
Cielos de brasa, hediondos varaderos
55- Donde sierpes gigantes devoradas por chinches
Caen de árboles torcidos con sus negros perfumes.

A los niños querría mostrar esas doradas
De la ola azul, esos peces de oro, esos cantores.
Espumas de las flores han bendito mis viajes
60- Y vientos inefables a veces me han alado.

Parfois, martyr lassé des pôles et des zones,
La mer, dont le sanglot faisait mon roulis doux,
Montait vers moi ses fleurs d'ombre aux ventouses
[jaunes;
Et je restais ainsi qu'une femme à genoux,

65- Presque'île, ballottant sur mes bords les querelles
Et les fientes d'oisseaux clabaudeurs aux yeux blonds;
Et je voguais, lorsque à travers mes liens frêles
Des noyés descendaient dormir à reculons.
Or moi, bateau perdu sous les cheveux des anses,
70- Jeté par l'ouragan dans l'éther sans oiseau,
Moi dont les Monitors et les voiliers des Hanses
N'auraient pas repêché la carcasse ivre d'eau,

Libre, fumant, monté de brumes violettes,
Moi qui trouais le ciel rougeoyant comme un mur
75- Qui porte, confiture exquise aux bons poètes,
Des lichens de soleil et des morves d'azur,

Qui courais taché de lunules électriques,
Planche folle, escorté des hippocampes noirs,
Quand les juillets faissaient crouler à coups de triques
80- Les cieux ultramarins aux ardents entonnoirs,

Moi qui tremblais, sentant geindre à cinquante lieues
Le rut des Béhémots et des Maelstroms épais,
Fileur éternel del immobilités bleues,
Je regrette l'Europe aux anciens parapets,

85- J'ai vu des archipels sidéraux, et des îles
Dont les cieux délirants sont ouverts au vogueur:
Este-ce en ces nuits sans fond que tu dors et t'exiles,
Million d'oiseaux d'or, ô future Vigueur?

Mais, vrai, j'ai trop pleuré. Les Aubes sont navrantes.
90- Toute lune est atroce et tout soleil amer.
L'âcre amour m'a gonflé de torpeurs enivrantes.
O que ma quille éclate! o que j'aille à la mer!

Si je désire une eau d'Europe, c'est la flache
Noire et froide où, vers le crépuscule embaumé,

Mártir a veces harto de los polos y zonas,
La mar, cuyo sollozo mi balanceo endulzaba,
Me mostraba sus flores negras de aúreas ventosas
Y yo, como si fuese mujer, me arrodillaba.

65- Casi isla, rebotaban sobre mí las querellas
Y el estiércol de pájaros chillones de ojos rubios:
Y yo bogaba cuando, por mis frágiles cuerdas,
Los ahogados bajaban a dormir reculando...

Pues yo, barco oculto por los cabellos de las rías,
70- Que el huracán tiró en un éter sin pájaros,
Yo, a quien los Monitores y veleros de la Hansa
No habrían repescado la empapada carroña.

Libre, humeante, coronado de brumas violeta,
Yo, que horadaba el cielo rojizo como un muro
75- Que ostenta, delicioso dulce del buen poeta,
Los líquenes de sol y los mocos de azur;

Que corría manchado de lúnulas eléctricas,
Tabla loca, escoltada por hipocampos negros,
Cuando hacían los julios caer a garrotazos
80- El cielo utramarino de embudos llameantes.

Yo, que temblaba oyendo gemir a treinta leguas
La brama de los Béhémots y Maelstroms espesos,
Sempiterno hilandero de las azules calmas,
Echo en falta la Europa de antiguos parapetos.

85- Yo he visto siderales archipiélagos, e islas
Cuyos cielos febriles se abren al bogador:
-¿En estas noches hondas es cuando tú te escondes,
Oh, millón de áureos pájaros, tú, futuro Vigor?

Pero mucho he llorado. Las Albas son nostálgicas.
90- Toda luna es atroz y todo sol amargo.
El acre amor me ha henchido de embriagantes torpores.
¡Ah, que mi quilla estalle! ¡Ah, que vaya a la mar!

Si yo deseo un agua de Europa, es ese charco
Oscuro y frío donde, en la tarde aromada,

95- Un enfant accroupi, plein de tristesse, lache
Un bateau frele, comme un papillon de mai.

Je ne puis plus, baigné de vos langueurs, ô lames,
Enlever leur sillage aux porteurs de cotons,
Ni traverser l'orgueil des drapeaux et des flammes,
100- Ni nager sous les yeux horribles des pontons!

95- Un niño acurrucado y triste suelta un barco
Que es frágil como una mariposa de mayo.

No puedo ya, bañado por vuestro languor, olas
Quitar la estela a los cargueros de algodón,
Ni cruzar el orgullo de banderas y flámulas
100- Ni nadar contemplado por los pontones hórridos.

Le bateau ivre ("El barco ebrio") fue uno de los poemas que Arthur Rimbaud escribió durante su tercero y breve regreso a Charleville, su ciudad natal y provinciana, después de haberse lanzado a la conquista del mundo parisino y haber fracasado en ella. Cuando, en octubre de 1871, vuelve a París y es presentado por Verlaine (con quien había iniciado una correspondencia) a varios de los poetas parnasianos, éstos se muestran impresionados por la rareza de los poemas que les lee. La fascinación por lo extraordinario que había sido despertada por los poetas románticos y seguía siendo cultivada, aseguró a los versos rimbaudianos la posibilidad de admirar a un círculo de escritores reducido pero importante: Víctor Hugo aseguró, cuando se lo presentaron, que aquel joven nuevo en las letras era "Shakespeare niño" y su constante amigo Verlaine se encargó de editar y difundir su obra después de que el poeta escapó de él y de la poesía para dedicarse a actividades totalmente ajenas a la literatura (28). El paso de Rimbaud por la vida literaria parisién suele compararse a la de un meteoro que deslumbra un momento y desaparece: pero su obra permaneció y es la que anuncia más directamente los desarrollos más avanzados de la poesía contemporánea, especialmente en lo que se refiere a rasgos como la libertad imaginativa, la huída de lo lógico en las situaciones y frases, y en las acumulaciones de imágenes caóticas.

"El barco ebrio", poema de cien versos de arte mayor, pertenece aún, por características como la amplitud, el ritmo, el exotismo y el esquema sintáctico narrativo, a la tradición romántica. Su forma estrófica está más cerca de las de Víctor Hugo y Baudelaire que de la verleniana, su impostación es épica y no lírica, su tono más propio de un orador que de un pulsador de cítara. También el modo subjetivo de

---

(28) En abril de 1872 ya deja Rimbaud París de nuevo y regresa a Charleville, donde sólo está dos meses antes de comenzar sus viajes a Londres y a Bélgica con Paul Verlaine. Cuando en Bélgica se separa de Verlaine, después de que éste le dispara con un revólver y le hiere ligeramente, Rimbaud regresa brevemente a su ciudad natal y quema todos sus manuscritos. Luego, comenzó sus largas preregrinaciones por Europa y Africa sin volverse a ocupar de la literatura. Sus obras fueron publicadas por Verlaine en 1885.

la expresión puede considerarse un elemento que el poema comparte con el romanticismo pues está escrito en forma de una extensa confesión en la que abundan las formas verbales en primera persona que se refieren a rasgos autobiográficos, hasta el punto de que todos los períodos en que puede dividirse el lenguaje del poema son dependientes de una forma verbal en primera persona, del modo siguiente:

verso 1 .... *je descendais* ("yo descendía")
verso 2 .... *je ne me sentis plus* ("dejé de sentirme")
verso 5 .... *j'étais insoucieux* ("estaba despreocupado")
verso 11 .... *je courus* ("yo corrí")
verso 14 .... *j'ai dansé* ("yo he bailado")
verso 21 .... *je me suis baigné* ("Me he bañado")
verso 29 .... *je sais* ("yo sé")
verso 30 .... *je sais* ("yo sé")
verso 32 .... *et j'ai vu* ("y yo he visto")
verso 33 .... *j'ai vu* ("yo he visto")
verso 37 .... *j'ai rêvé* ("he soñado")
verso 41 .... *j'ai suivi* ("he seguido")
verso 45 .... *j'ai heurté* ("me he topado")
verso 49 .... *j'ai vu* ("he visto")
verso 57 .... *j'aurais voulu* ("yo hubiera querido")
verso 67 .... *et je voguais* ("y yo bogaba")
versos 69/70 .... *or moi.../jeté...* ("Pues yo.../arrojado...")
verso 74 .... *moi qui trouais le ciel* ("yo que horadaba el cielo")
verso 77 .... *moi qui courais* ("yo que corría")
verso 81 .... *moi qui tremblais* ("yo que temblaba")
verso 85 .... *j'ai vu* ("yo he visto")
verso 89 .... *j'ai trop pleuré* ("he llorado demasiado")
verso 93 .... *si je désire* ("si yo deseo")
verso 97 .... *je ne puis plus* ("no puedo ya")

La frecuencia y constancia de esta forma verbal en toda la composición y el hecho de ser precisamente de estas formas de donde dependen los sucesivos núcleos de la expresión, indican que el poema debe ser entendido como una narración autobiográfica por más que un "barco ebrio" sea su protagonista.

El sistema de trasposición de símbolos es sencillo: partiendo de la identificación poeta = "barco-ebrio", el autor elabora una especie de extensa alegoría privada en la que el barco, el mar, el oleaje, los países lejanos y las referencias exóticas o legendarias, materializan los distintos momentos de un proceso espiritual violento y enajenador. Místico profano, el poeta ("barco") enajenado ("ebrio") manifiesta, en los primeros versos, una liberación que podría referirse a las circunstancias sociales, o las presiones de la vida rutinaria, pero que, en un significado más profundo y a la luz vertida por el conjunto del poema, más bien parece referirse a la liberación del espíritu ("barco") respecto a los sentidos (*les haleurs* = "los sirgadores"). La imagen contenida en:

> Comme je descendais les Fleuves impassibles,
> Je ne me sentis plus guidé par les haleurs:
> ("Al ir yo descendiendo los Ríos impasibles
> No me sentía ya guiado por sirgadores"),

responde a un esquema estructural profundo (29) semejante al del célebre comienzo de "La noche oscura del alma" de San Juan de la Cruz: "En una noche oscura / con ansias en amores inflamada, / oh dichosa ventura / salí sin ser notada, / estando ya mi casa sosegada. // A oscuras, y segura / por la secreta escala disfrazada...". No pretendo decir que se trate de una influencia de San Juan sobre Rimbaud sino que el significado de esa "casa sosegada" del poeta castellano me parece semejante al de los *Fleuves impassibles* del francés, y que lo mismo sucede con "por la secreta escala disfrazada" y *Comme je descendais*: en ambos casos nos encontramos con la imagen de un descenso efectuado a través de un medio material sereno (la casa *sosegada*, el río *impasible*) y la referencia a que el descenso ha sido posible gracias a la desaparición ocasional de determinado tipo de vigilancia: la de los habitantes de la casa en San Juan ("salí sin ser notada", "A oscuras y segura / por la secreta escala disfrazada") y la de los sirgadores en Rimbaud (*Je ne me sentis plus guidé par les haleurs*). Por si fuera poco, existe también la ficción, en el místico español, de personificar su alma en una figura de mujer, de manera que si en su caso se interpreta esa salida femenina nocturna y secreta de una casa sosegada en busca de ventura

---

(29) El concepto de "estructura profunda" como opuesto a "estructura superficial" es básico en la lingüística estructural y muy útil en los estudios de estilo. Chomsky define a una y a otra del modo siguiente: "La primera es la estructura básica que determina su interpretación semántica; la segunda la organización superficial de las unidades que determinan la interpretación fonética y que se relaciona con la forma física de la expresión efectiva, con la forma percibida o pretendida. En estos términos podemos formular una segunda conclusión fundamental de la lingüística cartesiana, a saber, que no es preciso que las estructuras profundas y superficiales sean idénticas" (Cf. Noam Chomsky, *Lingüística cartesiana*, traducción de Enrique Wulff, Ed. Gredos, Madrid).

amorosa como la simbolización del alma que escapa la vigilancia de
los sentidos para unirse con Dios en el éxtasis, también el comienzo de
la aventura de este barco ebrio que se siente -por fin, ya- libre de sus
sirgadores, creo que debe ser entendido de modo parecido.

Después de indicar, en un rápido detalle colorista y exótico -muy al
gusto romántico- el motivo de haberse liberado de sus guías o guardianes (Cf. versos 3-7), el poeta afirma su liberación completa y, en el
verso siguiente, da principio al relato de sus experiencias que si,
evidentemente, están lejos de las divinas de San Juan, se expresan,
como las de él, de un modo reiterativo e inflamado.

Tras la introducción de las dos estrofas primeras viene, del verso 9
al 28, una explosión entusiasta con que se exalta, en una serie de
imágenes conceptualmente paralelas, el abandono del barco al mar y
la entrega a sus desórdenes: una entrega absoluta cuya felicidad se
manifiesta mediante asociaciones llamativas por su falta de adecuación con la sensibilidad normal. Así, el desorden marítimo (Cf.
estrofas IV y V), la tempestad e invasión de la cubierta por el oleaje
(Cf estrofas IV y V), son recibidas como señal de bendición (Cf. verso
3); la catástrofe se elogia con comparaciones hiperbólicas e inusitadas como la que, en la estrofa III, al recordar cómo ha sido
arrastrado irresistiblemente por el oleaje, califica al naufragio de
triunfante; la apropiación total del barco por las olas es presentada
como una purificación, como un bautismo que borra las huellas
asquerosas de la ebriedad (Cf. estrofa V) para conferir la gracia:

>   Et dès lors, je me suis baigné dans le Poème
>   De la mer infusé d'astres et latescent,
>   Dévorant les azurs verts où, flottaison blême
>   Et ravi, un noyé pensif parfois descend,
>
>   ("Y desde entonces me he bañado en el Poema
>   De la mar, infusión de astros y lactescente,
>   Devorando el azur verdoso donde, a veces,
>   Feliz y pensativo un ahogado desciende")

El mar es el poema -lo que es un dato muy importante para
comprender la naturaleza estética del misticismo rimbaudiano- y su
calidad lechosa (acogedora, tibia, maternal) brilla con todas las
esencias del universo (Cf.: "infusión de astros y lactescente"): las de
los astros, que ella posee filtradas, es decir, libres de las posibles impurezas. La mar es el alimento, el ideal, misterioso con sus colores
tornasolados, y dionisíaco, tumultuoso y trágico, surcado de cadáveres y descompuesto por *les rousseurs amères de l'amour* ("las rojeces
amargas del amor", Cf. verso 28).

Después de las estrofas III, IV, V, VI y VII, que pueden considerarse como una mimetización del proceso iniciador de la experiencia mística, empiezan a acumularse las descripciones fantásticas de un universo que, contemplado por los ojos de un vidente, ofrece aspectos grandiosos tanto en la belleza como en la fealdad horrible; un universo oculto a los ojos humanos pero presentido por ellos (Cf. *Et j'ai vu quelquefois ce que l'homme a cru voir* = "y alguna vez he visto lo que el hombre cree ver") y descubierto sólo por la mirada mental de quien afirma, desde la estrofa VIII hasta la XXIII, su conocimiento de lugares y fenómenos apocalípticos como *les cieux crévant en éclairs* ("los cielos rompiéndose en relámpagos"), *le soleil bas taché d'horreurs mystiques* ("el sol poniente tachado de horror místico"), *la nuit verte aux neiges éblouies* ("la noche verde de nieves deslumbrantes"), *des écroulements d'eaux au milieu des bonaces* ("rompimientos de aguas en medio de bonanzas") / *Et les lointains vers les gouffres cataractant* ("y lejanías despeñarse en los abismos"), *glaciers, soleils d'argent, flots nacreux, cieux de brase* ("glaciares, sol argénteo, olas de nácar, cielos de brasa"), *les cieux ultramarins aux ardents entonnoirs* ("cielos ultramarinos de embudos llameantes"). La mayoría de las imágenes se refieren a elementos cósmicos como el mar, el cielo, el sol, el horizonte, el alba, la noche o el día, pero a ellos se mezclan animales como esos "rebaños glaucos" del verso 45, las "serpientes gigantes devoradas por chinches" del verso 55, las "doradas / de la ola azul", de los versos 57-58, los "pájaros chillones de ojos rubios" del verso 66, o los "hipocampos negros" del 78; también aparecen presencias humanas fantasmagóricas como los "ahogados que descienden a dormir reculando" (verso 68) y que repiten la imagen evocada en la estrofa VI. El conjunto de las visiones es un portentoso caos sideral por cuya confusión el barco ebrio recuerda su presencia pequeña y solitaria: *presque'île* ("casi isla": verso 65), *bateau perdu* ("barco perdido": verso 69), *planche folle* ("tabla loca": verso 78), pero envidiable porque es libre y posee la virtud de penetrar los misterios del cielo "rojizo como un muro / que ostenta, delicioso dulce del buen poeta, / los líquenes de sol y los mocos de azur" (versos 73-76).

En la estrofa XXI se da una transición en el tono, que ahora comienza a ser nostálgico:

> *Fileur éternel des immobilités bleues,*
> *Je regrette L'Europe aux anciens parapets.*
>
> ("Sempiterno hilandero de las azules calmas,
> Echo en falta la Europa de antiguos parapetos").

INTRODUCCIÓN A LA POESÍA LÍRICA

Europa es la cotidianeidad, la historia, lo conocido; es el mundo viejo que se opone al extraordinario espacio de las revelaciones místicas, y en estos versos se inicia una nostalgia de la vida vulgar que va a ampliarse en la estrofa XXIV donde, como contrapunto a la inmensidad grandiosa de la mar, se presenta como deseable un charco sucio de una calle europea:

> *Si je désire une eau d'Europe, c'est la flache*
> *Noire et froide où, vers le crépuscule embaumé,*
> *Un enfant accroupi, plein de tristesse, lache*
> *Un bateau comme un papillon de mai.*

("Si yo deseo un agua de Europa es ese charco
Oscuro y frío donde, en la tarde aromada,
Un niño acurrucado y triste suelta un barco
Que es frágil como una mariposa de mayo").

Esta imagen de un juego infantil habitual viene a ser, por una parte, un símbolo de lo ordinario y familiar pero, por otra parte, lleva en sí el significado de ser la expresión de la aspiración a lo extraordinario del niño cuya imaginación vuela lejos a traves de sus juegos, y es también como un presagio de la aventura fabulosa que el adulto vive, desde la que añora aquella aspiración infantil porque en ella encontraba mayor satisfacción que en la realización de lo soñado. En todo caso, lo expresado en la estrofa 24 está ya dentro de la parte final del poema, es decir, del momento en que se manifiesta el agotamiento y la postración que siguen al éxtasis. En la estrofa XXV el poeta o barco se confiesa agobiado por la magnificencia que ha estado exaltando (*Mais vrai, j'ai trop pleuré. Les aubes sont navrantes / Toute lune est atroce et tout soleil amer. / L'acre amour m'a gonflé de torpeurs enivrantes:* "Pero mucho he llorado. Las albas son nostálgicas. / Toda luna es atroz y todo sol amargo. / El acre amor me ha henchido de torpor embriagante") y desea morir (verso 92). Por fin, la estrofa XXV parece referirse a la imposibilidad para llevar una vida activa a que le ha conducido el contacto continuo con esas aguas marinas en las que se baña.

En fin, lo que acabamos de señalar parece ser línea argumental de *Le bateaur ivre* pero, evidentemente, no es esto lo importante del poema ni de ello se desprende la categoría de su influencia sobre la poesía posterior. Lo que importa es, en primer lugar, la actitud del poeta que se sitúa en la posición de transmitir experiencias inefables pero no desde ninguna creencia de tipo religioso tradicional sino desde la nueva mística estética de esa especie de platonismo órfico que se da en la literatura del siglo XIX que vuelve a considerar al poeta como un vidente trasmisor de oráculos (30). Esta actitud será la heredada por los poetas simbolistas y es una de las particularidades más destacadas de la poesía contemporánea en general.

Por otra parte, el tipo de expresión, las imágenes de *Le bateau ivre*, responden al propósito del autor de ser testigo de lo inefable, no se dirigen a la razón lógica sino a las fuerzas oscuras del ánimo: semejante cualidad las empuja a dar un salto de una altura extraordinaria por sobre las libertades expresivas conseguidas por los románticos más avanzados. En las metáforas, en las comparaciones y descripciones usadas en este poema, lo novedoso es la falta de nexo objetivo entre la base de la comparación y lo comparado, así como lo caótico en su ordenación y la absoluta falta de perjuicio con relación al uso de términos o evocaciones opuestos al buen gusto y totalmente inusitados en la literatura de calidad. Respecto a lo primero, y solamente seleccionando algunos de los ejemplos numerosos que se pueden encontrar en el poema, citaremos los siguientes:

> *L'Aube exaltée ainsi qu'un peuple de colombes*
> ("El Alba loca como un pueblo de palomas");
>
> *Pareils à des acteurs de drames très antiques,*
> *Les flots roulant au loin leurs frisson de volets.*
> ("Semejantes a actores de dramas muy antiguos,
> A las olas rodando su temblor de postigos");
>
> *J'ai suivi des mois pleins, pareille aux vacheries*
> *Hystériques, la houle à l'assaut des récifs*
>
> ("Como a las vaquerías histéricas, seguí
> Meses enteros al oleaje embravecido");
>
> *... Le ciel rougeoyant comme un mur*
> *Qui porte, confiture exquise aux bons poètes,*
> *Des lichens de soleil et des morves d'azur,*
> ("... el cielo rojizo como un muro
> que ostentea, delicioso dulce del buen poeta,
> los líquenes de sol y los mocos de Azur");

---

(30) Una conocida expresión de Rimbaud sobre la naturaleza del trabajo poético es la siguiente: "Digo que es preciso ser *vidente*, hacerse *vidente*. El poeta se hace *vidente* mediante un amplio, inmenso y razonado *desorden de todos los sentidos*. Todas las formas de amor, de sufrimiento, de locura; se busca a él mismo, agota en él todos los venenos para no guardar más que la quintaesencia. Tortura inefable en la que necesita toda la fe, toda la fuerza sobrehumana, en la que se transforma en el gran enfermo, el gran criminal, el gran maldito, ¡... y en el Sabio supremo! porque llega a lo *desconocido*".

INTRODUCCIÓN A LA POESÍA LÍRICA

Como puede observarse, lo que ocurre en estas imágenes es que la relación entre los términos comparados descansa sobre una apreciación subjetiva que el autor deriva de la impresión semejante que pueden producir en él uno y otro: así, el hallazgo del concepto de 'exaltación' para aplicarlo al "pueblo de palomas" es feliz porque evoca de un modo muy vivo y nuevo ese alboroto del ir y venir de los habitantes de un mismo palomar y, a la vez, sus ronroneos, sus arrullos, etc., pero la aplicación del mismo concepto al "alba" (posiblemente sugerido por la sensación de exaltación que este momento del día causaba en el poeta) es lo que hace que una y otra realidad se pongan en contacto de manera que el alba adquiera una tensión cálida, viva y palpitante y las palomas un deslumbrador brillo auroral. Lo mismo ocurre con el segundo ejemplo citado, en el que por una parte se describe el movimiento de las olas en la lejanía como 'un temblor de postigos' y, después, estas mismas olas temblorosas se comparan a "actores de dramas muy antiguos": si la primera relación se asienta sobre una observación en cierto modo objetiva, aunque inusitada, la segunda, por el contrario, no parece tener más base que algún tipo de movimientos temblorosos que el poeta haya podido imaginar en los personajes que indica. Y así sucesivamente, estos parentescos inusitados y espectaculares que se traban entre los elementos del universo, van creando la imagen fascinante de un mundo poblado de secretos que apenas están indicados por algunas señales llamativas e intensas.

Por otra parte, mezclando lo material a lo espiritual, lo sublime con lo desagradable, con absoluta libertad de elección y solamente dirigido a reflejar y producir un impacto emocional fuerte y extraño, el poeta violenta las asociaciones habituales del lenguaje y, por ejemplo, substantiviza los nombres de colores propios de los elementos a que se refiere, trascendiendo, así, el significado de tales elementos y confiriéndoles una dimensión ideal y superior, como cuando, por ejemplo, en lugar de las aguas del mar dice *les azurs verts* ("los azures verdes") o, por las mismas, *les immobilités bleues* ("las azules calmas"). En su afán por expresar lo indecible, Arthur Rimbaud mezcla, en el lenguaje, lo sublime y lo desagradable con toda libertad y así, nos encontramos, en este poema, vocablos tan conversacionales como *cerveaux* ("cerebros"), *vomissures* ("vómitos"), *tapages* ("líos"), *niais* ("necio"), *tohu-bohu* ("jaleo"), *alcool* ("alcohol"), *mufle* ("hocico"), *punaises* ("chinches"), *fientes* ("excrementos"), o *morves* ("mocos") incluídos en versos de solemne sonoridad y expresivos del más alto patetismo. No hay que olvidar que a nuestro poeta se deben, en efecto, algunas de las imágenes más desagradables de la poesía contemporánea que abrieron el camino a las que, más adelante, habrían de proliferar tanto en ella; y también, otro de los rasgos peculiares rimbaudianos, de los que aquí tenemos algunos ejemplos, son las referencias a situaciones o experiencias cotidianas para montar sus imágenes, como, por ejemplo, cuando dice *plus sourd que les cerveaux d'enfants* ("más sordo que los cerebros de los niños"), o *plus douce qu'aux enfants le chair des pommes sures* ("más dulce que, para los niños, la pulpa de las manzanas ácidas").

Sin embargo, junto a los descensos a la familiaridad de las experiencias y del lenguaje, en el poema visionario que consideramos prevalece el tipo de expresión que tiende a trascendentalizar y uno de cuyos aspectos es, por ejemplo, el uso de colores cuyos tonos se oponen violentamente, a los que se hace referencia forzando su función sintáctica y semántica de manera que no desempeñan en la expresión el papel de adjetivos que corresponde a su naturaleza sino el de substantivos que confieren a los seres referidos una dimensión abstracta, ideal y superior: es lo que ocurre cuando, en lugar de las aguas del mar, se dice *les azurs verts* ("los azures verdes"), o *les immobilités bleues* ("las azules calmas"), o cuando el color metafórico del amor se substantiviza con la frase *les rousseurs amères de l'amour* ("las rojeces amargas del amor"). Pero el estudio de la función del color en *Le bateau ivre* sería demasiado extenso para ser emprendido en esta breve introducción a la lectura del poema, por lo que nos detenemos aquí.

14

Stephan Mallarmé:
L'Azur

De l'éternel Azur la sereine ironie
Accable, belle indolemment comme les fleurs,
Le poète impuissant qui maudit son génie
A travers un désert stérile de Douleurs.

5- Fuyant, les yeux fermés, je le sens qui regarde,
Avec l'intensité d'un remords atterrant.
Mon âme vide. Oú fuir? Et quelle nuit hagarde
Jeter, lambeaux, jeter sur ce mépris navrant?

Brouillards, montez! Versez vos cendres monotones
10- Avec de longs haillons de brume dans les cieux
Qui noiera le marais livide des automnes,
Et bâtissez un grand plafond silencieux!

Et toi, sors des étangs léthéens et ramasse
En t'en venant la vase et les pâles roseaux,
15- Cher Ennuie, pour boucher d'une main jamais lasse
Les grands trous bleus que font méchamment les
[oisseaux.

Encor! que sans répit les tristes cheminées
Fument, et que de suie une errante prison
Eteigne dans l'horreur de ses noires traînées
20- Le soleil se mourant jaunâtre à l'horizon!

-Le Ciel est mort.- Vers toi, j'accours! donne, ô matière
L'oubli de L'Idéal cruel et du Péché
A ce martyr qui vient partager la litière
Où le bétail heureux des hommes est couché,

25- Car j'y veux, puisque enfin ma cervelle, vidée
Comme le pot de fard gisant au pied d'un mur,
N'a plus l'art d'attifer la sanglotante idée,
Lugubrement bâiller vers un trépas obscur...

La serena ironía del sempiterno Azur
Agobia, como las flores bella indolentemente,
Al poeta impotente que maldice su genio
A través de un desierto estéril de Dolores.

5- Huyendo, con los ojos cerrados, lo percibo
Mirando, tan intenso como un remordimiento,
A mi alma vacía, ¿A dónde huir? ¿Qué noche
Huraña arrojaría sobre este desdén fiero?

¡Nieblas, subid! ¡Verted monótonas cenizas
10- Con los largos harapos de bruma sobre el cielo
Que ahogarán los pantanos lívidos del otoño
Y construid un grande y silencioso techo!

Y tú, sal del estanque del Leteo y recoge,
Al venir ese cieno y los rosales pálidos,
15- Amado Hastío, vamos sin descanso a tapar
Los azules boquetes que abren malvados pájaros

¡Más aún! ¡Que las tristes chimeneas sin tregua
Humeen, y que de hollín una errante prisión
Extinga en el horror de sus negras estelas
20-Al sol que amarillento muere en el horizonte!

-El Cielo ha muerto- ¡corro, materia, hacia tí!
Otorga el olvido del Ideal cruel y del Pecado
A este mártir que llega a compartir la paja
Donde el feliz rebaño de hombres está echado.

25- Que quiero allí, pues mi cerebro al fin vacío,
Como el tarro de afeites yaciendo al pie de un muro,
No sabe ya adornar la idea sollozante,
Lúgubre, bostezar hacia una muerte oscura...

En vain! l'Azur triomphe. et je l'entends qui chante
30- Dans les cloches. Mon âme, il se fait voix pour plus
Nous faire peur avec sa victoire méchante,
Et du metal vivant sort en bleus angélus!

Il roule par la brume, ancien et traverse
Ta native agonie ainsi qu'un glaive sûr;
35- Où fuir dans la révolte inutile et perverse?
Je suis hanté. L'Azur! l'Azur! l'Azur! l'Azur!

¡En vano! El Azur triunfa y le oigo cómo canta
30- En las campanas. ¡Alma mía, se hace voz
Para asustarnos más con su victoria artera,
Y sale del metal vivo en azules ángelus!

Rueda por entre bruma, antiguo, y atraviesa
Tu nativa agonía como espada certera;
35- ¿A dónde huir en la lucha inútil y perversa?
Me obsesiona: El Azur, el Azur, el Azur, el Azur!

"El Azur" del gran simbolista francés es un poema en que el hermetismo (31) puede ser descifrado lógicamente; es decir, es un poema cuya estructura interior descansa sobre una base lógica y ordenada en que la dificultad mayor de comprensión es la clave de los símbolos; una vez identificada ésta, el poema no ofrece oscuridad.

El Azur, personificado en una extensa prosopopeya que abarca todos los treinta y seis versos del poema, es el enemigo "del poeta impotente que maldice su genio / a través de un desierto estéril de Dolores". El poeta es objetivado en la estrofa I, de manera que el autor se refiere a él en tercera persona, pero, más adelante, a partir del verso 5, su entidad como personaje desconocido es absorbida por las formas verbales en primera persona y se hace claro que el tema del poema es un duelo entre el autor y el Azur: duelo extraordinario y patético en que un mortal se enfrenta con el fantasmagórico, inmortal e implacable Azur, cuya singularización al escribirse su nombre con letra mayúscula aporta un indicio sobre su condición extrahumana (que, por otra parte está afirmada desde el comienzo por el primer adjetivo que se le aplica: éternel "eterno").

El Azur dá título al poema y se hace presente, personificado, en su primer verso; las características suyas que se evocan son la eternidad y la impasibilidad irónica:

> De l'éternel Azur la sereine ironie
> Accable, belle indolemment comme les fleurs,
> ("Del sempiterno Azur la serena ironía
> Agobia, bella indolentemente como las flores.")

---

(31) Se ha generalizado el uso del adjetivo "hermética" para la poesía difícil de comprender. "Hermetismo" es la cualidad de lo que es díficil de comprender: la palabra procede de los *Libros Herméticos*, atribuídos a Hermes Trismegisto, que recogen sentencias de tipo religioso y ocultista, de díficil interpretación; por consiguiente, al usar la palabra "hermético" referida a la literatura no se está indicando solamente su dificultad de interpretación sino que también se presupone que tal dificultad procede, como en el caso de las sentencias herméticas, de la naturaleza de tipo iniciático de la expresión, que solo debe poder ser interpretada por los iniciados.

La ironía serena posee las condiciones de belleza y gracia despreocupada que se desprenden de la comparación con las flores. En la estrofa II, se refiere a él la frase siguiente: *qui regarde, / avec l'intensité d'un remords atterant / mon âme vide* ("que contempla, con esa intensidad de los remordimientos, / mi alma vacía"). Solamente en las estrofas V y VI se esclarece la identificación que se está estableciendo entre el Azur y el cielo al leer las estrofas V y VI. Los humos y las brumas que el poeta invoca (Cf. versos 7-19) para que le oculten a la mirada fija del Azur, deben oscurecer el cielo y cubrir con él el sol: esa protección es la que pide a las nieblas. Pero no solamente desea huir de la mirada del Azur sino también de su sonido y, después de pedir a la niebla que construya un techo grande que le separe del azur, añade que este techo debe ser "silencioso", aspecto sobre el que insiste en la estrofa IV, donde en una ansiosa invocación al Hastío (*Ennui*), le ruega que no se fatigue de tapar incansablemente los grandes "huecos azules" que los pájaros hacen malvadamente en la protectora bóveda que la bruma forma entre el cielo y él. Estos "huecos azules" se pueden interpretar en términos visuales como los fragmentos del cielo que aparecen en la niebla al ser atravesada por los pájaros -que se pintan subiendo y bajando a través de ella- pero, también, al contacto con el adjetivo *silencieux* ("silencioso") que califica al *grand plafond* ("gran techo"), los pájaros aparecen mencionados con su trinar, que rompería el techo silencioso y oscuro con esos agujeros o huecos (*trous*) cuyo calificativo de "azul" resultaría ser una sinestesia de color y sonido.

Cuando, en el verso 21, el poeta exclama: *Le Ciel est mort* ("El Cielo ha muerto"), es evidente la identificación entre "Cielo" y "Azur"; es decir, el color "azul" del cielo ha sido sublimizado en su sinónimo heráldico "azur" que, en una sinécdoque, simboliza el cielo. Pero este Cielo, escrito con mayúscula, posee una naturaleza sagrada que, sin embargo, por lo que indica el contexto, no tiene que ver con el Cielo o Paraíso cristiano sino con una realidad de tipo místico-estético que es la perseguida por el poeta.

El poeta, este otro personaje del duelo, es el *impuissant qui maudit son génie / à travers un désert stérile de Douleurs* ("impotente que maldice su genio / a través de un desierto estéril de Dolores"), es el que huye con los ojos cerrados y el alma vacía (Cf. versos 5-7), el que llama "querido" al Hastío (Cf. verso 15), el que exclama, después de declarar la muerte del Cielo:

...*Vers toi j'accours, donne, ô matière*
L'oubli de l'Idéal cruel et du Péché

A ce martyr qui vient partager la litière
Oú le bétail heureux des hommes est couché,

("...Corro hacia tí, oh materia, concede
El olvido del Ideal cruel y del Pecado
A este mártir que viene a compartir la cuadra
Donde el feliz rebaño de hombres está echado")

Es decir, el poeta, desolado por la vaciedad de su alma y la esterilidad del desierto en que vive, impotente para responder a las llamadas del Azur, sólo desea escapar de su presencia (Como Caín huía del ojo de Yaveh). Además de presentar su vida como un desierto estéril de dolores, se denomina mártir y busca en la materia, como opuesta al Azur, el olvido del Ideal y el Pecado: quiere compartir la vida de ese rebaño de hombres cuya felicidad les aparta de él, mártir. Y en la estrofa VII, aparece por fin la declaración directa de su pasión y anhelo: *Car j'y veux, puisque enfin ma cervelle, vidée / comme le pot de fard gisant au pied d'un mur, / n'a plus l'art d'attirer la sanglotante idée, / lugubrément bailler vers un trépas obscur.* ("Que quiero allí, pues mi cerebro al fin vacío, / Como el tarro de afeites yaciendo al pie de un muro, / No sabe ya adornar la idea sollozante, / Lúgubre, bostezar hacia una muerte oscura").

Las dos últimas estrofas son expresión de la desesperación máxima cuando todos los recursos de que el poeta es capaz para escapar a su destino son inútiles (Cf. estrofas VIII y IX) y en ellas se lee, por un lado, el triunfo absoluto del Azur, en una magnífica apoteosis en que se le ha identificado no con ya las sonoridades o la música sino con la palabra misma (*il se fait voix* = "se hace voz") que canta. El adjetivo "azul" (*bleus*) vuelve a aparecer calificando a los cánticos del ángelus en que se ve trasformado al Azur. El poeta ha tomado la realidad cotidiana del toque vespertino del Angelus, habitual en la época en que él vivía, y el sonido de las campanas resonando piadosamente al atardecer convocando para la oración en recuerdo de la Encarnación del Verbo, es la imagen en la que vierte su propia experiencia de la encarnación del Azur en verbo, en "voz". Tal voz, que resiste a la bruma, es una espada que atraviesa la angustia de su alma y, en el último verso, la victoria del Azur sobre el poeta destruye su razón pues él, alucinado, no puede sino repetir el nombre de ese Azur implacable que le invade después de haber estado fascinándole con la mirada y persiguiéndole con la voz.

Este poema es uno de los más representativos de las implicaciones religiosas de la estética simbolista, y el concepto del poeta como un asceta sacrificado a la percepción de la posible visión mística aparece en él muy plásticamente expresado. Creo que no es necesario recapitular la serie de términos y connotaciones religiosas que sirven para dar nombre a la experiencia del autor. Un verdadero sentimiento religioso, así como un *pathos* agudo, impregnan el poema, en que la misteriosa glorificación del Azur, con su fluida presencia que toma formas del color y de la música, pero que siempre aparece como único, infinito y todopoderoso, sería suficiente para producir ese efecto alucinatorio que se mimetiza de manera progresiva y subyugadora. El Azur posee una personalidad definida y atrayente que al principio parece serena y amable, aunque hermética, y después va cargándose de acción y movimiento hasta convertirse en una atronadora y deslumbrante invasión del espíritu.

15

Rubén Darío:
Tres poemas

YO PERSIGO UNA FORMA

Yo persigo una forma que no encuentra mi estilo,
botón de pensamiento que busca ser la rosa;
se anuncia con un beso que en mis labios se posa
al abrazo imposible de la Venus de Milo.

5- Adornan verdes palmas el blanco peristilo;
los astros me han predicho la visión de la Diosa;
y en mi alma reposa la luz, como reposa
el ave de la luna sobre un lago tranquilo.

Y no hallo sino la palabra que huye,
la iniciación melódica que de la flauta fluye
y la barca del sueño que en el espacio boga;

y bajo la ventana de mi Bella-Durmiente,
el sollozo continuo del chorro de la fuente
y el cuello del gran cisne blanco que me interroga.

ANTES DE TODO, GLORIA A TI, LEDA

¡Antes de todo, gloria a ti, Leda!
Tu dulce vientre cubrió de seda
el Dios. ¡Miel y oro sobre la brisa!
Sonaban alternativamente
5- flauta y cristales, Pan y la fuente.
¡Tierra era canto; Cielo, sonrisa!

Ante el celeste, supremo acto,
dioses y bestias hicieron pacto.

Se dió a la alondra la luz del día,
10- se dió a los buhos sabiduría,
y melodía al ruiseñor.
A los leones fué la victoria,
para las águilas toda la gloria,
y a las palomas todo el amor.

Pero vosotros sois los divinos
príncipes. Vagos como las naves,
15- inmaculados como los linos,
maravillosos como las aves.

En vuestros picos teneis las prendas
que manifiestan corales puros.
Con vuestros pechos abrís las sendas
20- que arriba indican los Dioscuros.

Las dignidades de vuestros actos,
eternizadas en lo infinito,
hacen que sean ritmos exactos,
voces de ensueño, luces de mito.

25- De orgullo olímpico sois el resumen,
oh blancas urnas de la armonía
Ebúrneas joyas que anima un numen
con su celeste melancolía.

¡Melancolía de haber amado,
30- junto a la fuente de la arboleda,
el luminoso cuello estirado
entre los blancos muslos de Leda!

NOCTURNO

Quiero expresar mi angustia en versos que abolida
dirán mi juventud de rosas y de ensueños,
y la desfloración amarga de mi vida
por un vasto dolor y cuidados pequeños.

5- Y el viaje a un vago Oriente por entrevistos barcos,
y el grano de oraciones que floreció en blasfemias,
y los azoramientos del cisne entre los charcos,
y el falso azul nocturno de inquerida bohemia.

  Lejano clavicordio que en silencio y olvido
10- no diste nunca al sueño la sublime sonata,
huérfano esquife, árbol insigne, obscuro nido
que suavizó la noche de dulzura de plata...

  Esperanza olorosa a hierbas frescas, trino
del ruiseñor primaveral y matinal,
15- azucena tronchada por un fatal destino,
rebusca de la dicha, persecución del mal...

  El áncora funesta del divino veneno
que ha de hacer por la vida la tortura interior;
la conciencia espantable de nuestro humano cieno
20- y el horror de sentirse pasajero, el horror

  de ir a tientas, en intermitentes espantos,
hacia lo inevitable desconocido, y la
pesadilla brutal de este dormir de llantos
¡de la cual no hay más que Ella que nos despertará!

Discípulo de Paul Verlaine (a cuya muerte escribió el célebre poema que comienza "Padre y maestro mágico, liróforo celeste") y de Víctor Hugo, Rubén Darío es conocido como el poeta más insigne entre los que, en lengua castellana, crean un tipo de expresión lírica semejante a la simbolista francesa. Suele decirse que el modernismo poético (32) es una mezcla de rasgos simbolistas y parnasianos y Rubén Darío es considerado como su gran iniciador y representante máximo. Es muy cierto que Darío adopta los puntos de vista de los simbolistas franceses sobre la poesía, así como también que recrea admirablemente en verso castellano muchas de las musicalidades y de los ritmos de Víctor Hugo, Baudelaire y Verlaine, y que los temas e imágenes de estos poetas le influyen profundamente. Precisamente por ello Rubén Darío es un gran creador: es uno de esos escritores clave en la corriente universal de la poesía que han sido capaces de crear en su propia lengua el tipo de expresión que, habiéndose producido en otra por primera vez, ha dado forma a un espíritu nuevo que es también necesario para el grupo lingüístico a que él pertenece. Con relación al simbolismo francés, Rubén Darío desempeña la misma función que, en su tiempo, llevaron a cabo Garcilaso de la Vega y Jean Ronsard en castellano y francés respectivamente en relación con el petrarquismo italiano; él crea, partiendo de lo compuesto ya en otro idioma contemporáneamente, la poesía castellana moderna.

Los poemas de Rubén Darío están fuertemente impregnados de sorpresas y sugerencias que resulta difícil separar de su contexto e indicar aisladamente pues los árboles impiden ver el bosque. Algo semejante ocurre con la poesía de Paul Verlaine pero para un lector de habla española existe la diferencia de que el francés original le

(32) La palabra "modernismo" como clasificación literaria se ha especializado en la designación del movimiento que se produce en las letras hispánicas a finales del siglo XIX, teniendo como maestro más destacado a Rubén Darío. El modernismo literario, que es un aspecto de la nueva orientación que toman el pensamiento y las artes occidentales a finales de siglo, parte de una síntesis realizada a partir del parnasianismo, el simbolismo y el romanticismo, y abre caminos nuevos a la literatura. Debido al significado especial de la palabra "modernismo", en castellano debe evitarse la confusión en el uso de "modernismo" y "moderno", ya que, si esta última palabra es sinónimo de "contemporáneo", no lo es la primera.

permite cierto punto de alejamiento, de exterioridad al clima densamente misterioso de una poesía cuyo lenguaje es, como el de Rubén Darío, tan sencillo que crea un espejismo y no parece haber nada oculto detrás de él. Así, cuando al empezar un soneto del poeta nicaragüense leemos: "Yo persigo una forma que no encuentra mi estilo" nos parece comprender perfectamente lo que quiere decir y los recibimos sencillamente, como un mensaje conversacional cuya aparente cotidianeidad es afianzada por el tipo de vocabulario que continúa en el primer cuarteto: "botón", "pensamiento", "rosa", "beso", "labios", "abrazo", "imposible"..., todo parece pertenecer a un tipo de comunicación verbal sin complicaciones hasta que llegamos al último verso: "al abrazo imposible de la Venus de Milo". Aquí, el prestigio cultural del referente evocado, las connotaciones de antigüedad y belleza, la misma imagen de la escultura sin brazos de la diosa tan reproducida en diversas publicaciones, se pinta vivamente ante los sentidos y produce una iluminación respecto al significado de toda la estrofa indicando que, lejos de dejarnos adormecer por la apacible musicalidad de aquellas frases sencillas en las que se habla de amor, debemos preguntarnos por su significado. Y releemos:

> Yo persigo una forma que no encuentra mi estilo,
> botón de pensamiento que busca ser la rosa;
> se anuncia con un beso que en mis labios se posa
> al abrazo imposible de la Venus de Milo.

Ahora todo es misterioso. Los versos finales extienden su clara implicación de imposibilidad a lo expresado directamente en el verso primero e indirectamente en el segundo por medio de la imagen de un devenir propio de los seres vegetales. La metáfora de un pensamiento incipiente en un botón de rosa que está destinado ("busca ser") a convertirse en esa flor, ilumina el significado del primer verso y parece que hemos de interpretar "mi estilo" como ese "botón de pensamiento", por lo que la "rosa" viene a compararse como la "forma" perseguida por el estilo como lo es la rosa por el botón. Y la "forma" o "rosa" futuras anuncian su llegada con el "beso" que "se posa" en los labios del poeta como venido de fuera de ellos, enviado como presagio desde lo desconocido pero sensible, claramente advertido.

En el segundo cuarteto la frase narrativa se corta, se detiene, y el poeta se explaya en la evocación de un paisaje en el que se conjugan la alusión a un lugar exterior y el estado de su alma, siendo, respectivamente, el uno el reflejo del otro. Así, cuando leemos:

> Adornan verdes palmas el blanco peristilo;
> los astros me han predicho la visión de la diosa;

el lugar que se pinta en nuestra imaginación pertenece, ciertemente, a la antigüedad griega pues a la alusión, ya señalada, a la Venus de Milo se suman ese "blanco peristilo" y esa "diosa", pero las "verdes palmas" y la idea de la "visión" presagiada por los astros no confieren a estas evocaciones de Grecia el estatismo y la serenidad convencionalmente atribuídos al espíritu de este pueblo por la apreciación neoclásica sino que dotan a la imagen de lo griego de un espíritu libre y dionisíaco, de un exotismo misterioso que más se relaciona con la fuente de Castalia que con la simetría del Partenón. Esta transformación de la imagen de Grecia es precisamente uno de los grandes logros de Rubén Darío y de las fuentes principales de la emoción poética en su obra, en la que dota de vida a las estatuas de escayola blanca que durante largos años representaron la Antigüedad a los ojos de los modernos: tendremos ocasión de insistir en esta idea al referirnos al poema IV de "Los Cisnes".

En el segundo cuarteto del soneto de que hablamos, vemos que los dos versos finales forman una imagen del estado espiritual del poeta que, en cierto modo, completa y en otro es completada por los versos precedentes: el lago tranquilo, a que se compara el alma, y el "ave de la luna", a que se compara la luz que reposa sobre ella, completan el paisaje evocado por las palmas verdes y el peristilo blanco, de manera que ante ellos se extiende el lago iluminado por la luz lunar, esa parte espiritual del paisaje que produce la evocación de lo que se supone real una especie de temblor como si se lo contemplara a través de una nube de agua agitada por el viento. A la vez, el peristilo se tiñe de nocturnidad, resplandece como la blanca luz lunar y el conjunto del paisaje es sereno y mágico a un tiempo.

El primer verso de los tercetos vuelve a tomar el hilo de la narración del cuarteto I:

> Y no hallo sino la palabra que huye,
> la iniciación melódica que de la flauta fluye
> y la barca del sueño que en el espacio boga;

El verso tercero de los citados hace énfasis en la sensación de ensueño y magia que provoca el cuarteto II y se combina con los versos del terceto final. Los dos tercetos forman un isocolon sinonímico que no puede considerarse separadamente ya que sus miembros dependen todos de la frase inicial del primer terceto de la manera siguiente:

y no hallo sino $\begin{cases} \text{1- la palabra que huye} \\ \text{2- la iniciación melódica que de la flauta fluye} \\ \text{3- y la barca del sueño que en el espacio boga} \\ \text{4- y bajo la ventana de mi Bella-Durmiente, el} \\ \qquad \text{sollozo continuo del chorro de la fuente} \\ \text{5- y el cuello del gran cisne blanco que me} \\ \qquad\qquad\qquad\qquad\qquad\qquad\quad \text{interroga.} \end{cases}$

En los términos 2, 3 y 4 late la imagen del correr del agua (en el 2 se apoya en la palabra "fluye", término de significación primaria referente al agua y que relaciona el sonido de la flauta con el movimiento natural de este líquido; en el 3, la 'barca... que... boga" presupone el agua que se agita ligeramente; y en el 4 hay una mención directa al "chorro de la fuente"), mientras en el 1 la rima de "huye" con "fluye" y la contigüedad con el término 2 impregnan al movimiento de la palabra de una semejanza con el fluir del agua; en el término 5 el "cisne" presupone -igual que ocurre con la "barca"- agua sobre la que nada.

Todos estos hallazgos, que responden al deseo enunciado en el verso 1: "Yo persigo una forma..." son como cinco facetas de una misteriosa caja en cuyo interior se encuentra un secreto que no se entrega pero que se manifiesta por alguno signos; exceptuando "la palabra que huye", que es una expresión casi directamente denotativa (y no por ello menos poética ya que expresa de modo punzante una sensación trágica al dotar, metafóricamente, a las palabras de una vida esquiva a sus deseos y, así, al mismo tiempo, mostrar el dolor de la persecución infructuosa), sus paralelas se refieren a la música (2 y 4), al mundo onírico ("y la barca del sueño que en el espacio boga"), y al enigma representado por el cuello de ese cisne grande y blanco que tiene la forma de un signo de interrogación. Otro nuevo paisaje espiritual se insinúa en estos dos últimos versos donde la Bella-Durmiente parece ser una versión diferente de la Venus de Milo (aquélla en su palacio si ésta en su templo), mientras la ventana lo es del peristilo y "la barca del sueño", "el chorro de la fuente" y el cuello del gran cisne blanco" resultan formas distintas de la misma imagen del agua que, en el cuarteto segundo, se manifiesta como el "lago del alma". Lo soñado, lo inalcanzable, lo enigmático es, en resumen, lo que el poeta halla en su búsqueda de la "forma" presentada.

Este soneto no es, en sí, una poética porque no trata de precisar reglas y condiciones para la poesía (como hace el "Art Poètique" de Verlaine) pero sí es la expresión de la propia actitud hacia la poesía: el poeta busca una "forma" (como los parnasianos) que siempre escapa de él dejándole vagos indicios envueltos en brumas (Cf. las imágenes de los tercetos). La búsqueda la persigue impulsado por un presentimiento, una predestinación, como los simbolistas (Cf. versos 3-8). Su realización en poesía -de lo que es manifestación el soneto de que tratamos- es también vagarosa, envuelta en misterio y ensoñación, y se expresa por medio de símbolos musicales o referidos a la Antigüedad, o incluso a otros temas literarios como el de la Bella Durmiente. Esta actitud hacia la poesía y su resultado son mostradas como una experiencia total, excluyente, impregnada por el entusiasmo manifiesto en los dos cuartetos y por la melancolía que procede de la imposibilidad de alcanzar lo soñado (que aparece en los dos tercetos y se opone al sentimiento de la primera parte del poema). Se trata de una experiencia vital tan apasionada como la del amor y esto, unido al vocabulario usual en la expresión amorosa, puede producir una impresión falsa respecto al significado del soneto.

En el poema que comienza "antes de todo, gloria a tí, Leda" se puede observar la emocionada resurrección del pasado griego que hemos señalado más arriba como una de las fuentes de lo poético en la obra de Rubén Darío. Aquí, es un tema querido a la Antigüedad -el rapto de Leda por Zeus metamorfoseado en cisne- lo que es evocado con la naturalidad de quien viviera inmerso en la religión griega y tomase una de sus historias sagradas como base de la experiencia sobre la que se elabora la poesía. El cisne es el objeto del poema: su figura, su porte, su color y movimientos. Pero la fascinación que esta ave ejerce sobre el poeta parece querer explicarse por el hecho de haber sido una de su especie en quien se transformó Zeus cuando sedujo a Leda; las nupcias entre ella y el dios -uno de los motivos más tratados por pintores y escultores de todos los tiempos- son evocadas al comenzar la composición como el momento glorioso en que se produjo, como consecuencia de ellas, la alianza entre los dioses y los animales. Vehementemente, como quien exhalase una jaculatoria o la alabanza de una letanía el poeta comienza:

>   ¡Antes de todo, gloria a tí, Leda!

Y esto es porque ella fue la causa y el principio de la alianza. Tras esta invocación viene un recuerdo de aquella unión entre el dios-cisne y la mujer (versos 2-6) que se realizó, entre sonidos de flautas pánicas y murmullo de aguas corrientes, con la aprobación del cielo y la tierra. En la estrofa II, la atención se desvía hacia las consecuencias del acto amoroso:

> Ante el celeste supremo acto,
> dioses y bestias hicieron pacto.
> Se dió a la alondra la luz del día,
> se dió a los buhos sabiduría,
>
> y melodía al ruiseñor.
> A los leones fué la victoria,
> para las águilas toda la gloria
> y a las palomas todo el amor.

Es decir, los atributos que tradicionalmente han sido considerados como resumidos y simbolizados en determinados animales se presentan como si se les hubiesen concedido realmente a consecuencia de la relación entre Leda y Zeus, lo que tiene una apariencia sumamente verosímil pues el hábito de relacionar a la alondra con la luz, el buho con la sabiduría, etc., es bien sólido entre las gentes de nuestra cultura y, por consiguiente, la evocación del poeta se recibe como una explicación del por qué y el cuándo de tal modo de pensar. A partir de este momento, las cinco estrofas siguientes hablan tan sólo de los cisnes, que se comparan a los demás animales enumerados y se colocan muy por encima de ellos por estar penetrados de una esencia divina:

> Pero vosotros sois los divinos
> príncipes...

Las comparaciones y adjetivos se acumulan en las estrofas 5-6: son aproximaciones a la descripción de un cisne llenas de respeto y admiración sin límites que se centran un par de veces en su colorido (versos 15, 16 y 17) pero que se refieren especialmente a sus movimientos y actitud (versos 14, 19, 21) porque precisamente en sus acciones es donde el poeta encuentra reflejadas las huellas de su naturaleza divina, en la perfecta precisión rítmica con que ejecutan los dictados sobrenaturales (verso 20). Hemos de observar que el ritmo y la armonía poseen, en los versos de Rubén Darío, como en los de los poetas simbolistas en general, una dimensión de tipo pitagórico que los identifica con la verdad y los hace indispensables en la búsqueda de ésta porque son su manifestación sensible; de acuerdo con ello se debe interpretar la estrofa IV, que dice:

> Las dignidades de nuestros actos,
> eternizadas en lo infinito,
> hacen que sean ritmos exactos,
> voces de ensueño, luces de mito.

Continuamente, la idea de la exactitud se alía en Darío a la vaguedad del ensueño y, como hemos visto en el poema considerado antes, el soplo de lo irracional (verso 24) vigoriza y da vida a los conceptos abstractos.

La estrofa VII comienza con una alusión a Zeus en la que se continúan las imprecaciones a los cisnes. Aquí aparecen comparados -a la manera parnasiana- a dos objetos no grandes y preciosos, en los que se señala la blancura (verso 26: "blancas urnas"; verso 27: "Ebúrneas joyas"), habitados por un hálito divino:

> De orgullo olímpico sois el resumen,
> ....
> Ebúrneas joyas que anima un numen
> con su celeste melancolía.

Para concluir el poema el autor recurre a un sentimiento muy representativo del espíritu de su época, de su momento literario y el tono general de su poesía: evoca la tristeza del recuerdo amoroso y los "divinos príncipes" se contemplan impregnados por la melancolía más profunda, resto de su antigua dicha, de manera que es ésa la carga que arrastran vagarosamente en sus movimientos exquisitos:

> ¡Melancolía de haber amado,
> junto a la fuente de la arboleda,
> el luminoso cuello estirado
> entre los blancos muslos de Leda!

Así, la evocación del mito de Leda cierra el poema del mismo modo que lo abrió. Pero ahora queda iluminado todo el secreto de una especie, se ha trazado una línea indestructible desde la antigua Leda hasta los contemporáneos cisnes de largo recuerdo cuyos lentos y ensimismados movimientos han impreso tan profunda huella en el poeta.

En su última etapa, la poesía del nicaragüense -que se ha ido desprendiendo progresivamente de las imágenes brillantes y los fragmentos narrativos- llega a un lenguaje muy desnudo de referencias sensoriales y de construcción sintáctica muy sencilla, que conserva, sin embargo, toda la riqueza rítmica y sonora de la poesía de *Prosas profanas* y que encanta los sentidos a la manera de un enigma, pues a pesar de su atracción musical y su sencillez expresiva, su significado debe captarse intuitivamente. Como ejemplo de esta etapa final he seleccionado "Nocturno", uno de sus poemas cuyo tema más importante es la angustia de lo perecedero y de la muerte.

El tono, aquí como en los otros dos en que nos hemos detenido, es directo y solemne, encaminado a evidenciar una experiencia o vivencia individual pero no con intimidad de confesión o confidencia sino con el brillo propio de una declamación pública:

> Quiero expresar mi angustia en versos que abolida
> dirán mi juventud de rosas y de ensueños,
> y la desfloración amarga de mi vida
> por un vasto dolor y cuidados pequeños.

Estos versos, que declaran la intención del autor, cumplen la función de un exordio oratorio pero sucede que este exordio se va prolongando a lo largo de los veinticuatro versos del poema de manera que, si atendiéramos al significado de la construcción sintáctica, todo el poema sería un exordio constituido enteramente por una serie de yuxtaposiciones o aposiciones que dependen, todas en el mismo grado, del verbo en primera persona del singular que abre el poema y expresa la volición: "Quiero expresar". En efecto, en las dos primeras estrofas las frases copulativas que se suceden unas a otras son el complemento de "quiero expresar":

1- Mi angustia... etc. (versos 1-2)
2- y la desfloración... etc. (versos 3-4)
3- y el viaje a... etc. (verso 5)
4- y el grano de... etc. (verso 6)
5- y los azoramientos... etc. (verso 7)
6- y el falso azul... etc. (verso 8)

En la estrofa III, igual que en las siguientes, no encontramos ya ninguna construcción que posea un verbo principal y hemos de interpretar todas las existentes como dependientes de "quiero expresar" y como aposiciones explicativas de "que abolida / dirán mi juventud de rosas y de ensueños". Así, estas aposiciones serían:

1- lejano clavicordio... etc. (versos 9-10)
2- huérfano esquife (verso 11)
3- árbol insigne (verso 11)
4- obscuro nido que... etc. (versos 11-12)
5- esperanza olorosa... etc. (verso 13)
6- trino de ruiseñor... etc. (versos 13-14)
7- azucena tronchada... etc. (verso 15)
8- rebusca de la dicha (verso 16)
9- persecución del mal (verso 16)
10- el áncora funesta... etc. (versos 17-18)
11- la conciencia espantable... etc. (verso 19)

INTRODUCCIÓN A LA POESÍA LÍRICA

Inmediatamente después, en el verso 20, aparece de nuevo la conjunción "y" como ilativa:

1- Y el horror de sentirse... (versos 20-22)
2- ... y la / pesadilla... etc. (versos 22-24)

Lo que el poeta quiere expresar está mentado por una enumeración caótica cuyos términos tienen extensión desigual; se refieren, mediante imágenes, a momentos espirituales de su pasado y presente que son muy distintos entre sí, e incluso antitéticos: en las estrofas II, III y IV predomina la evocación elegíaca del pasado pero en la V y VI, en contraposición, reina la angustia que, así, enlaza con el pensamiento manifestado en los primeros cuatro versos. La evocación contigua del pasado y el presente produce un contraste en cuya mera percepción simultánea se manifiesta de modo punzante la "abolición de la juventud de rosas y de ensueños" y la "desfloración amarga de la vida".

Un aspecto estilístico importante por su originalidad en este poema de Darío es la manera anticonvencional en que el poeta combina los significados de las palabras y forma las imágenes. Como ejemplo podemos observar lo que ocurre en las dos primeras estrofas en las que, metafóricamente, se utiliza primero el verbo "abolir" por "terminar" y luego se usa "desfloración" para referirse al desgaste progresivo. La aparición de una y otra palabra en sus contextos respectivos produce un lenguaje renovado y fresco y a la vez de significado intenso porque el verbo "abolir" tiene una serie de connotaciones distintas de las de "terminar" y sus sinónimos: "abolir" supone una voluntad decidida que obliga a acabar con algo e irradia un aura de decisión monárquica y legislativa que está dotada de una resonancia majestuosa por su misma estructura fónica abierta en el centro como una bóveda que se apoyase en el breve punto de la "a" inicial y decayese al final suavementeen la sílaba "da". Del mismo modo, la palabra "desfloración" confiere a la idea de 'desgaste' una dimensión que indica a la vez lentitud en la acción y belleza de lo desgastado. Por otra parte, tanto la metáfora introducida por "abolir" como la idea de la "desfloración" son abstractas; se refieren a un acto de la voluntad y a un proceso temporal respectivamente, y también son abstractos los agentes de la desfloración: "un vasto dolor y cuidados pequeños". En realidad, en esta estrofa primera no existe más que una palabra que se refiera a una realidad concreta: "rosas" y aun ésta se usa de un modo figurado que la abstractiza en gran medida.

También en la segunda estrofa podemos observar una inclinación decidida por la labor abstractizadora porque en todas las imágenes los significados concretos son despojados de su concreción por los adjetivos y el contexto; así, en "Y el viaje a un vago Oriente por entrevistos barcos", "barcos" y "Oriente" son substantivos que denotan realidades concretas pero se volatilizan al contacto con los adjetivos "entrevistos" y "vago" respectivamente, mientras la imagen más totalizadora, que es la del "viaje" resulta también la más abstracta. En el verso 6 la fuerza de la metáfora descansa en un proceso indicado por el verbo "floreció" y, en cuanto proceso, el significado es también algo abstracto: si encontramos la palabra "grano" su solidez casi desaparece al contacto con el complemento adjetivo "de oraciones", de significado tan poco concreto como el de las "blasfemias" en que "florece". Para referirse, por otra parte, a la época de tensión entre el ideal y la realidad triste el poeta dice "los azoramientos del cisne entre los charcos", y en esta expresión la palabra fundamental "azoramientos" es -además de poco usual y muy gráfica- denotadora de movimientos anímicos que se reflejan en actitudes corporales. El verso último de estas dos estrofas primeras: "y el falso azul nocturno de inquerida bohemia" descansa rítmicamente sobre los adjetivos "falso" e "inquerida", negaciones morales de "bohemia" y del color con que el poeta la describe.

No resulta fácil exponer de modo sistemático las probables fuentes de la emoción poética en este "nocturno" transparente y oscuro donde cada emparejamiento de la palabra y su adjetivación es un hallazgo feliz, original y único tanto por la combinación sonora que le es propia como por la posición rítmica que ocupa en el verso y la novedad de las asociaciones conceptuales que provoca. Cada uno de los grupos léxicos que encabezan las distintas frases son pequeñas joyas que encierran un mundo de enigmas, como puede verse en las asociaciones ya citadas: "lejano clavicordio", "huérfano esquife", "árbol insigne", "oscuro nido". El significado de estos núcleos pequeños de expresión es vasto y hondo, a la vez que lleno de nobleza heráldica pues cada uno de estos objetos evocados se destaca nítidamente sobre un vacío total que es uno de los elementos básicos en el efecto mágico del poema ya que en él no existe ningún fondo sino que todo lo mencionado aparece en el mismo plano como si se tratase de raros objetos surgidos inesperadamente de un cofre invisible. La totalidad de estos objetos diversos forma el poema, cuya emoción angustiosa y melancólica flota en el espacio como una realidad con existencia exterior al poeta que, expresando su propia angustia, la ha desligado sin embargo de todo tinte subjetivo, la ha alejado de sí mismo y transformado en el testimonio de un sentimiento colectivo: obsérvese que solamente en la primera estrofa aparecen los posesivos "mi" y "mía"; luego, toda la expresión se objetiviza hasta llegar a las dos estrofas últimas, donde el posesivo que aparece es el plural ("la conciencia espantable de *nuestro* humano cieno", "de la cual no hay más que ella que *nos* despertará").

El modo del conjunto de la expresión es el que se conoce en retórica como "enumeración caótica", novedad que hemos observado ya en el comentario al *Bateau ivre* de Rimbaud y que aparece como un instrumento perfectamente adecuado para la expresión de los estados de ánimo en que la confusión es el rasgo predominante. Y la confusión del conjunto, en agudo contraste con la delimitación de sus partes integrantes produce un efecto singular de claroscuro que causa la impresión de hallarse ante algo que parece, al mismo tiempo, de fácil e imposible comprensión, como si fuera un agua clara que se escurriese entre los dedos dejando apenas una huella leve.

16

Vicente Huidobro:
Exprés y *Ella*

EXPRES

UNA corona yo me haría
de todas las ciudades recorridas
    Londres   Madrid   París
    Roma   Nápoles   Zurich
Silban en los llanos
        locomotoras cubiertas de algas
      AQUI NADIE HE ENCONTRADO
De todos los ríos navegados
Yo me haría un collar
    El Amazonas   El Sena
    El Támesis   El Rhin
Cien embarcaciones sabias
Que han plegado las alas

        Y mi canción de marinero huérfano
        Diciendo adiós a las playas

Aspirar el aroma del Monte Rosa
Trenzar las canas errantes del Monte Blanco
Y sobre el Zenit del Monte Cenis
Encender en el sol muriente
El último cigarro

Un silbido horada el aire
        No es un juego de agua

      ADELANTE
Apeninos gibosos
      Marchan hacia el desierto

Las estrellas del oasis
Nos darán miel de sus dátiles

En la montaña
El viento hace crujir las jarcias

Y todos los montes dominados
Los volcanes bien cargados
Levarán el ancla

      ALLA ME ESPERABAN

Buen viaje

          HASTA MAÑANA

Un poco lejos
Termina la Tierra

Pasan los ríos bajo las barcas

      La vida ha de pasar

ELLA

   Ella daba dos pasos hacia adelante
   Daba dos pasos hacia atrás
   El primer paso decía buenos días señor
   El segundo paso decía buenos días señora
5- Y los otros decían como está la familia
   Hoy es un día hermoso como una paloma en el cielo

   Ella llevaba una camisa ardiente
   Ella tenía ojos de adormecedora de mares
   Ella había escondido un sueño en un armario oscuro
10- Ella había encontrado un muerto en medio de su cabeza

   Cuando ella llegaba dejaba una parte más hermosa muy
                                             lejos
   Cuando ella se iba algo se formaba en el horizonte para
                                          esperarla
   Sus miradas estaban heridas y sangraban sobre la
                                               colina

Tenía los senos abiertos y cantaba las tinieblas de su
[edad
15- Era hermosa como un cielo bajo una paloma
Tenía una boca de acero
y una bandera mortal dibujada entre los labios
Reía como el mar que siente carbones en su vientre
Como el mar cuando la luna se mira ahogarse
Como el mar que ha dormido todas las playas
20- El mar que desborda y cae en el vacío en los tiempos de
[la abundancia
Cuando las estrellas arrullan sobre nuestras cabezas
Antes que el viento norte abra sus ojos
Era hermosa en sus horizontes de huesos
Con su camisa ardiente y sus miradas de árbol fatigado
Como el cielo a caballo sobre las palomas

Como ejemplo y modelo de la nueva expresión que surge en la poesía alrededor de los años veinte de nuestro siglo, he elegido algunos poemas de dos de sus creadores más destacados: el chileno Vicente Huidobro y el francés André Bréton. Uno y otro autor pueden considerarse como los iniciadores de las tendencias llamadas, respectivamente, creacionismo y superrealismo. Como el superrealismo suele datarse en 1924, fecha en que se publica el *Manifeste surréaliste*, y los *Poemas árticos* de Huidobro -libro al que pertenece el titulado "Exprés", que consideramos aquí- apareció en 1918 (en Madrid), nos detendremos primero en este segundo poeta, aunque haciendo la salvedad de que si es cierto que los comienzos de la obra de Huidobro se anticipan al superrealismo, su desarrollo posterior se realiza durante los años veinte y treinta, es decir, paralelamente al del superrealismo y que, si parece bastante claro que el creacionismo influyó en los orígenes del superrealismo, es cierto igualmente que, más tarde, éste influyó en aquel. Siempre existió una diferencia importante entre un tipo de expresión y otro cuando fueron usados por sus primeros creadores, a pesar de que las características de ambos se han mezclado en numerosas obras de poetas posteriores y aquí nuestro propósito es señalar las aportaciones peculiares de cada tendencia basándonos en los textos que hemos seleccionado.

Sin embargo, lo primero que ha de decirse es que estos dos modos de renovación poética proceden de una actitud igual de rebeldía contra la estética tradicional y del descontento con la sociedad y el tono de vida de cuantos estaban identificados con dicha estética (es decir, del descontento con el gusto que la educación había infundido en sus contemporáneos). Irritados contra el mundo caótico y bélico que había sido transmitido hasta ellos por una cultura de armazón aristotélica, creacionistas y superrealistas arremetieron contra la expresión acostumbrada por la tradición y, por consiguiente, en poesía, se levantaron contra el verso sometido a metro, rima y forma estrófica. "La época que comienza -decía Huidobro en una conferencia pronunciada en Buenos Aires en 1916- será eminentemente creadora. El hombre sacude su esclavitud, se rebela contra la Naturaleza como otrora Lucifer contra Dios: pero tal rebelión es sólo aparente: pues nunca el hombre ha estado más cerca de la naturaleza que ahora, en que no trata de imitarla ya en sus apariencias, sino de proceder como ella, imitándola en el fondo de sus leyes constructivas, en la realización de un todo, en su mecanismo de producción de formas nuevas". La idea central de la estética de Huidobro -que parece proceder, por un lado, de las doctrinas de los transcendentalistas americanos y, por otro, de las ideas discutidas en el grupo de los pintores cubistas (33), al que perteneció el poeta y en cuyas elaboraciones estéticas participó activamente- es que la poesía debe dejar de imitar las realidades naturales y "crear" (motivo por el cual su posición fue bautizada de "creacionista") otras realidades que no responden a ningún patrón ya existente sino que se produzcan de la combinación posible entre los elementos existentes en su inteligencia y fantasía. En *Horizon carré* (París, 1917) dice el mismo poeta:

> "Crear un poema tomando a la vida sus motivos y transformándolos para darles una vida nueva e independiente.
> Nada anecdótico ni descriptivo. La emoción debe nacer de la sola virtud creadora.
> Hacer un poema como la Naturaleza hace un árbol".

Por consiguiente, en los poemas creacionistas no se deben buscar descripciones o evocaciones -más o menos transformadas por los recursos retóricos- de sucesos, paisajes, objetos o estados de ánimo ya existentes, sino que hay que acercarse a ellos como quien va a penetrar en un mundo desconocido y a recibir sensaciones que no se asemejan a las que ya se han experimentado.

En el mundo nuevo creado por la poesía de Vicente Huidobro se destaca un tipo especial de imagen -la característica imagen creacionista- cuya tendencia es transformar las realidades cósmicas, geográficas o espirituales, en otras que pertenecen al grupo de objetos o realidades del ambiente y uso familiares y diarios. Esto supone recorrer el camino inverso al de la metáfora heredada de la tradición

---

(33) Se llama "cubismo" a la revolución estética y técnica que se da en las artes visuales entre 1907 y 1914 y tiene por iniciadores a Picasso, Braque, Juan Gris y Fernand Léger. Los cubistas llegan a abandonar definitivamente toda imitación de la realidad exterior y su propósito es crear una realidad paralela a la de la naturaleza pero no derivada de ésta. Los cubistas trabajaron estrechamente en contacto con poetas y escritores; Guillaummme Apollinaire, amigo y compañero literario de Huidobro, escribió en 1913 el libro que lanzó el cubismo como un movimiento intelectual, *Peintres cubistes*, y el mismo año comenzó a dirigir una revista, *les Soirées de París*, en la que participaron poetas y pintores.

petrarquista y barroca cuya base era de naturaleza familiar y se comparaba a elementos que la engrandecían confiriéndole majestuosidad. El poema "Exprés", cuyo título se refiere a una de las novedades del mundo industrializado y tecnológico más propias de la vida práctica, resulta ser como una visión caleidoscópica de un vasto mundo donde las realidades políticas (las capitales de distintas naciones) y geográficas (ríos y cadenas montañosas, volcanes) se mezclan y se reducen a las proporciones y el significado de objetos útiles o utilizados por el hombre. Así, las ciudades de Londres, Madrid, París, Roma y Zurich, reducen su tamaño hasta formar una "corona" para el poeta, y los ríos -el Amazonas, el Sena, el Támesis y el Rhin- le servirán para hacerse un "collar"; el Monte Rosa, por la sugerencia de su nombre, se minimiza y convierte en una rosa que puede aspirarse, el Monte Blanco se ve con abundantes canas (y es interesante observar cómo esta metáfora invierte las innumerables que, a lo largo de toda la tradición, han convertido en "cumbres nevadas" a los cabellos blancos) y -también como resultado de una sugerencia provocada por el nombre- en el Monte Cenis el poeta quiere ver el Zenit y encender su cigarrillo con el sol, como si éste fuese tan sólo la lumbre de un mechero. De acuerdo con la misma tendencia minimizadora, los Apeninos, gibosos como camellos, caminan hacia el desierto y las estrellas del oasis se transforman en palmeras cuando se espera que produzcan dátiles; los montes y volcanes se presentan como barcos prestos a partir:

> En la montaña
> El viento hace crujir las jarcias
> Y todos los montes dominados
> Los volcanes bien cargados
> Levarán el ancla

El conjunto de estas realidades, que el poeta contempla como seres a los que puede dominar con facilidad, se presenta dislocado, de manera que el mundo parece movido por un fuerte huracán que ha cubierto de algas a las locomotoras pasándolas por el fondo de los mares, hace caminar a los Apeninos y zarpar a los montes. Las frases usuales de la conversación "Allá me esperaban", "buen viaje", "Hasta mañana", están en el texto impresas con caracteres diferentes y en una posición arbitraria, y son como esas palabras tomadas de los periódicos que los pintores cubistas incluían en sus cuadros para hacer presentes en ellos las realidades más cotidianas; se destacan tipográficamente y son el lazo de unión con el colofón del poema, donde se abre paso la idea de que ese recorrido caleidoscópico del mundo realizado por el exprés es una prefiguración de la vida que ha de terminar con la muerte:

> Un poco lejos
> Termina la Tierra
>
> Pasan los ríos bajo las barcas
> La vida ha de pasar

Con el significado que los últimos versos confieren al poema se afirma en la práctica una de las ideas más firmes de nuestro poeta: que la novedad la aporta la forma y no la idea (o sentimiento). "Si yo canto el avión con la estética de Víctor Hugo -escribe Huidobro en *Manifestes* (París, 1925), hablando a propósito del futurismo (34)- seré tan viejo como él, y si canto el amor con una estética nueva seré nuevo. El motivo no tiene ninguna importancia especial para la modernidad o vejez de una obra..."

La muerte es uno de los motivos más frecuentes en la poesía del escritor chileno, que vivió obsesionado por los sucesos de las dos guerras mundiales, y son pocos sus poemas en los que no aparece agazapado su recuerdo tras de alguna esquina. En "Ella" la figura de una mujer frívola, que repite mecanicamente los gestos sociales habituales, se va metamorfoseando hasta convertirse en un símbolo apocalíptico. El poema empieza:

> Ella daba dos pasos hacia adelante
> Daba dos pasos hacia atrás
> El primer paso decía buenos días señor
> El segundo paso decía buenos días señora
> Y los otros decían cómo está la familia
> Hoy es un día hermoso como una paloma en el cielo.

Esta mujer que se presenta como una dama bien educada que asiste a una reunión de sociedad va sufriendo una serie de transformaciones extraordinariamente plásticas a lo largo de los distintos versos siguientes. En la composición del poema se observa una evolución en

---

(34) El "futurismo" es otro de los movimientos renovadores de las artes que se produce en los años 10, paralelamente al cubismo. El poeta italiano Filippo Tommaso Marinetti, y los pintores Carlo Carrá, Umberto Boccioni y Luigi Russolo fueron sus creadores. Los futuristas deseaban romper con la tradición y profetizaban el advenimiento de un tipo de pintura y poesía que estuviese de acuerdo con la "era de las máquinas", la velocidad, las fábricas y las grandes masas de gente de las ciudades.

profundidad dentro de las bases creacionistas (pertenece a un libro escrito entre 1923 y 1933) que puede definirse como una incorporación de imágenes procedentes de tendencias como el simbolismo y el superrealismo y su inclusión en un esquema de conjunto que las convierte en elementos propiamente creacionistas. Así, las imágenes que simbolizan realidades espirituales son, en su mayoría, tomadas de entre los temas y elementos brindados por la vida cotidiana y tienden a la sensorialización y la concreción como, por ejemplo: "Ella había escondido un sueño en un armario oscuro / ella había encontrado un muerto en medio de su cabeza", pero si se comparan estas dos imágenes con las que les anteceden inmediatamente ("Ella llevaba una camisa ardiente / ella tenía ojos de adormecedora de mares") éstas pueden considerarse de origen simbolista, o incluso superrealista, a causa de la adjetivación tradicional del tipo "ardiente" o los términos tradicionalmente poéticos como "adormecedora". Creaccionista es la imagen del verso 13: "Sus miradas estaban heridas y sangraban sobre la colina", en que las "miradas" se independizan de la persona y adquieren la individualidad y el relieve corporal preciso para poder estar "heridas" y "sangrar" como soldados que se alejan del campo de batalla atravesando terrenos accidentados. Pero este tipo de imagen se mezcla con el de los versos 11, 12, 18, 19 y 20 que, como veremos en el capítulo siguiente, tiene más de la vaguedad superrealista que de la precisión creacionista.

La aparente identificación de "ella" con la muerte o la guerra, que se anuncia desde el verso 7 hasta el 15, se concreta más a partir del 16, en que todas las características que se le atribuyen son terribles y desoladoras (Cf. versos 16 y ss.). Los elementos cósmicos se personalizan: el mar tiene "vientre", las estrellas "arrullan" como palomas, el viento "abre los ojos" y el cielo "monta a caballo"; en medio de todos ellos, la gentil dama de los primeros versos muestra "una boca de acero / y una bandera mortal dibujada entre los labios". La imagen que concluye el poema ("era hermosa (...) como el cielo a caballo sobre las palomas") es una variante apocalíptica de las de los versos 6 y 15 ("Hoy es un día hermoso como una paloma en el cielo" y "Era hermosa como un cielo bajo una paloma" respectivamente): las tres establecen un orden irregular en el poema, en el que se advierte con mayor nitidez el desfasamiento que se da en todo él con relación a la misma representación de "ella", contemplada cada vez bajo un ángulo distinto. Este procedimiento de ofrecer varias imágenes diferentes de la misma realidad es propio de la técnica cubista y constituye otro de los rasgos específicos del creacionismo: en este caso, este tipo de estructura se impone a la menor de las imágenes y les presta su significación definitiva.

Hemos de subrayar que las bases y los procedimientos de la poesía de Vicente Huidobro son eminentemente lógicos y racionalistas y sólo una mirada superficial puede confundirlos con los propios del superrealismo -de los que nos ocuparemos a continuación-, que tienen por fundamento el cultivo de la irracionalidad y la exploración del mundo subconsciente.

17

André Bréton:
Au beau demi-jour de 1934

Au beau demi-jour de 1934
L'air était une splendide rose couleur de rouget
Et la fôret quand je me préparais à y entrer
Commençait par un arbre à feuilles de papier à
                                                            [cigarettes
5- Parce que je t'attendais
Et que si tu te promènes avec moi
N'importe où
Ta bouche est volontiers la nielle
D'où repart sans cesse la roue bleue diffuse et brisée qui
                                                            [monte
10- Blêmir dans l'ornière
Tous les prestiges se hâtaient à ma rencontre
Un écureuil était venu appliquer son ventre blanc sur
                                                            [mon coeur
Je ne sais comment il se tenait
Mais la terre était pleine de reflets plus profonds que
                                                            [ceux de l'eau
15- Comme si le métal eût enfin secoué sa coque
Et toi couchée sur l'effroyable mer de pierreries
Tu tournais
Nue
Dans un grand soleil de feu d'artifice
20- Je te voyais descendre lentement des radiolaires
Les coquilles mêmes de l'oursin j'y étais
Pardon je n'y étais déjà plus
J'avais levé la tête car le vivant écrin de velours blanc
                                                            [m'avait quitté
Et j'étais triste
25- Le ciel entre les feuilles luisait hagard et dur comme
                                                            [une libellule
J'allais fermer les yeux
Quand les deux pans du bois qui s'étaient brusquement
                                                            [écartés s'abattirent
Sans bruit
Comme les deux feuilles centrales d'un muguet immense

EN LA BELLA PENUMBRA DE 1934

En la bella penumbra de 1934
El aire era una espléndida rosa color de salmonete
Y el bosque cuando me disponía a entrar en él
Comenzaba con un árbol de hojas de papel de fumar
5- Porque yo te esperaba
Y si te paseas conmigo
Por donde sea
Tu boca es gustosamente la amapola
De donde sin cesar retorna la rueda azul difusa
                                            [y rota que sube
10- A palidecer en el surco trillado
Todos los prestigios se apresuraban a mi encuentro
Una ardilla había venido a aplicar el blanco vientre
                                            [sobre mi corazón
No sé cómo se sostenía
Pero la tierra estaba llena de reflejos más profundos
                                            [que los del agua
15- Como si el metal se hubiera por fin sacudido la cáscara
Y tú echada sobre el espantoso mar de pedrerías
Girabas
Desnuda
En un enorme sol de fuegos artificiales
20- Yo te veía descender lentamente de los radiolarios
Las mismas conchas del erizo yo estaba allí
Perdón yo ya no estaba allí
Había levantado la cabeza porque el viviente estuche
               [de terciopelo blanco me había abandonado
Y estaba triste
25- El Cielo entre las hojas lucía hosco y duro como una
                                                [libélula
Iba a cerrar los ojos
Cuando los dos tabiques de madera que se habían
                         apartado bruscamente se abatieron
Sin ruido
Como las dos hojas centrales de un inmenso lirio del
                                                    [valle

30- D'une fleur capable de contenir toute la nuit
J'étais où tu me vois
Dans le parfum sonné à toute volée
Avant qu'elles ne revinssent comme chaque jour à la vie
[changeante
J'eus le temps de poser mes lèvres
Sur tes cuisses de verre.

30- De una flor capaz de contener toda la noche
Yo estaba donde me ves
En el perfume echado al vuelo
Antes de que pudieran volver como todos los días a la
[vida cambiante
Tuve tiempo de posar los labios
Sobre tus muslos de vidrio.

Este poema superrealista de André Bréton está dentro de la estética cuyos antecedentes hemos encontrado en *Le bateau ivre* de Rimbaud. Su lectura debe hacerse, por consiguiente, partiendo de presupuestos muy diferentes a los que sirven de base en la comprensión de los poema tradicionales.

André Bréton, no sólo poeta superrealista sino también teórico principal de la tendencia, fue el autor del *Manifeste du Surréalisme* (Manifiesto del Superrealismo) -París, 1924- donde expone los dos puntos de partida de su credo literario, en el que puede apreciarse con claridad el fuerte elemento de rebeldía contra el orden establecido y la cultura tradicional que acabamos de indicar al referirnos a Vicente Huidobro. Y también Bréton se rebela contra el cientifismo de nuestra época al decir: "El racionalismo absoluto que sigue estando de moda no nos permite la consideración más que de los hechos que se derivan muy directamente de nuestra experiencia. Contrariamente, los fines lógicos se nos escapan. Por otra parte, la experiencia misma ha sido sometida a límites. Da vueltas dentro de una jaula de donde es cada vez más difícil poderla sacar. También ella se apoya en lo inmediato, y está vigilada por el buen sentido. Con la excusa de la civilización, con el pretexto del progreso, se ha llegado a desterrar del espíritu todo lo que, con razón o sin ella, puede considerarse como superstición, como quimera; a proscribir toda forma de investigación de la verdad que no esté de acuerdo con la costumbre. Ha sido por pura casualidad, al parecer, como se ha devuelto a la luz, recientemente, una parte del mundo intelectual, y a mi entender la más importante con mucha diferencia, de la que se prentendía no ocuparse ya. Hay que dar gracias a los descubrimientos de Freud. Basándose en estos descubrimientos se está, por fin, dibujando una corriente de opinión a favor de la cual el explorador humano podrá llevar más lejos sus investigaciones autorizado como se sentirá a no tener ya solamente en cuenta las realidades sumarias. La imaginación está tal vez a punto de recobrar sus derechos. Si las profundidades de nuestro espíritu ocultan fuerzas extrañas capaces de aumentar las de la superficie, o de luchar victoriosamente contra ellas, el interés en captarlas es grande, en captarlas primero y someterlas luego, si ello es posible, al control de nuestra razón (35)".

El poeta, cansado del mundo razonable, aburrido de los planteamientos cientifistas apoyados exclusivamente en lo palpable y útil, desea partir al descubrimiento del mundo irracional que devuelva a la vida la dimensión maravillosa de que la ha privado la pérdida de la fe en la religión, la magia y lo sobrenatural. La denominación de superrealismo -surréalisme en francés- que dan Bréton y los demás firmantes del Manifiesto a la novedad estética que presentan, está relacionada, sin duda, con la palabra "sobrenatural" pero no posee, como ésta, una connotación religiosa, ni siquiera una connotación de superioridad con relación a lo natural, ya que lo que el superrealismo pretende es una captación de la realidad no perceptible por la vía racional pero no considera que ésta sea de naturaleza distinta de la humana o natural. Para captarla, el Manifiesto incluye todo un programa de consejos y definiciones que el poeta debe realizar para situarse "en el estado más pasivo que le sea posible", haciendo "abstración de su genio, de su talento y del de los demás (...)", escribiendo "muy deprisa, sin tema preconcebido, lo bastante deprisa para no recordar y no sentirse tentado a releerse" (36) porque, para mimetizar el fluir del subconsciente, debe buscar el "automatismo psíquico puro".

De acuerdo con estas teorías que dirigen la creación del poema superrealista el lector no debe acercarse a él con la misma actitud mental y estado de ánimo con que se aproxima a los poemas tradicionales porque sería atentar contra los principios mismos de este tipo de composición el pretender hallar en ella asociaciones, reflejos, transformaciones de la realidad básica del mismo tipo de las que se descubren en la poesía llamada tradicional, porque si aquélla consiste en la transformación de la realidad aparente mediante la facultad que podemos llamar imaginación (o inspiración, o instinto poético) en otra realidad que añada a la primera aspectos o apariencias insospechados, la poesía superrealista no intenta transformar ninguna clase de realidad básica sino que directamente se propone expresar una realidad diferente a la percibida ordinariamente. Por ello, no debemos tratar de introducir en ella una ordenación lógica porque la lógica que preside el razonamiento no existe en el mundo del subsconciente: las creaciones literarias superrealistas

---

(35) André Bréton, Manifestes du surréalisme, Gallimard, 1965, pp. 18-19. Traducción de la autora del artículo.

(36) André Bréton, Op. Cit., pp. 42-43.

tienen que ser percibidas intuitivamente, y me parece que el modo más apropiado de comprenderlas es la agrupación de los elementos conceptuales o sensoriales que puedan resultar semejantes y formar una especie de campos semánticos que puedan orientarnos hacia el tipo de realidades que, por medio de la expresión literaria, se han abierto camino en el poeta atravesando la barrera de la conciencia.

No todos los poemas superrealistas lo son en su integridad sino que lo más frecuente es encontrar, incluso en las producciones más típicas de la tendencia, cierta ordenación racional intercalada con fragmentos más o menos extensos de puro superrealismo. La expresión superrealista se caracteriza por una ausencia total de cohesión entre los espacios, los tiempos y las imágenes evocados, así como también por una frecuente falta de relación entre las metáforas y sus bases de partida.

En el poema de Breton *Au beau demi-jour de 1934* no se produce ningún intento de ordenación racional, no nos encontramos con rima, metro ni signos de puntuación pues el superrealismo desea reproducir, en la frase poética, tan solo el ritmo con que fluye el pensamiento sobre el cual la regularidad del metro y la rima se consideran imposiciones de tipo racional. Aquí, pues, no tenemos rima ni metro determinados sino tan sólo versículos de extensión desigual (que, en todo caso, para facilitar las referencias, he numerado de cinco en cinco en la forma acostumbrada). El poema se desarrolla dentro del tono intimista de un recuerdo subjetivo y las imágenes se suceden sin interrupción; hasta el versículo 20 el tono dominante es gozoso, del 20 en adelante predomina la melancolía. El comienzo del poema nos introduce en un mundo mágico, totalmente irreal:

> Au beau demi-jour de 1934
> L'air était une splendide rose couleur de rouget
> Et la forêt quand je me préparais à y entrer
> Commençait par un arbre à feuilles de papier à cigarettes
>
> ("En la bella penumbra de 1934
> El aire era una espléndida rosa color de salmonete
> Y el bosque cuando me disponía a entrar en él
> Comenzaba con un árbol de hojas de papel de fumar")

El año 1934 aparece uniformado por la calidad de la luz que lo baña; en él, el aire se solidifica en una rosa espléndida cuyo color es descrito como "de salmonete": asociación basada en el color y en un intercambio de hábitos semánticos que normalmente determinan el uso de la palabra "rosa" para denominar el mismo color que, inusitadamente, se califica aquí de "salmonete", asociación que el francés del poema original justifica más por la semejanza fónica entre las palabras *rose* ("rosa") y *rouget* ("salmonete"), que en este caso intercambian sus papeles. La imagen siguiente parece provocada por la palabra *feuille* ("hoja"), que es tomada en su significado figurado de "hoja de papel", mientras que el papel, a su vez, arrastra su asociación frecuente con "fumar" que le transforma en *papier à cigarettes* ("papel de fumar"), todo lo cual, unido al "bosque" (*forêt*) del versículo 3, crea ese *arbre de feuilles de papier à cigarettes* ("árbol de hojas de papel de fumar") totalmente fantástico con que se hace comenzar el bosque.

La razón por la cual "el aire era una rosa esplendida, etc.", y "el bosque empezaba con un árbol, etc." es:

> Parce que je t'attendais
> Et que si tu te promènes avec moi
> N'importe où
> Ta bouche est volontiers la nielle
> D'où repart sans cesse la roue bleue diffuse et brisée qui monte
> Blêmir dans l'ornière

> ("Porque yo te esperaba
> Y si te paseas conmigo
> Por dónde sea
> Tu boca es gustosamente la amapola
> De donde sin cesar retorna la rueda azul difusa y rota que sube
> A palidecer en el surco trillado")

Entre "amapola" y "boca" -cuya comparación forma la parte central de este fragmento- existe una relación, a través del color, casi de tipo tradicional, pero esta metáfora se sitúa en un contexto superrealista donde es posible comprender que la sensación expresada es de gozo por el encuentro con la enamorada; la "rueda azul difusa y rota" que evoca las volutas de humo ascendente de un cigarrillo, y que el poeta ve saliendo de la boca de su amada, se interpreta como una señal de euforia que, siendo emitida sin cesar y con gusto por la boca roja, pierde su color en la *ornière*. La palabra francesa *ornière*, que significa 'surco abierto por las ruedas de un carro sobre la tierra', posee también la connotación de "rutina"; *sortir de l'ornière* significa lo que, en castellano, "salirse de lo trillado", de manera que, el significado de esta expresión es atribuir a la persona a quien el poeta esperaba, la virtud de producir el entusiasmo que está destinado a desvanecerse en la rutina. Un sentimiento entusiasta, continuación del que prevalece desde el principio del poema, se manifiesta en los versículos siguientes (Cf. versículos 11-20).

Como sucede en el mundo de los sueños, los seres y los objetos aparecen y desaparecen sin necesidad de ninguna explicación lógica, y, del mismo modo, no hay explicación para su comportamiento (Cf. versículos 12-13); las personas se perciben en posiciones diferentes sin que sea posible conocer el paso de una a otra, y, así, aparece "ella" "acostada sobre el espantoso mar de pedrería" cuya existencia era insospechada y es, en sí, una visión fantástica. El espacio del bosque se transforma repentinamente (aunque de él permanece la ardilla) en algo aún más irreal, luminoso (Cf. versículos 16-19) que lleva en sí una connotación de falsedad, como lo prueba el significado de *pierreries* ("piedras preciosas falsas") y la adjetivación de "fuego artificial" que matiza la idea de "gran sol". También, como en los sueños, el aspecto normal de los objetos aparece cambiado de un modo inexplicable, como esa tierra, "llena de reflejos más profundos que los del agua". Otra mezcla de elementos pertenecientes a dos espacios muy distintos es la que se produce en el versículo 19 con la referencia a los "radiolarios", cuya asociación con lo expresado en el versículo 18 puede haberse hecho a través de la aproximación fónica entre *radiolaires* y *rayons de soleil*, con lo que tendríamos un ejemplo del modo en que André Bréton aconseja el logro de una escritura automática prolongada: "Si el silencio amenaza por haber cometido una falta: una falta, digamos, de desatención, romped sin dudarlo con una línea demasiado clara. A continuación de la palabra cuyo origen os parezca sospechoso (sospechoso de ser lógico), escribid una letra cualquiera, la letra *l* por ejemplo, siempre la letra *l*, y atraed de nuevo lo arbitrario imponiendo esta letra por inicial a la palabra que va a seguir". Aplicando esta regla estratégica para no ser atrapado en la red de la conciencia lógica, el poeta parece haber añadido, en este caso, la letra *l* a la palabra *radio* que fue sugerida por *rayón*, con lo que los elementos del paisaje creado se transforman totalmente y la relación de la mujer desnuda bajando por los "radiolarios" es totalmente absurda.

En los versículos 20 y 21 se da testimonio del error del propio poeta con respecto a su misma situación en el espacio: *Les coquilles mêmes de l'oursin j'y étais / Pardon je n'y était dejà plus* ("Las mismas conchas del erizo yo estaba allí / perdón no estaba ya"): la idea de su presencia se enlaza, sin solución de continuidad, con la referencia del erizo, cuya imagen se une a los radiolarios. Con la constatación súbita de su ausencia de aquel lugar mágico, el poeta comienza la expresión de su melancolía:

> *J'avais levé la tête car le vivant écrin de velours blanc m'avait quitté*
> *Et j'étais triste*

INTRODUCCIÓN A LA POESÍA LÍRICA 253

> Le ciel entre les feuilles luisait hagard et dur comme une libellule
> J'allais fermer les yeux
> Quand les deux pans du bois que s'etaient brusquement écartés
>   s'abattirent
> Sans bruit
> Comme les deux feuilles centrales d'un muguet inmense
> D'une fleur capable de contenir toute la nuit

> ("Yo había levantado la cabeza porque el viviente estuche de terciopelo
>   me había abandonado
> Y estaba triste
> El cielo entre las hojas lucía hosco y duro como una libélula
> Yo iba a cerrar los ojos
> Cuando los dos tabiques de madera que se habían apartado
>   bruscamente se abatieron
> Sin ruido
> Como las dos hojas centrales de un inmenso lirio silvestre
> De una flor capaz de contener toda la noche")

La tristeza súbita es atribuída al abandono de ese *écrin de velours* que parece ser lo mismo que la ardilla que se había posado sobre su pecho. Vuelve a encontrarse en el paisaje del bosque (Cf. versículos 24 y 26) donde las cosas ocurren brusca y silenciosamente: los versículos 25-30 dan la impresión de reproducir con toda fidelidad el relato de un sueño donde los objetos no tienen ni sus cosecuencias ni sus dimensiones normales y el pequeño lirio del valle puede ser inmenso. El cielo *hagard* ("hosco") y *dur* ("duro"), el bosque y el lirio que se cierran, insisten en la misma sensación de tristeza o melancolía que se prolonga en la última parte del poema (si es que es posible dividirlo en partes tan netas como lo estamos haciendo por la preocupación de explicarlo detalladamente), donde, en otro cambio onírico, el poeta se dirige a la mujer a quien se ha estado refiriendo, y le dice:

> J'étais où tu me vois
> Dans le parfum sonné à toute volèe
> Avant qu'elles ne revinssent comme chaque jour à la vie changeante
> J'eus le temps de poser mes lèvres
> Sur tes cuisses de verre

> ("Yo estaba donde me ves
> En el perfume echado al vuelo
> Antes de que volviesen como todos los días a la vida cambiante
> Tuve tiempo de posar los labios
> Sobre tus muslos de vidrio.")

Y aquí precisamente, en estos últimos versos, encontramos una referencia al estado de vigilia como opuesto al del sueño: en el versículo 32 los muslos de la mujer se presentan como franqueando cada día la separación entre la "vida cambiante" y ese mundo privilegiado en que viven las experiencias mágicas de toda la composición.

18

Fernando Pessoa:
A Casa Branca Nau Preta

Estou reclinado na poltrona, é tarde, o Verão
                                      apagou-se...
Nem sonho, nem cismo, um torpor alastra em meu
                                        [cérebro...
Não existe manhã para o meu torpor nesta hora...
Ontem foi un mau sonho que alguém teve por mim...
5- Há uma interrupção lateral na minha consciência...
Continuam encostadas as portas da janela desta tarde
Apesar de as janelas estarem abertas de par em par...
Sigo sem atenção as minhas sensações sem nexo,
E a personalidade que tenho está entre o corpo e a
                                        [alma...

10- Quem dera que houvesse
Um terceiro estado prá alma, se ela tiver só dois...
Um quarto estado prá alma, se são tres os que ela tem...
A impossibilidade de tudo quanto eu nem chego a
                                        [sonhar

Dói-me por detrás das costas da minha consciência de
                                        [sentir...

15- As naus seguiram,
Seguiram viagem não sei em que dia escondido,
E a rota que deviam seguir estava escrita nos ritmos,
Os ritmos perdidos das cançoes mortas do **marinheiro d**
                                        [sonho...

Arvores paradas da quinta, vistas através da janela,
20- Arvores estranhas a mim a um ponto inconcebível à
        consciência de as estar vendo,
Arvores iguais todas a não serem mais que eu vê-las,
Nao poder eu fazer qualquer coisa género haver
                                  árvores que deixasse de doer,

Estoy reclinado en la poltrona, es tarde, se ha
                              [extinguido el Verano...
Ni sueño ni cavilo, una modorra se arrastra en mi
cerebro   [cerebro
No existe mañana para mi modorra en este momento...
El ayer fue un mal sueño que alguien tuvo por mí...
5- Hay una interrupción lateral en mi conciencia...
Continúan entornadas las maderas de la ventana de
                                      [esta tarde...
A pesar de que las ventanas están abiertas de par en
                                             [par...
Sigo sin atención mis sensaciones sin nexo,
Y la personalidad que poseo está entre el cuerpo y el
                                            [alma...
10- Ojalá hubiese
Un tercer estado de alma, si es que tiene dos...
Un cuarto estado de alma, si son tres los que tiene...
La imposibilidad de todo lo que no llego a soñar
Me duele por detrás de las espaldas de mi conciencia de
                                           [sentir...
15- Las naos han emprendido,
Han emprendido un viaje no sé qué día oculto,
Y la ruta que debían seguir estaba escrita en los ritmos,
Los ritmos perdidos de las canciones muertas del
                                 [marinero del sueño...

Arboles parados de la quinta, vistos por la ventana,
Arboles extraños a mí hasta un punto inconcebible para
                        [la conciencia de estar viéndolos,
Arboles todos iguales en no ser más que el verlos yo,
No poder hacer nada del género de haber árboles que
                                    [dejase de doler,

Não poder eu coexistir para o lado de là como estar-vos
                      vendo do lado de cá,
E poder levantar-me desta poltrona deixando os sonhos
                                        [no chão...

25- Que sonhos?... Eu nao sei se sonhei... Que naus
                                    partiram, para onde?
Tive essa impressão sem nexo porque no quadro
                                        [fronteiro
Naus partem -naus não, barcos, mas as naus estão em
                                              [mim,
E é sempre melhor o impreciso que embala do que o
                      certo que basta,
Porque o que basta acaba onde basta, e onde acaba não
                                              [basta
30- E nada que se pareça com isto devia ser o sentido da
                                              [vida...

Quem pôs as formas das árvores dentro da existência
                                        [das árvores?
Quem deu frondoso a arvoredos, e me deixou por
                                        [verdecer?
Onde tenho o meu pensamento que me dói estar sem ele,
Sentir sem auxílio de poder para quando quiser, e o mar
                                              [alto
35- E a última viagem, sempre para lá, das naus a subir...

Não há substância de pensamento na matéria de alma
                                    [com que penso...
Há só janelas abertas de par em par encostadas por
                            [causa do calor que já não faz,
E o quintal cheio de luz sem luz agora ainda-agora, e eu.

Na vidraça aberta, fronteira ao ângulo com que o meu
                                        [olhar a colhe
40- A casa branca distante onde mora... Fecho o olhar...
E os meus olhos fitos na casa branca sem a ver
São outros olhos vendo sem estar fitos nela a nau que se
                                              [afasta,
E eu, parado, mole, adormecido,
Tenho o mar embalando-me e sofro...

No poder coexistir en aquel lado con estar viéndolos de
[este lado,
Y poder levantarme de esta poltrona dejando los sueños
[en el suelo...

25- ¿Qué sueños?... Yo no sé si soñé... ¿Qué naos han
[partido, para dónde?
Tuve esta impresión sin nexo porque en el cuadro de
[enfrente
Parten las naos -naos no, barcos, pero las naos están en
[mí,
Y es siempre mejor lo impreciso que halaga que lo
[definido que basta,
Porque lo que basta termina donde basta, y donde
[termina no basta,
30- Y nada que se parezca a esto debería ser el sentido de
[la vida...

¿Quién colocó las formas de los árboles en la existencia
[de los árboles?
¿Quién dio fronda a las arboledas y me dejó por
[verdecer?
Dónde tengo mi pensamiento que me duele hallarme
[sin él,
Sentir sin auxilio de poder cuando quiera, y el mar alto
35- Y el último viaje, siempre hacia allá, de las naos
[subiendo...

No hay substancia de pensamiento en la materia de
[alma con que pienso...
Sólo hay ventanas abiertas de par en par entornadas
[porque hace un calor que ya no hace,
Y el corral lleno de luz sin luz ahora, hasta ahora, y yo.

En la vidriera abierta, frente al ángulo en que mi
[mirada la capta
40- La casa distante en la que vive... Cierro la mirada...
Y mis ojos clavados en la casa blanca sin verla
Son otros ojos viendo sin estar clavados en la nao que se
[aleja,
Y yo, parado, blando, adormecido,
Soy acunado por el mar y sufro...

45- Aos próprios palácios distantes a nau que penso não leva
As escadas dando sobre o mar inatingível ela não
[alberga.
Aos jardins maravilhosos nas ilhas inexplícitas não
[deixa.
Tudo perde o sentido com que o abrigo en meu pórtico
E o mar entra por os meus olhos o pórtico cessando.

50- Caia a noite, não caia a noite, que importa a candeia
Por acender nas casas que não vejo na encosta e eu lá?
Húmida sombra nos sons do tanque nocturno sem lua,
[as rãs rangem,
Coaxar tarde no vale, porque tudo é vale onde o som dói.

Milagre do aparecimiento da Senhora das Angústias
[aos loucos,
55- Maravilha o enegrecimento do punhal tirado para os
[actos,
Os olhos fechados, a cabeça pendida contra a coluna
[certa,
E o mundo para além dos vitrais paisagem sem ruínas...

A casa branca nau preta...
Felicidade na Austrália...

45- A los propios palacios distantes la nao en que pienso no
               lleva.
Las escalas que están sobre el mar inalcanzable ella no
              las alberga.
En los jardines maravillosos de las islas inexplícitas no
                deja.
Todo pierde el sentido con que lo abrigo en mi pórtico
Y el mar entra en mis ojos, el pórtico cesando.

50- Caiga la noche, no caiga la noche, ¿qué importa el candil
Por encender en las casas que no veo en la cuesta y yo
                allá?
Húmeda sombra en los sonidos del estanque nocturno
      [sin luna, las ranas chirrían,
Croar tarde en el valle, pues todo se hace valle donde
            duele el sonido.

Milagro de la aparición de nuestra Señora de las
           Angustias a los locos,
55- Maravilla del ennegrecimiento del puñal sacado en los
              actos,
Los ojos cerrados, la cabeza inclinada contra la
            columna segura,
Y el mundo más allá de las vidrieras paisaje sin ruinas..

La casa blanca nao negra...
Felicidad allá en Australia...

           (Traducción de Angel Crespo)

Con el poema de Fernando Pessoa *A casa branca nau preta* ("La casa blanca nao negra") puede ejemplificarse otra de las direcciones que toma la poesía lírica, paralelamente a la formación del creacionismo y del superrealismo, que, sin agruparse bajo ninguna declaración estética determinada, comparte con estos dos movimientos la adopción del verso libre y la liberación respecto a la coherencia lógica en las asociaciones de ideas e imágenes, así como el uso de una frase expresiva de resonancias cotidianas, y la referencia a las realidades de la vida ordinaria mediante un lenguaje en el que predomina el tono onírico.

En este tipo de poemas, de gran proliferación a partir de los años diez -el de Pessoa que reproducimos aquí fue escrito en 1916-, lo que asombra e impresiona más profundamente al lector actual es la contradicción existente entre su aparente aproximación al lenguaje conversacional y mundo no poético y los significados ocultos y misteriosos que son evocados por este tipo de expresión cuya finalidad parece ser la de conseguir los propósitos de la conversación ordinaria: es decir, la de una comunicaión lo más diáfana posible. Así, cuando el poeta portugués comienza diciendo: *Estou reclinado na poltrona, é tarde, o Verão apagou-se... / Nem sonho, nem cismo, um torpor alastra em meu cérebro... / Ontem foi um mau sonho que alguén teve por mim* ("Estoy reclinado en la poltrona, es tarde, se ha extinguido el Verano... / Ni sueño ni cavilo, una modorra se arrastra en mi cerebro... / El ayer fue un mal sueño que alguien tuvo por mí..."), la impresión que se produce en el lector es la de estar recibiendo una comunicación epistolar en la que el autor de la carta tratase de explicarse con la mayor agudeza y exactitud, recurriendo, para exponer su estado de ánimo, a la enumeración de algunas circunstancias externas que ayuden a comprenderlo. La misma impresión se refuerza con la lectura de algunos de los versos que siguen (Cf. versos 5 y 8) pero, entreverados con estas afirmaciones que proceden de la observación más lucida y se expresan de un modo perfectamente lógico, encontramos ya algunos versos cuyo significado nos desorienta porque no poseen un sentido denotativo, como los 6 y 7, que dicen:

> *Continuam encostadas as portas da janela desta tarde*
> *Apesar de as janelas estarem abertas de par em par...*
>
> ("Continúan entornadas las maderas de la ventana de esta tarde
> A pesar de que las ventanas están abiertas de par en par...")

Se trata de una metáfora construída sobre la apreciación de una circunstancia material en el lugar donde se encuentra el poeta (las ventanas de su habitación están abiertas) y transferida, simbólicamente, a la tarde. La metáfora quiere crear una desorientación, como es evidente en el uso del adversativo *apesar de* ("a pesar de"), que presupone que lo lógico sería, si las ventanas de la habitación están abiertas, es que también lo estén las metafóricas de la tarde: es decir, presupone que hay una correspondencia que podríamos llamar mágica entre el mundo material y el espiritual. Esta creencia dicta las partes más significativas del poema y se hace evidente en el último versículo de los que forman la primera serie:

> *E a personalidade que tenho está entre o corpo e a alma...*
> ("Y la personalidad que poseo está entre el cuerpo y el alma...")

Está entre el cuerpo y el alma, porque continuamente el poeta se encuentra desorientado por la falta de correspondencia entre lo aparente y lo incorpóreo.

Una vez dentro de la expresión de realidades no lógicas, los pensamientos se precipitan caóticamente. Primero se exponen reflexiones sobre el alma y la conciencia (versos 10-14) donde se desea que el alma tenga un estado más de los que tiene y aun de los que pudiera tener pues, para manifestar la confusión e incomodidad de su espíritu, el poeta sitúa lo imposible mucho más allá de lo que le es dado al hombre concebir o sentir:

> *A impossibilidade de tudo cuanto eu nem chego a sonhar*
> *Dóime por detrás das costas da minha consciencia de sentir...*
>
> ("La imposibilidad de todo lo que no llego a soñar
> Me duele por detrás de las espaldas de mi conciencia de sentir...")

El malestar espiritual le produce un dolor físico (Cf. verso 15) y es provocado por el sentimiento de perplejidad ante la vida y su tipo de realidad, que se manifiesta por extenso mediante los núcleos de imágenes que se refieren a las naves y los árboles. Aquéllas parecen existir realmente fuera del poeta, reproducidas en un cuadro que está frente a él, como se dice en los versos 25 y 26 (*... Que naus partiram,* *para onde? / Tive essa impressão sem nexo porque no quadro fronteiro / Naus partem...*) = "... ¿Qué naos han partido, para dónde? / Tuve esa impresión sin nexo porque en el cuadro de enfrente / Parten las naos..."). Los árboles están también al alcance de su vista (Cf. verso 19: *Arvores paradas da quinta, vistas através da janela* = "Arboles parados de la quinta, vistos por la ventana"), es decir, poseen una existencia tangible, exterior a él, pero unas y otros adquieren una entidad abstracta y lejana -además de próxima y real- al ser descritas aquéllas como ausentes en viajes misteriosos ordenados por el destino (Cf. versos 15-18) y los árboles como seres problemáticos que excitan la angustia del poeta porque no puede comprender los límites del conocimiento:

> *Arvores estranhas para mim a um ponto inconcebível à consciência*
> *de as estar vendo*
>
> ("Arboles extraños a mí hasta un punto inconcebible para la
> conciencia de estar viéndolos")

Es decir, el móvil más importante del poema es la perplejidad sentida al enfrentarse con el conocimiento del mundo y, según esto, la afirmación y negación de la misma cosa se multiplica en diferentes momentos del poema, como puede verse en los versos 25, 27, 28, 37, 41 y 42. La casa blanca que da título al poema no es mencionada hasta el verso 40: se encuentra en el plano de la realidad exterior y la persona que vive en ella es ocultada por la reticencia pero parece ser la causa de todos los tormentos del poeta, e incluso de la perplejidad cognoscitiva, pues la "nao" y la "mar" se relacionan con ella inmediatamente:

> *Na vidraça aberta, fronteira ao angulo com que o meu olhar a colhe*
> *A casa branca distante onde mora... Fecho o olhar...*
> *E os meus olhos fitos na casa branca sem a ver*
> *São outros olhos vendo sem estar fitos nela a nau que se afasta,*
> *E eu, parado, mole, adormecido,*
> *Tenho o mar embalando-me e sofro...*
>
> *Aos proprios palácios distantes a nau que penso não leva,*
> *As escadas dando sobre o mar initingível ela não alberga.*
> *Aos jardins maravilhosos nas ilhas inexplícitas não deixa.*
> *Tudo perde o sentido com que o abrigo em meu pórtico*
> *E o mar entra por os meus olhos o pórtico cessando.*

("En la vidriera abierta, frente al ángulo en que mi mirada la capta
La casa distante en la que vive... Cierro la mirada...
Y mis ojos clavados en la casa blanca sin verla
Son otros ojos viendo sin estar clavados en la nao que se aleja,
Y yo parado, blando, adormecido,
Soy acunado por el mar y sufro...

A los propios palacios distantes la nao en que pienso no lleva.
Las escalas que dan sobre el mar inalcanzable ella no las alberga.
En los jardines maravillosos de las islas inexplícitas no deja.
Todo pierde el sentido con que lo abrigo en mi pórtico
Y el mar entra en mis ojos el pórtico cesando".)

En los versos 41 y 42 se establece una identificación entre la casa y la nao: la nao se aleja, la mar le encanta (verso 44), y al poeta, incapaz de movimiento, tan sólo le es dado sufrir (verso 44). Parece que pueda suponerse que "la nao en que pienso" del verso 45 es la "casa blanca" que no conduce a sus "propios palacios". Las cosas deseadas (el mar, los jardines maravillosos, las islas) se presentan como completamente fuera de alcance ("mar inalcanzable") e incomunicables ("islas inexplícitas"). En los 48 y 49, expresión nueva de desconcierto, el mar mencionado es diferente, no es el mismo que el inalcanzable del verso 46 sino un mar figurado que invade la conciencia.

La misma casa blanca, con su denominación de "nave negra" incorporada de modo adjetivo forma -además de la frase que sirve de título- el penúltimo verso del poema, y de él se desprende como una especie de comentario: *Felicidade na Austrália* ("Felicidad allá en Australia"). Se trata de un par de versos enigmáticos que, relacionándolos con el conjunto de la composición, pueden interpretarse, el primero como una ambivalente suma de opuestos cuyos dos aspectos contradictorios poseen las mismas posibilidades de verosimilitud y, el segundo, como un comentario sarcástico sobre la felicidad que esta *casa branca nau preta* ("casa blanca nao negra") proporciona sin duda en un lugar lejano, a donde se llega por barco, y que nada puede ofrecer al poeta inmóvil tras una ventana.

Hay que observar que en el verso 56 -lo mismo que en el título del poema- se da en portugués un juego de palabras imposible en castellano, que es el formado por la casi identidad fónica existente entre *nau* ("nave", "nao") y el adverbio de negación *não* ("no"); según este juego, tal verso puede entenderse como "la casa blanca no negra".

La lucidez con que el poeta se sitúa fuera del lenguaje y maneja sus posibilidades significativas, así como las constantes expresiones de su apreciación crítica de los seres (Cf. verso 31: *Quem pôs as formas das árvores dentro da existencia das árvores?* = "¿Quién colocó las formas de los árboles en la existencia de los árboles?") contrastan con el sentimiento de confusión con que se mezclan las referencias a situaciones y lugares, sumiendo al poema en un ambiente onírico, como puede verse, a modo de ejemplo, en los dos últimos versos, donde se confunden los diferentes espacios:

> *Caia a noite, não caia a noite, que importa a candeia*
> *Por acender nas casas que não vejo na encosta e eu là?*
>
> ("Caiga la noche, no caiga la noche, ¿qué importa el candil
> Por encender en las casas que no veo en la cuesta y yo allá?")

y también todos los seres mezclan sus propiedades en medio de la noche:

> *Húmida sombra nos sons do tanque nocturna sem lua, as râs rangem*
> *Coaxar tarde no vale, porque tudo é vale donde o som dói*
>
> ("Húmeda sombra en los sonidos del estanque nocturno sin luna las
>   ranas chirrían
> Croar tarde en el valle, pues todo se hace valle donde duele el sonido").

Puede decirse que el mismo Fernando Pessoa provoca la confusión de su espíritu y mirada siguiendo la norma previa y racionalmente aceptada de que *é sempre melhor o imprecisso que embala do que o certo que basta, / Porque o que basta acaba onde basta, e onde acaba nao basta* ("Y es siempre mejor lo impreciso que halaga que lo definido que basta, / Porque lo que basta termina donde basta, y donde termina no basta"). Y esta actitud puede atribuirse tanto a una angustia metafísica provocada por el misterio de la apariencia y esencia de los seres como a un sentimiento amoroso contrariado: en realidad, ambos motivos se mezclan y el poeta sólo se siente dispuesto a confiar en la columna en que apoya la cabeza (verso 56) mientras cierra los ojos por no contemplar por la ventana lo que califica de *paisagem sem ruínas* ("paisaje sin ruinas"), es decir, lo que él transforma en una realidad artística y abstracta.

19
La poesía meditativa: Juan Ramón Jiménez

EL OTOÑADO

Estoy completo de naturaleza,
en plena tarde de áurea madurez,
alto viento en lo verde traspasado.
Rico fruto recóndito, contengo
5- lo grande elemental en mí (la tierra,
el fuego, el agua, el aire) el infinito.

Chorreo luz: doro el lugar oscuro,
trasmino olor: la sombra huele a dios,
emano son: lo amplio es honda música,
10- filtro sabor: la mole bebe mi alma,
deleito el tacto de la soledad.

Soy tesoro supremo, desasido,
con densa redondez de limpio iris,
del seno de la acción. Y lo soy todo.
15- Lo todo que es el colmo de la nada,
el todo que se basta y que es servido
de lo que todavía es ambición.

ROSA SECRETA

Estás de nuevo oculta entre la primavera
que viene. Y yo ¿no te veré
tus ojos, rosa, con las rosas,
platas en lo amarillo y el carmín
del nuevo sol eterno?
5-   El golpe, son,
de mi sangre que late, fe, fe, fe,
en el círculo duro
de la prisión redonda de mis venas,
cava, enredo de hierro, estos caminos

10- por donde no andas tú. Los tuyos,
tus pendientes de gloria y porvenir,
cuelgan, con tu ignorancia de mí hoy,
como los míos hacia oriente, un día,
antes de venir tú de las alturas.

15- A mi lado, y yo, estraño, en ellos,
montones de espresión verde y rosada,
calientes estallidos, vuelos iris,
perfección inmanente de una música
de aguas, pájaros, aires.

20- ¡Y mis ojos, jirando descompuestos,
tras la órbita invisible de los tuyos,
doble sí de luz fija,
centro de todas las estrellas
del día y de la noche simultáneos!

LO MAJICO ESENCIAL NOMBRADO

En esta isla que la luna,
tras una nube negra, echa al mar lejano,
estás tú, como espejo caído luna arriba,
por amor a este mar y a quien lo pasa
5- y por amor al ámbito completo.

Esa congregación, ojos de plata
fundida en pensamiento miriante
tuyo, dios deseado y deseante,
es el oasis definido
10- de mi limpio ideal unánime.

Que es él, y tu reflejo
de ti en conciencia, de ti esacto:
paz, claridad, delicia iguales a sus nombres,
conciencia diosa una,
15- disfrutadora y disfrutada mía,
disfrute de lo májico esencial nombrado.

Eligiendo un camino opuesto al de rechazar o burlar la lógica, la poesía del siglo XX asume, por otra parte, una posición muy intelectualizada y deliberadamente hermética cuyo núcleo temático lo constituye la meditación en torno a la esencia o trascendencia de los seres con que el poeta convive: seres naturales como el sol, los árboles, el firmamento; seres artificiales como los objetos familiares que rodean al hombre en su vida diaria; seres transcendentes como Dios o la muerte, o el mismo poeta y sus emociones. Todo ello puede ser contemplado como un misterio eterno a cuyo desciframiento se dedica apasionadamente el poeta agudizando los filos de su inteligencia y sus facultades lógicas. A este tipo de poesía meditativa responde la llamada "pura" francesa, la "hermética" italiana, y, entre las obras de lengua castellana, la de los libros últimos de Juan Ramón Jiménez y la de *Cántico* de Jorge Guillén.

Lo mismo que la poesía superrealista o creacionista, ésta a que ahora nos referimos no es accesible a la gran mayoría de los lectores. La sorpresa que pueda causar su lenguaje no está entreverada con frases de tipo cotidiano como es el caso de la poesía tradicional, sino que la composición poética entera se ofrece a la consideración como un enigma cerrado que puede desanimar de su comprensión o que, por el contrario, logra ejercer una fascinación grande sobre el lector curioso y ávido de misterio. Quien se esfuerce en comprender esta poesía meditativa se hallará recompensado probablemente con más facilidad que el que desee acercarse a la poesía caótica, porque aquí la rareza expresiva se deriva de un pensamiento reconcentrado pero racional, mientras que en el superrealismo y tendencias afines la ausencia o escasez de trabazón racional obliga a percibir el poema de modo más fragmentario y, por supuesto, mucho más subjetivo. Como ejemplo, he seleccionado tres poemas de Juan Ramón Jiménez: "El otoñado" y "Rosa secreta" de *La estación total* (1936) y "Lo májico esencial nombrado" de *Animal de fondo* (1949).

Empezando por considerar "El otoñado", lo primero que hemos de señalar en este poema es la transparencia y pureza de una expresión en la que no existen frases subordinadas, ni verbos compuestos, ni tiempos pasados: todo se dice en presente, no hay evocaciones de

INTRODUCCIÓN A LA POESÍA LÍRICA   271

transfondos, ni desdoblamientos de imágenes. "Estoy", "soy" y "es" son los verbos que predominan (Cf. versos 1, 9, 12, 14, 15, 16, 17). El esquema sintáctico de las sucesivas frases es muy sencillo; está formado por un sujeto, un verbo y un complemento directo (cuando el verbo es transitivo) o un predicado nominal (cuando se trata de los verbos "ser" o "estar"). Ahora bien, el sujeto y el complemento o predicado pueden engrosarse mediante aposiciones cuyo significado resulta a veces oscuro debido al hipérbaton o la elipsis de algún elemento importante en su engranaje habitual. Así, si analizamos según las normas sintácticas las frases que componen las dos primeras estrofas de este poema, el esquema sería el siguiente:

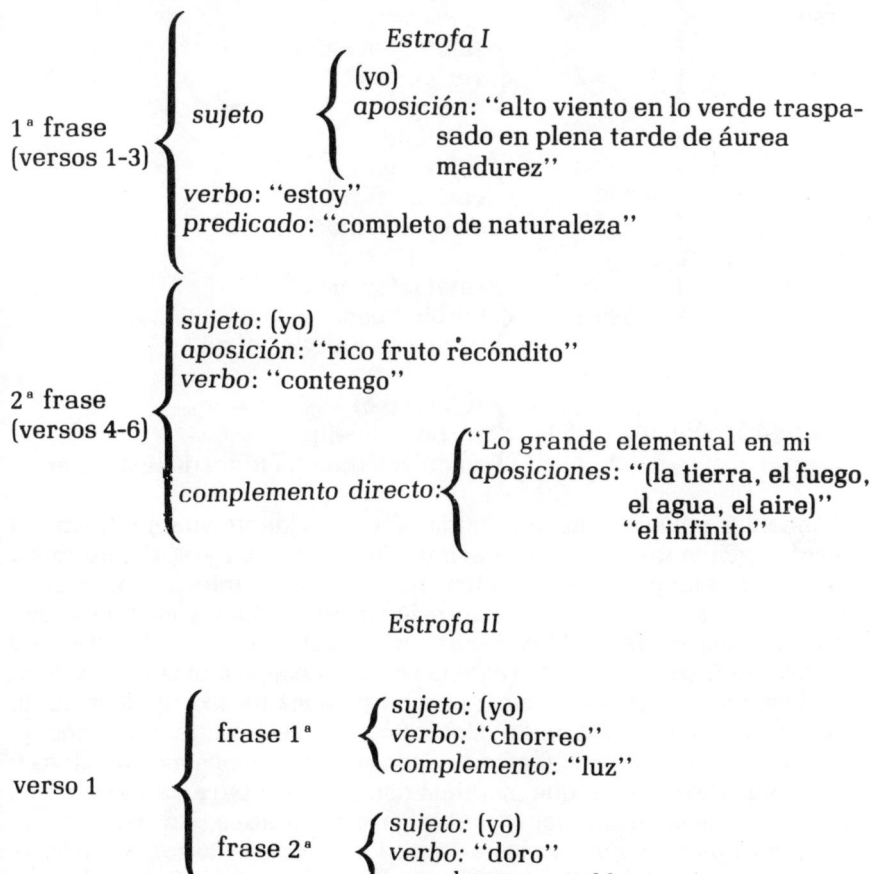

verso 2
- frase 1ª
  - sujeto: (yo)
  - verbo: "trasmino"
  - complemento: "olor"
- frase 2ª
  - sujeto: "la sombra"
  - verbo: "huele"
  - complemento: " a dios"

verso 3
- frase 1ª
  - sujeto: (yo)
  - verbo: "emano"
  - complemento: "son"
- frase 2ª
  - sujeto: "lo amplio"
  - verbo: "es"
  - predicado: "honda música"

verso 4
- frase 1ª
  - sujeto: (yo)
  - verbo: "filtro"
  - complemento: "sabor"
- frase 2ª
  - sujeto: "la mole"
  - verbo: "bebe"
  - complemento: "mi alma"

verso 5: sólo una frase
- sujeto: (yo)
- verbo: "deleito"
- complemento: "el tacto de la soledad"

La sencillez del esquema sintáctico, que es evidente ya en la primera estrofa, se acentúa extraordinariamente en la segunda, donde todas las frases independientes entre sí, breves y unidas por simple yuxtaposición, producen una impresión de diafanidad y movilidad que crea la ilusión de un texto casi transparente. La dificultad de comprensión comienza dentro de los mismos corpúsculos que forman los elementos de las oraciones, pues si Jiménez es escrupulosamente respetuoso con el esquema sintáctico tradicional, actúa, por el contrario, con la mayor libertad en las combinaciones morfológicas y las formas flexionales, que modifica como quiere para conferir a sus escuetas frases resonancias múltiples e inusitadas. En este poema podríamos indicar numerosos ejemplos de neologismos voluntariosos empezando por el del título, "el otoñado", adjetivo participal derivado de un supuesto verbo "otoñar", inexistente hasta este momento en el léxico castellano, que es convertido en un substantivo por medio de un artículo. El significado de esta palabra nueva lo sugiere la analogía con el fonema de que procede y con el significado habitual de la forma participal de pasado: es decir, "el otoñado" quiere decir ' el afectado por la acción de otoñar', acción que, a la luz de lo que se dice en el poema, identificamos con 'la adquisición pasiva de madurez y plenitud'.

Del mismo modo, el poeta es árbitro de las asociaciones que establece entre los significados de las distintas palabras, que con frecuencia crean vacíos comunicativos tan sólo perceptibles de modo fragmentario e intuitivo. Es, por ejemplo, lo que ocurre con lo expresado en los tres primeros versos:

> Estoy completo de naturaleza,
> en plena tarde de áurea madurez,
> alto viento en lo verde traspasado.

Según comprendemos por la estructura sintáctica, los versos 2 y 3 aclaran la naturaleza del sujeto elíptico yo, mientras "completo de naturaleza" es el predicado del verbo "estoy", palabra inicial del poema. Pero ¿cuál es exactamente el significado de todo ello? El verso segundo no presenta mayor dificultad que la que puede ser aclarada acudiendo a la retórica tradicional pues se trata de una metáfora en contacto con la visión alegórica de la edad madura del hombre como el otoño de la vida o la tarde del día: tanto "plena tarde" como "áurea", como "madurez", son referencias al otoño ya evocado en el título y, por consiguiente, no es complicado interpretar el verso como una expresión de que el poeta se encuentra en la edad madura de su vida. Partiendo de este segundo verso se pueden entender los otros dos (el 1 y el 3): "estoy completo de naturaleza" se refiere a la madurez alcanzada, al haber llegado al límite de la perfección o plenitud; "alto viento en lo verde traspasado" insiste en la idea de la perfección conseguida pero es una frase que oculta un misterio pues lo que sea "lo verde" no se explica dentro del contexto del poema. Se trata, sí, de una abstractización y, al encontrarse en contacto con el "viento", la "tarde" y la "naturaleza", la tendencia natural es a asociarlo con el verdor del follaje y entenderlo como una perfección de éste, pero también podría comprenderse como una parte del "alto viento" por donde éste se halla "traspasado" (pero, en ese caso, ¿cuál es el significado de "traspasado"?); o se podría considerar "lo verde traspasado" tal vez como una metáfora del frondor "verde" de la juventud "traspasado" por el tiempo y transformado en otoñal... Se trata, en todo caso, de una zona de sombra en torno a la cual sólo se pueden hacer cábalas. Pero los versos 4-6 resultan, de nuevo, totalmente comprensibles desde el punto de vista de la madurez conseguida, ya que gracias a ella, el poeta es "rico fruto recóndito" y contiene "lo grande elemental" -que se especifica con la enumeración de los cuatro elementos, los que "completan" la naturaleza - que es identificado con "lo infinito"

La estrofa I es, por consiguiente, la expresión feliz de sentirse completo en la madurez, la exaltación de este sentimiento, la sensación jocunda de ser poseedor de lo infinito.

En la estrofa II se desglosan, enumerándolas, las propiedades benéficas que emanan de ese ser (el poeta) total, perfecto y fecundo, que produce luz (Cf. verso 7), olor mirífico y divino (Cf. verso 8), sonido armonioso y extenso (verso 9), sabor depurado (verso 10) y agrado táctil (verso 11). Todas estas cualidades sensoriales, que totalizan la posibilidad de las sensaciones refiriéndose a sus distintos órganos, aparecen sublimadas, eterizadas por la calidad del lenguaje usado que, o bien es abstracto -como "lo amplio" del verso 9- o de resonancias místicas -como "la sombra huele a dios"-, o misterioso -como "la mole bebe mi alma"-.

En la estrofa última el poeta completa la glorificación de su perfección: se siente exento de toda atadura material (versos 12-14) y resumen y cifra perfectos de los extremos que se niegan y se complementan a la vez (versos 15-17):

> Soy tesoro supremo, desasido,
> con densa redondez de limpio gris,
> del seno de la acción. Y lo soy todo.
> Lo todo que es el colmo de la nada,
> el todo que se basta y que es servido
> de lo que todavía es ambición.

El otoño de la vida, al completar la naturaleza del poeta, ha llevado a cabo en él un proceso de divinización (ya que la divinidad es la plenitud) de que "el otoñado es plenamente consciente y de cuyo resultado final se gloría utilizando todo tipo de referencias extraídas de la tradición antigua y próxima para definirse: el pensamiento materialista presocrático le proporciona la imagen de lo divino como el conjunto de los cuatro elementos (y eso es él: estrofa I), pero en la estrofa II sus características son las de la divinidad platónica y, en la estrofa III, el ser impasible y superior que se dibuja, aparece ya dentro del neoplatonismo cristiano.

ROSA SECRETA

Este poema, igual que el anterior, lleva a cabo una transmutación entre la realidad trascendente y la naturaleza tomando un elemento de ésta última que tiene una larga tradición poética, la delicada y bella rosa, como símbolo de la eternidad. Desde la conciencia de su propia temporaneidad el poeta se conduele de la brevedad de la vida y este tema, tan antiguo como inspiración poética, tiene esta vez acentos totalmente nuevos que proceden, en primer lugar, del enfoque intelectualizado con que el poeta contempla la terminación de su existencia (que no percibe como la privación del sentimiento sino del conocimiento contemplativo) y, por otra parte, del modo personal con que se trastoca el viejo tópico de la rosa como símbolo de la vida. Aquí la rosa no es la vida bella pero pasajera sino representación de lo que nunca acaba; cuando el verso 1 dice:

> Estás de nuevo oculta entre la primavera
> que viene.

el poeta se está refiriendo a la rosa (como se ve más abajo, en el apóstrofe del verso 3), que -ser ideal, especie- no perece sino que se "oculta" periódicamente. En los ojos imaginarios de la rosa se centra el deseo de verla otra vez y la melancolía de posiblemente no vivir lo suficiente para poder verla cuando se manifieste de nuevo, surgiendo de la primavera:

> ... ¿Y yo no te veré
> tus ojos, rosa, con las rosas
> platas en lo amarillo y el carmín
> del nuevo sol eterno?

El uso pleonástico del pronombre de segunda persona ("te veré") y el posesivo referido a "ojos" ("tus ojos") en lugar del artículo, como sería lo idiomático en castellano, producen una sensación de intimidad entre la rosa invocada y el poeta, de antigua familiaridad entre ambos y de claridad en la idea expresada, que equilibran la confusión de los versos siguientes, donde los adjetivos de color -"rosas", "plata", "amarillo", "carmín"- se mezclan, con fórmulas sintácticas heterodoxas, para crear la impresión de un deslumbramiento polícromo que irradia ese "nuevo sol eterno" del verso 5: la rosa.

Frente a la rosa que no muere, el poeta está atento al latir de su sangre, que por "la prisión redonda de mis venas, / cava, enredo de hierro, estos caminos / por donde no andas tú" y, como antítesis de esta prisión circular y dura (versos 6-10) llama a los senderos por donde discurre la rosa "pendientes de gloria y porvenir" que "cuelgan, con tu ignorancia de mi hoy, / como los míos hacia oriente, un día, / antes de venir tú de las alturas". Este último verso parece una afirmación de la creencia en que la rosa eterna comenzó alguna vez su vida terrestre y hace pensar en una especie de encarnación de la Idea que estaría muy de acuerdo con el platonismo del pensamiento de Jiménez.

Las estrofas III y IV intensifican el tema de la enajenación del poeta respecto a la rosa futura que ignora su "hoy" (verso 12) y cuya contemplación actual es imposible. El acento de desesperación que es patente en el verso 2 se hace más profundo aquí, cuando el poeta alude a toda la materia y perfección de la rosa que, oculta por la primavera, está junto a él pero lejos del alcance de sus sentidos:

> A mi lado, y yo, estraño, en ellos
> montones de espresión verde y rosada,
> calientes estallidos, vuelos iris,
> perfección inmanente de una música
> de aguas, pájaros, aires.
>
> Y mis ojos, jirando descompuestos,
> tras la órbita invisible de los tuyos,
> doble sí de luz fija,
> centro de todas las estrellas
> del día y de la noche simultáneos.

La palabra "estraño", con que se adjetiva a sí mismo, en la estrofa penúltima, y la palabra "invisible", referida a la órbita de los ojos de la rosa, en la estrofa última, sostienen el significado de la comunicación imposible entre el poeta y la inmanencia de la flor, aún no materializada. El conocimiento buscado se centra, sobre todo, en la percepción visual, y es a la vista y a los ojos a lo que se refieren los primeros y los últimos versos del poema ("... Y yo no te veré / tus ojos, rosa, con las rosas" y "Y mis ojos, jirando descompuestos, / tras la órbita invisible de los tuyos,") hasta el punto que los de la rosa adquieren las dimensiones magníficas de ser el centro del universo y del tiempo eterno, o, mejor dicho, de la atemporalidad evocada por esos "día y noche simultáneos" con que, en el verso 24, se cierra el poema, y resplandecen, fijos como la eternidad (verso 22), mientras los del poeta, "descompuestos" (verso 20) los persiguen angustiosamente en vano.

LO MÁJICO ESENCIAL NOMBRADO

Si en "El otoñado" y "Rosa secreta" lo transcendente es expresado mediante el recurso a seres de la naturaleza abstractizados ya desde el principio en la mente del poeta (el otoño y la rosa) y concebidos como símbolos desde antes de comenzar el poema, en "Lo májico esencial nombrado" podemos encontrar un excelente ejemplo de simultaneidad entre la experiencia exterior vivida y su transformación en idea. En este poema, el lenguaje, al irse abriendo paso desde un verso al siguiente, va haciendo surgir la idea envuelta en su ropaje tan esencialmente como está la carne pegada a la piel; al leerlo se tiene la sensación de que el poeta está, con sus palabras, difícilmente halladas, creando la sensación no ya en el lector sino en sí mismo. Es cierto que precisamente la labor de toda poesía lírica, es expresar lo todavía sin nombre pero también es verdad que, en la mayoría de los casos, el poeta no se enfrenta con un tema tan delicado como el que en está ocasión mueve a Jiménez: el descubrimiento de "lo májico esencial".

El determinativo "esta" referido a "isla" en el verso 1 es una indicación clara de la circunstancia de que parte la experiencia y con la que es compuesto el poema. Aparentemente, el poeta contempla la luz de la luna sobre el mar:

> En esta isla que la luna,
> tras una nube negra, echa al mar lejano,
> estás tú, como espejo caído luna arriba,
> por amor a este mar y a quien lo pasa
> y por amor al ámbito completo.

El poeta declara que en ese reflejo aislado de la luna (que por estar tras una nube negra no se ve y contribuye a que su reflejo sea "isla" en la oscuridad total) sobre el mar está alguien a quien se refiere en segunda persona ("tú") "como espejo caído luna arriba", es decir, venciendo las leyes de la naturaleza según las cuales las cosas caen 'hacia abajo' y no hacia "arriba": este símil reúne a la comparación de tipo visual que relaciona la luz de la luna con el espejo, la noción de lo milagroso implicada en la reunión incorrecta, del adverbio "arriba" con el verbo "caer". El "espejo caído luna arriba" está así por la razón que explican los versos 4 y 5: "por amor a este mar y a quien lo pasa / y por amor al ámbito completo". El mar del verso 4 es como un desdoblamiento del del verso 2 pues mientras en aquél aparece como el telón de fondo de un paisaje contemplado por quien habla, en éste, aquel mar "lejano" se acerca a la circunstancia próxima al poeta y podemos interpretarlo denotativamente entendiendo que el poeta, embarcado, va cruzando el mar, o metafóricamente, en cuyo caso, "este mar" se referiría a un espacio tal como la vida o las dificultades del vivir. En todo caso, el pensamiento central de la estrofa depende del único verbo principal que hay en ella: del verbo "ser" en la forma "estás" (verso 3), y lo que expresa es que en ese reflejo de la luz lunar "estás tú".

La estrofa II insiste en el tema de la I, amplificándolo y aclarándolo mediante dos grupos de metáforas que se refieren, respectivamente, al reflejo de la luna y a sí mismo. El verbo "ser", en tercera persona del singular, establece una ecuación entre las dos (verso 9) del modo siguiente:

sujeto { esa congregación,
ojos de plata fundida en pensamiento miriante
tuyo, dios deseado y deseante

verbo: ES

predicado { el oasis definido
de mi limpio ideal unánime

Es decir, que la luz lunar "como espejo caído luna arriba" es la reverberación del pensamiento divino del dios deseado y deseante, y "es" igualmente el lugar buscado por el "limpio ideal unánime" del poeta. Las imágenes insisten en la semejanza visual, blanca y brillante, entre la luz real contemplada, la "plata" de los ojos metafóricos vistos en ella, la calidad del agua de un "oasis" y la "limpieza" simbólica de un ideal; también se da una concordancia entre varios significados colectivos provocados por el poeta en la referencia a la mancha lunar sobre el agua. Esta mancha, única, es la denominada "congregación" y el sentido plural de esta palabra está sostenido por la pluralidad de los ojos con que se la compara inmediatamente, el adjetivo "miriante" -que califica a "pensamiento" y es un neologismo del poeta derivado de "miria" (=diez mil)- y el adjetivo "unánime", de significado igualmente colectivo (pues para que esta palabra pueda aplicarse correctamente es necesaria una pluralidad entre la cual pueda establecerse la unanimidad), que modifica al gramaticalmente singular "limpio ideal unánime", inyectándole así una significación múltiple y presuponiendo que el ideal, uno, es también plural.

De esta manera, forzando la ortodoxia de la concordancia gramatical, Jiménez crea un plano de expresión que es, a la vez, nítido -por la sencillez del orden sintáctico y la llaneza (real o aparente pues en el caso del neologismo "miriante" la sencillez es engañosa) del léxico- y misterioso a causa de los significados insospechados que los nuevos regímenes gramaticales hacen surgir tras los familiares del léxico. La ambivalencia de lo uno y lo múltiple se encuentra en las referencias tanto al pensamiento del "dios deseado y deseante" como al ideal del poeta: pero se da el caso de que aquél se identifica con éste por medio del verbo "ser". La identificación se afirma en la última estrofa:

> Que es él, y tu reflejo
> de tí en conciencia, de tí esacto:
> paz, claridad, delicia iguales a sus nombres,
> conciencia diosa una,
> disfrutadora y difrutada mía,
> disfrute de lo májico esencial nombrado.

El "él" del verso 1 de la estrofa tiene como antecedente los dos últimos versos de la anterior ("es el oasis definido / de mi limpio ideal unánime"), de manera que se asegura aquí la identidad de la mancha lunar sobre el mar, se dice que esta mancha es "el ideal unánime" y "el reflejo de ti en conciencia..." etc., teniendo en cuenta que el posesivo "tu" y la forma pronominal "ti" remiten al interlocutor "dios deseado y deseante" ya referido. A partir de los dos puntos que terminan el segundo verso de éstos recién citados se suceden las definiciones que abarcan por igual al poeta y a la luz sobre el mar: el poeta está en ella, ella es la "conciencia diosa una", es "disfrutadora y disfrutada mía" (acuñación que es reflejo de la de "deseado y deseante" usada para "dios"), es -muy platónicamente- "paz, claridad, delicia iguales a sus nombres" y, en fin, la frase enigmática que da título al poema: "disfrute de lo májico esencial nombrado".

Nota final

Con los trabajos de este libro espero haber contribuído a poner de relieve los modos de aproximación a la poesía lírica tradicional más adecuados a la sensibilidad moderna, así como haber proporcionado algunas orientaciones útiles respecto al entendimiento de la poesía contemporánea. Hay, sin embargo, una rama de la lírica moderna a la que no he podido referirme aquí (debido a una serie de dificultades de diverso orden) y que no es posible dejar de mencionar. Se trata de esa poesía de inspiración colectiva que tiene por iniciador directo a Walt Whitman (1819-1892) y que cuenta entre sus cultivadores a poetas tan distintos entre sí como Pablo Neruda (1904-1974) y Ezra Pound (1885-1973). Se trata de una lírica anti-intimista, movida por sentimientos patrios, humanitarios, sociales o políticos, que ha tenido muchos seguidores aunque pocas veces ha alcanzado la excelencia de la verdadera poesía. Lo interesante de este tipo de poesía, en los casos en que tiene una calidad auténtica, es su habilidad para combinar la sugerencia y sorpresa propias de lo lírico con el tono oratorio y la capacidad comunicativa. En realidad, de los grandes poetas que acabo de citar, solamente a Ezra Pound puede considerársele como raro y es porque su inspiración colectiva es sobre todo de tipo cultural y en sus *Cantos* son las vastas realidades culturales la tierra de donde surgen metáforas, imágenes y símbolos, por lo que son solamente accesibles a las personas familiarizadas con ese tipo de realidades. Pero los cantos de Walt Withman y los de Neruda se refieren a realidades de tipo más ordinario y común. Así, por ejemplo, dice la estrofa V del poema de Whitman *Crossing Brooklyn Ferry*:

> *What it is then between us?*
> *What is the count of the scores or hundredrs of years between us?*
> *Whatever it is, it avails not -distance avails not,*
> *I too lived, Brooklyn of ample hills was mine,*
> *I too walked the streets of Manhattan island,*
>   *and bathed in the waters around it,*
> *I too felt the curious abrupt questionings stir within me,*
> *In the day among crowds of people sometimes they came upon me,*
> *In my walks home late at night or as I lay in my bed they came upon me,*
> *I too had been struck from the float forever held in solution,*
> *I too had received identity by my body,*
> *That I was I knew was of my body, and what I should be*
>   *I knew I should be of my body*

("Pues ¿qué hay entre nosotros?
¿Qué es el recuento de las muescas o cientos de años entre nosotros?
Sea lo que sea, de nada vale: la distancia de nada vale y el tiempo
   de nada vale,
Yo también viví, Brooklyn de amplias colinas era mío,
Yo también caminé por las calles de la isla de Manhattan
   y me bañé en las aguas que la cercan
Yo también sentí crecer en mí las curiosas, súbitas preguntas,
Por el día, entre las multitudes, a veces me sobrecogían
En mi camino a casa, tarde, por la noche, o mientras estaba
   en la cama, me sobrecogían,
También fui yo arrojado de la boya mantenida siempre en solución
Yo también había recibido la identidad de mi cuerpo,
Lo que yo era supe que era de mi cuerpo y lo que sería supe que sería
   de mi cuerpo".)

Este tipo de expresión elocuente, amplia y sonora, abunda en repeticiones y explicaciones y utiliza un lenguaje fácilmente comprensible cuya poeticidad debe buscarse por una parte en su musicalidad y pureza rítmica y, por otra, en su exactitud como elemento de alternancia pues, si nos fijamos en esta estrofa, los versos están formados como racimos paralelos de expresiones que glosan el mismo sentimiento de comunidad existente entre el poeta y las gentes a quienes habla, que son las pertenecientes a generaciones posteriores a él con las que, sin embargo, se siente indisolublemente unido. El sentimiento de inmortalidad, de continuidad existencial entre los hombres de distintas generaciones que habitan los mismos lugares, está expresado entusiásticamente, con palabras exactas y referidas a realidades familiares. Además, este tipo de sentimiento colectivo está admirablemente servido por los recursos propios de la oratoria como la anáfora, intensamente usada, el paralelismo, y la interrogación sin respuesta.

Lo mismo que Walt Whitman canta al hombre de América, a la nación americana y su sentimiento comunitario, Pablo Neruda canta también a América y, aunque su poesía es muy diferente de la de Whitman y -a diferencia del poeta norteamericano- juega sobre una gama de tonos y temas muy variada, es uno de los autores más representativos, dentro de la poesía contemporánea, de este tipo de expresión que es épica y es lírica a la vez. Como breve ejemplo vamos a citar unos versos de su *Canto General* (XXVI-VIII) que dicen:

   Uruguay es palabra de pájaro, o idioma del agua,
   es sílaba de una cascada, es tormento de cristalería,
   Uruguay es la voz de las frutas en la primavera fragante
   es un beso fluvial de los bosques y la máscara azul del
      Atlántico.

Uruguay es la ropa tendida en el oro de un día de viento,
es el pan en la mesa de América, la pureza del pan en la mesa.

En una serie de metáforas sugeridas por el sonido de la palabra "Uruguay", el poeta teje una alabanza, una salutación entusiasta a una nación hermana, con cuyos hechos guerreros y con cuya historia se solidariza.

La solidaridad de Ezra Pound no se asienta sobre la raza o el país sino sobre la cultura y, por ello, sus *Cantos* semejan inmensos caleidoscopios en los que los datos culturales anulan el tiempo y el espacio. Muy representativo de su estilo peculiar es lo que ocurre en el "Canto IV" -poema escrito, como los de Withman y Neruda, en verso libre y tono arrebatado como el de los profetas- donde, para expresar un sentimiento de catástrofe pavorosa que afecta a toda la humanidad, el poeta mezcla en la evocación sucesos terribles ocurridos en distintos lugares y épocas y recogidos por la literatura, desde la destrucción de Troya hasta la caza de Acteón por los perros, pasando por la historia del trovador Peire Vidal perseguido por los perros en el bosque cuando se disfrazó de lobo en honor de la dama a quien amaba (38), y por aquella otra en que la amante de Cabestán es alimentada con el corazón del trovador, mandado matar por su marido (39), así como por el relato semejante que hace Ovidio en sus Metamorfosis de lo sucedido en Rodas a las hermanas Filomela y Procné. Así, en un pasaje del "Canto" en cuestión, se mezclan las historias de Cabestán, Filomela y Procné, del modo siguiente:

> *And by the curved, carved foot of the couch*
> *claw-foot and lion head, and old man seated*
> *Speaking in the low drone... :*
> *Ityn!*
> *Et ter flebiter, Ityn! Ityn!*
> *And she went toward the window and cast her down,*
> *"All the while, the while, swallows, crying:*
> *Ityn!*
> *"It is Cabestan's heart in the dish".*
> *"It is Cabestan's heart in he dish?"*
> *"No other taste shall change this".*

---

(38) Existe esta leyenda, muy antigua, con relación a la biografía del trovador, que amó a diversas damas de modo muy extravagante. Quien le condujo a disfrazarse de lobo y dejarse perseguir por los perros era llamada doña Loba, amante del conde de Foix.

(39) Según las biografías de los trovadores esta historia ocurrió a Sire Raimon du Chateau de Rousillon, su mujer y el trovador Guilhem de Cabestanh. Al saber que había comido el corazón de su enamorado, la dama se arrojó de una torre abajo.

> And she went toward the window,
>   the slim white stone bar
> Making a double arch;
> Firm even fingers held to the firm pale stone;
> Swung for a moment,
>   and the wind out or Rhodez
> Caught in the full of her sleeve.
>   ... the swallows crying:
> 'Tis. 'Tis. Ytis!
>
> ("Y junto al curvo, labrado pie del lecho,
> pie-de-garra y cabeza de león, un viejo sentado
> Hablando en bajo zanzaganeo... :
>   ¡Ityn!
> ¡Et ter flebiter, Ityn, Ityn!
> Y ella se dirigió a la ventana y se arrojó,
>   "Todo el tiempo, el tiempo, las golondrinas gritaban:
> ¡Ityn!
>   "El corazón de Cabestán está en el plato".
>   "¿El corazón de Cabestán está en el plato?"
>   "Ningún otro sabor podrá cambiarlo".
> Y se fue a la ventana,
>   la esbelta blanca barra de piedra
> Hacía un doble arco;
> Los firmes e igualados dedos asieron la firme piedra pálida;
> Durante un momento se columpió,
>   y los vientos de Rodas
> Inflaron lo más ancho de su manga.
>   ... y las golondrinas gritaban:
> ¡Es. Es. Itys!")

Me doy cuenta perfectamente de lo insuficientes que resultan estas indicaciones hechas respecto a la obra de estos tres grandes poetas de nuestro tiempo pero lo único que he pretendido con ellas es no dejar de mencionar ni a ellos ni al tipo de enfoque poético que representan que, si en cierto modo excede los límites de lo estrictamente lírico a cuya consideración han estado encaminados estos estudios, sin embargo, posee esta cualidad en grado suficientemente intenso para no poder ser tenido por un género aparte.

Notas Biográficas

Guilhem de Peitieus o Guillermo de Poitiers.- Noveno Duque de Aquitania y Séptimo Conde de Poitiers. Nació en 1071 y es el primer trovador cuyo nombre se conoce. Tuvo una vida guerrera y azarosa, estuvo en las Cruzadas y, en Provenza, sostuvo numerosas guerras con sus vecinos. Fue un gran favorecedor, en su corte, del cultivo de las letras y uno de los más grandes señores de la Europa medieval. Murió en 1127.

Arnaut Daniel.- Nació en Ribérac, en la Dordoña, antes de 1150. Se conocen de él 16 canciones, una sextina y una pieza humorística escritas entre 1180 y 1210. Es uno de los trovadores de obra más oscura. Dante le llama, en el Canto XXVI del *Purgatorio*, el *miglior fabbro del parlar materno* ("el mejor forjador de hablar materno") y Petrarca lo calificó de "gran maestro del amor".

Peire Rogiers.- Parece que perteneció a la familia de los señores de Rogiers o Rouziers. Fue canónigo de Clermont d'Auvergne, luego se hizo trovador (c. 1260) y terminó su vida como monje en la Abadía de Saint-Michel de Grammont. Se conocen de él ocho canciones.

Bernart de Ventadorn.- Fue hijo de uno de los servidores del señor Ebles II del castillo de Ventadorn. Ebles II, que era poeta, le apreció mucho y le enseñó el arte de trovar. Su hijo Ebles III creyó percibir sentimientos demasiados amorosos entre Bernart y su esposa Margarita de Turena, la repudió a ella y desterró al trovador. Bernart peregrinó, entonces, por algunas cortes de Provenza y llegó a subir hasta Londres donde era reina Leonor de Aquitania, nieta de Guillermo de Poitiers, que le protegió. Cuando volvió a Provenza, estuvo en la corte de la Vizcondesa Esmeralda de Narbona, y luego en la de Raimon V de Tolosa a cuya muerte, en 1194, se hizo monje en la Abadía Cisterciense de Dalón, donde murió. Es uno de los trovadores que más obra y fama han dejado.

Francesco Petrarca.- Poeta italiano nacido en 1304 y muerto en 1437. Fue el primer gran humanista del Renacimiento: escribió en latín y en toscano y sobre toda una extensa gama de materias; la historia, la arqueología, la filosofía, la teología, la búsqueda de manuscritos, fueron objeto de su trabajo. Su obra en lengua romance son los sonetos o canciones dedicados a Laura de Noves, que han constituído su mayor timbre de gloria y han tenido una enorme influencia en toda la literatura occidental. En 1341 fue coronado de laurel en el Capitolio de Roma, a instancias del Senado. Los últimos años de su vida transcurrieron en Venecia, donde la Señoría le cedió un palacio a cambio de la donación de su biblioteca.

Charles d'Orleans.- Duque de Orleans, nació en 1391 y murió en 1465. Por pelear contra los ingleses para vengar la muerte de su padre estuvo prisionero en Inglaterra durante veinticinco años. Durante su cautiverio escribió melancólicas y delicadas poesías y, a su regreso a Francia, continuó cultivando su vena poética. Durante siglos se ha considerado a Charles d'Orleans como el mejor poeta francés del siglo XV y solamente a mediados del XIX su primacía fue puesta en duda al compararlo con François Villon -nacido en 1431- a quien empezó a apreciarse en aquel tiempo.

Garcilaso de la Vega.- Nació en Toledo, España, en 1503, y murió en Niza, en 1536 en un asalto a una torre que se hizo durante la guerra con Francia del Emperador Carlos V, a cuya corte pertenecía Garcilaso. Se le considera como el renovador de la poesía española en el Renacimiento. Fue amigo de Juan Boscán y a ambos se les llamó "Padres de la buena escuela" (que era la petrarquista). El fue proclamado "Petrarca español" y "Príncipe de la poesía española". Boscán, que le sobrevivió, recogió sus poesías pero él tampoco tuvo ocasión de publicarlas. Aparecieron en Venecia en 1553.

Francisco de Quevedo.- Nació en Madrid en 1580 y murió en 1645. Gran conocedor de las lenguas antiguas y modernas y graduado en la Universidad de Alcalá de Henares a la edad de quince años, tuvo que huir a Italia a consecuencia de haber matado a un hombre en un lance de honor. En Nápoles fue protegido por el Duque de Osuna y desempeñó cargos políticos importantes hasta que su patrono fue perseguido por enemistad del Conde-Duque de Olivares, favorito del rey. Por la persecución del Conde-Duque, Quevedo fue encarcelado durante siete años y privado de su fortuna. En la prisión se destruyó su salud y murió dos años después de salir de ella. Escritor de obra muy varia, Quevedo fue traductor de autores griegos y latinos, autor de sátiras y libros morales, de novelas y de exquisita poesía lírica en la que sobresalen sus sonetos. Uno de los máximos representantes del espíritu barroco en España, es él quien mejor representa la tendencia llamada "conceptismo".

Luis de Góngora.- Poeta español que nació en Córdoba en 1561 y murió en 1627. Primero siguió la carrera de la Jurisprudencia pero luego decidió dedicarse por completo a la poesía, en cuyo cultivo sobresalió muy pronto. A los cuarenta años se hizo sacerdote y obtuvo un puesto, primero en Córdoba y después en Madrid. Su correspondencia da testimonio de que pasó siempre grandes necesidades económicas pero como poeta gozó siempre de gran fama y respeto. Escribió comedias, letrillas y romances, y sonetos al modo petrarquista. Tratando temas de la Antigüedad, compuso sus obras poéticas mayores: "Las Soledades", "El Polifemo", y "Píramo y Tisbe", en donde consigue el estilo artificiosamente bello e ingenioso que le aseguró larga influencia y fama. A su escuela se le da el nombre de "culteranismo" y, en su tiempo, fue enemiga del "conceptismo" quevedesco.

John Donne.- Poeta inglés que nació en 1572 y murió en 1631. Después de una juventud libertina tomó Ordenes Sagradas y fue Deán de la Catedral de St. Paul en Londres. Sus mejores poemas son los breves escritos en su juventud, que le hacen destacar y singularizarse en la poesía inglesa por su especial rebelión contra el petrarquismo isabelino, de cuyas convenciones se mofa pero cuya elaboración ingeniosa lleva a un extremo muy característicamente barroco. Su poesía, aunque muy distinta de las de Góngora y Quevedo -que no rechazan el petrarquismo- tiene en común con ellas la sutileza del pensamiento y, con la de Quevedo, el apasionado sentimiento del amor y de la muerte. Dryden y Johnson calificaron a este poeta de "metafísico" a causa de los saltos súbitos de su expresión desde lo material a lo espiritual, y de la oscuridad de sus mejores poemas.

Ignacio de Luzán.- Poeta y crítico español que vivió de 1702 a 1754. Es especialmente célebre por su *Poética*, muy representativa de los ideales neoclasicistas, que se inspira en Boileau y el P. La Bossu, a la vez que en los preceptistas italianos y los comentaristas de Aristóteles.

Juan Meléndez Valdés.- Nació en España en 1745 y murió en Francia, desterrado, en 1817. Su destierro se debió a su participación en favor de los franceses durante la época de la invasión napoleónica. Había estudiado Leyes en Salamanca y fue uno de los poetas del llamado grupo salmantino que se reunió en aquella ciudad en torno a José Cadalso y que es considerado como la representación más destacada de la lírica española del siglo XVIII. Buen conocedor de las literaturas antiguas y modernas, Meléndez Valdés fue un partidario decidido de la europeización de la cultura española y, en su obra, sigue la corriente europea del neoclasicismo anacreóntico y bucólico.

John Keats.- Nació en Londres en 1795 y murió en Roma en 1821. Salido de una familia modesta y huérfano desde los 15 años, tuvo siempre una salud muy delicada que le llevaría a muerte tan temprana. Se dedicó enteramente a la poesía, con la ayuda económica y el aliento de algunos amigos y artistas que creían en su talento. Es uno de los más importantes poetas románticos de la primera hora y su vida corta, enfermiza, solitaria, desafortunada en amor y enteramente consagrada a su obra, da de él una imagen muy característica del artista de su época. En 1817 publicó un volumen de poemas, en 1818 *Endymion: A Poetic Romance*, en 1820 *Lamia, Isabella, The Eve of St. Agnes and Other Poems*, y en 1819 una serie de grandes *Odes*. Todas estas obras son de primera importancia en la literatura romántica.

Víctor Hugo.- Escritor francés nacido en 1802 y muerto en 1885. Hijo de un general de Napoleón, fue primero un poeta clásico en sus *Odes* (1822) pero con la publicación de las *Orientales* (1828), del prefacio de su propia pieza teatral *Cromwell* (1827), y de la representación de su obra *Hernani* (1830), se convirtió en el jefe del romanticismo francés y tuvo enorme influencia en toda Europa. Como poeta, sus obras son, además de las ya citadas, *Les Feuilles d'automne* (1831), *Les Chants du crépuscule* (1835), *Les Voix intérieures* (1837), *Les Rayons et les Ombres* (1840), *Châtiments* (1853), *Contemplations* (1856) y la *Legénde des Siècles* (1859-1883). Escribió también una larga serie de novelas históricas y de temas sociales entre las cuales las más famosas son *Nôtre-Dame de Paris* y *Les Misérables*. Hombre político, además, de escritor, Víctor Hugo sobresalió por su apoyo a las ideas liberales y hubo de pasar varios años de su vida en el destierro.

Edgar Allan Poe.- Nació en Boston, en 1809, de familia humilde, y pronto quedó huérfano. Después de intentar seguir la carrera de las armas y ser rechazado por su vida desordenada, trabajó como periodista. Es célebre el profundo amor que sintió por su esposa, que murió muy joven, y la desesperación a que se entregó a la muerte de ésta. Ella habría podido salvarle de la vida bohemia y destructora que acabó por provocarle un ataque cerebral del que murió en 1849. Escribió ensayos extremadamente lúcidos sobre literatura y elaboró una teoría estética sobre la virtud, el mal y el horror que habría de tener una entusiasta acogida entre los simbolistas franceses. Es autor de un gran número de cuentos de horror, que publicó en revistas y periódicos, y de una poesía lírica de gran calidad, alucinante y extraña, que habría de tener gran repercusión en el desarrollo de la literatura posterior y fue divulgada en Europa por las traducciones al francés de Charles Baudelaire y Stéphane Mallarmé.

Charles Baudelaire.- Escritor francés nacido en París en 1821 y muerto en la misma ciudad en 1867. Iniciador de la nueva estética simbolista, su obra lírica está recogida en el volumen titulado Les Fleurs du Mal (1857). Se ocupó de las artes musicales y de las artes plásticas y escribió una larga serie de artículos críticos sobre las obras nuevas que se producían en su época, siendo el defensor de Wagner cuando este compositor no era todavía aceptado. Se interesó profundamente por la obra del norteamericano Edgar Allan Poe, que tradujo al francés. Escribió también poemas en prosa y fue, en muchos sentidos, un renovador.

Paul Verlaine.- Poeta francés que vivió de 1844 a 1896. En varias ocasiones fue profesor de idiomas pero, inconstante por temperamento, abandonaba sus puestos de trabajo. Un par de veces trató de comenzar una explotación agrícola en la que fracasó y, finalmente, pasó en la miseria los últimos años de su vida y llegó a morir en el hospital. Como poeta alcanzó una gran gloria entre sus mismos contemporáneos, que se admiraban de su inspiración potente, natural y delicada a la vez. Fue muy influyente en la escuela simbolista, a la que, además de su propia obra, hizo la contribución de editar la de Rimbaud, con quien es famosa la relación apasionada que sostuvo durante algún tiempo. Sus libros de versos son: Poémes Saturniens (1866),Fêtes galantes (1869), La Bonne Chanson (1870), Romances sans Paroles (1874), Sagesse (1881), Jadis et naguère (1885) y Parallèlement (1889).

Arthur Rimbaud.- Poeta francés nacido en 1854 y muerto en 1891. Genio de extraordinaria precocidad, a los diez y nueve años parece que dejó de escribir y, a partir de los veinte, llevó una vida de aventurero hasta su muerte, ocurrida en el hospital de Marsella, al regresar a

Francia de una de sus estancias en Africa, donde fue mediador entre tribus rivales y mercader de armas. Se rebeló contra las tradiciones y con su poesía buscó expresar lo absoluto; tuvo gran influencia sobre Verlaine y el simbolismo y también es invocado como precursor por los superrealistas. Sus obras son *Le bateau ivre, Les Illuminations* y *Une Saison en Enfer.*

Stéphane Mallarmé.- Poeta francés nacido en 1842 y muerto en 1898. Fue profesor de inglés en distintos colegios y liceos de Francia, -entre los que destaca el de Aviñón, donde hizo amistad con los escritores provenzales Mistral, Aubanel, Roumaille, Gras y Roumieux, y el Liceo Cordoncet de París. Maestro del simbolismo, da una imagen del poeta totalmente distinta de las ofrecidas por sus predecesores en la tendencia, Baudelaire, Verlaine y Rimbaud, pues su vida es ordenada, metódica y aparentemente burguesa. Su obra es hermética y exquisita; aparte de sus poemas de juventud, sus composiciones más importantes son *L'Après-midi d'un Faune* y *Herodïade*, además de una serie de sonetos y poemas de diferente forma estrófica que publicó en revistas literarias y que, a su muerte, fueron publicados agrupados en distintas colecciones. Fue igualmente, autor de ensayos y artículos de crítica literaria, pictórica y musical.

Rubén Darío.- Nació en Nicaragua en 1867 y murió en el mismo país en 1916. Se educó en los jesuitas, en Nicaragua, y fue luego empleado en la Biblioteca Nacional, y viajó por América Central y Chile. En 1892 fue a España como delegado de Nicaragua en el Centenario del Descubrimiento de América y, aunque vuelve a América, desde entonces no deja de viajar de un lado a otro del Atlántico. En 1900 fija su residencia en París desde donde viaja a España, Italia, Bélgica, Austria y Alemania. Autor definitivo en la creación del modernismo, Rubén Darío tiene la gran importancia de ser el vínculo entre la renovación de la lírica europea -que se había centrado en los ambientes parisinos- y la de lengua española. Influyó mucho en los escritores españoles de la Generación del 98, así como en los poetas de Hispanoamérica. Sus obras poéticas más importantes son: *Prosas profanas* (1896), *Cantos de vida y esperanza*, (1905), *Oda a Mitre*, (1906), *El canto errante* (1907), *Poemas del otoño y otros poemas* (1910) y *Canto a la Argentina y otros poemas* (1910).

Vicente Huidobro.- Poeta chileno que nació en 1893 y murió en su país natal en 1948. Después de viajar, dando conferencias, por algunos países hispanoamericanos -entre ellos la Argentina, donde se le bautizó de "creacionista"- llegó a París, en 1916, y se incorporó allí al grupo que dirigía Guillaume Apollinaire y a la revista Nord-Sud, donde escribían también Pierre Réverdy, Tristan Tzara, Paul Dermée y Max Jacob, con quienes colaboró intensamente. Publicó poemas en francés, en los que se advierte ya su "creacionismo": *Horizon Carré* (1917), *Tour Eiffel* (1917), *Hallali* (1918), *Saisons choisies* (1921), *Automne régulier* (1925), *Tout à coup* (1925). La incorporación de las ideas cubistas a la literatura influye en el creacionismo de Huidobro y, cuando el poeta viaja a Madrid en 1918, entran en la formación de lo que en España se ha llamado "ultraísmo", tendencia que debe su aparición al poeta chileno y sus teorías. Los libros más característicos de Huidobro son *Poemas árticos* (1918) y *Ecuatorial* (1918): ambos causaron una gran sensación en la literatura de lengua castellana. Sus últimos libros publicados son *Altazor* (1931), *Ver y palpar* (1941), y *El ciudadano del olvido* (1941) que, según su autor, fueron escritos entre 1919 y 1934.

André Bréton.- Escritor francés, definidor y teórico del superrealismo. Nació en 1896 y murió en 1968. Comenzó estudios de medicina y sirvió en centros neuropsiquiátricos durante la primera guerra mundial. En 1919 fundó, con Philip Soupault y Louis Aragon, la revista "Littérature", donde aparece el primer texto superrealista, "Les champs magnétiques", escrito en colaboración por Bréton y Soupault. Después de experimentar varios años con el automatismo psíquico y el sueño hipnótico publica, en 1924, el *Manifeste du surréalisme*. Dirigió también el órgano periódico del movimiento "La révolutión surréaliste". En 1929 publica el *Second Maniféste du surréalisme*. En 1938 funda, en Méjico, con Trotsky y Diego Rivera, la "Federación Nacional del Arte Revolucionario Independiente". Para escapar a la conscripción militar salió de Francia en 1939 y pasó a vivir a Estados Unidos, donde fundó, con Marcel Duchamp y David Hare, la revista "Triple V". Después de la segunda guerra mundial volvió a Francia.

Fernando Pessoa.- Poeta portugués que nació en 1888 y murió en 1935. Es uno de los iniciadores de la moderna poesía portuguesa que, curiosamente, había empezado a escribir su obra en inglés y proyectaba continuarla en dicha lengua hasta que, leyendo a Almeida Garrett, se sintió impulsado a la expresión en su lengua materna. De 1895 a 1905 vivió en Africa del Sur y, cuando volvió a Portugal, se fijó en Lisboa, donde trabajó como funcionario administrativo y vivió hasta la fecha de su muerte. Fue un gran animador del ambiente literario de la capital portuguesa y, conocedor de todos los movimientos europeos de vanguardia, los favoreció y los difundió. En 1915 publica el primer número de la revista *Orpheu* y, quince años más tarde, colabora activamente en *Presença*. Cuando se publicaron sus versos hubo que recogerlos de las páginas de las revistas y publicaciones periódicas. Una de las curiosidades de la obra de Pessoa es que publicó sus versos bajo tres pseudónimos diferentes: Alvaro de Campos, Ricardo Reis y Alberto Caeiro; cada uno de estos nombres correspondía a un personaje perfectamente delimitado en la imaginación de su creador, que les atribuía biografías y gustos diferentes. En numerosas ocasiones el poeta explicó que sus heterónimos le eran necesarios para expresar los distintos estados de su ánimo, por cuyo análisis se apasionaba.

Juan Ramón Jiménez.- Nació en Moguer, España, en 1881 y murió en San Juan de Puerto Rico en 1958. Su infancia y juventud transcurrie- en Andalucía, en cuya Universidad de Sevilla comienza estudios de Filosofía y Letras que no ha de continuar, pues los abandona para dedicarse a escribir poesía y leer a su gusto. En 1900 viaja a Madrid donde se pone en contacto con los escritores modernistas que están en su momento de mayor producción: Villaespesa, Valle-Inclán, Antonio y Manuel Machado, Rubén Darío. Tras algunas ausencias de Madrid se establece allí hasta 1936, cuando emigra a América, de donde no ha de regresar. Vive en Estados Unidos, Cuba y Puerto Rico, donde muere. Juan Ramón Jiménez es un autor fundamental en la vida española del postmodernismo, tanto por su labor de editor de revistas como por la influencia de sus propias ideas estéticas y su obra sobre la Generación de 1927. Dedicado exclusivamente a la literatura, Juan Ramón Jiménez realizó -además de ensayos y obra diversa en prosa- una extensa labor como. poeta: su inspiración, que siempre fue intimista y meditativa, evolucionó desde el modernismo hasta la poesía altamente intelectual y abstracta.

ORIENTACION BIBLIOGRAFICA PARA EL ESTUDIO DE LA POESIA LIRICA

Heinrich Lausberg, *Manual de Retórica Literaria*, versión española de José López Riesco, Gredos, Madrid (3 volúmenes).
Aristóteles, *Poética*, traducción de Francisco P. Samaranch, Aguilar, Madrid.
Aristóteles, *Retórica*, traducción y notas de Francisco P. Samaranch, Aguilar, Madrid.
Paul Zumthor, *Essai de poétique médiévale*, Seuil, París.
Pierre Guiraud, *La Stylistique*, Presses Universitaires de France, París.
―――― ――――, *Essais de Stylistique*, Ed. Klincksieck, París.
Ferdinand de Saussure, *Curso de lingüística General*, traducción española de Amado Alonso. Ed. Losada, Buenos Aires.
Charles Bally, *Traité de Stylistique française*, Klincksieck, París.
Leo Spitzer, *Lingüística e historia literaria*, Gredos, Madrid.
Dámaso Alonso, *Poesía española* (*Ensayo de métodos y límites estilísticos*), Gredos, Madrid.
Karl Vossler, *Filosofía del lenguaje*, traducción y notas de Amado Alonso y Raimundo Lida, Ed. Losada, Buenos Aires.
Roman Jakobson, *Questions de poétique*, Seuil, París.
Pierre Guiraud, *La Sémantique*, Presses Universitaires de France, París.
Odgen and Richards, *The Meaning of Meaning*, London.
Guern, *Sémantique de la métaphore*. Ed. Larousse, París.
Stephen Ullman, *Language and Style*, London.
―――― ――――, *Sémantica*, Aguilar, Madrid.
Block, H. M., *Nouvelles tendences en Littérature Comparée*, París.
Richards, I. A., *Principles of Lyterary Criticism*, Harvest Books, New York.
T. S. Eliot, *On Poetry and Poets*, Faber & Faber, London.
T. S. Eliot, *Criticar al crítico*, traducción de Manuel Rivas Corral, Alianza Ed., Madrid.
M. Manent, *Cómo nace el poema*, Aguilar, Madrid.

Maud Bodkin, *Archetypal Patterns in Poetry*, Oxford Paperbacks, London.
Juan Ferraté, *Dinámica de la poesía*, Seix Barral, Barcelona.
Hugo Friedrich, *Estructura de la lírica moderna*, traducción de Juan Petit, Seix Barral, Barcelona.
Amado Alonso, *Materia y forma en poesía*, Gredos, Madrid.
Jean-Claude Renard, *Notes sur la poésie*, Seuil, París.
Michel Benamon & William Collin, *Aux portes du poème*, MacMillan, New York.
Ricardo Gullón, *Direcciones del modernismo*, Gredos, Madrid.
————— ———— , *Balance del surrealismo*, La isla de los ratones, Santander.
Angel Crespo, *Poesía, invención y metafísica*, RUM, Mayagüez, Puerto Rico.
Jorge Guillén, *Lenguaje y poesía*, Alianza Ed., Madrid.
Vilém Flusser, *Língua e realidade*, Herder, S. Paulo.
Ezra Pound, *Guide to Kulchur*, Owen, London.
————— ———— , *Lyterary Essays*, Faber, London.

Este libro se terminó de imprimir
el día 15 de enero de 1977, en los
Talleres Gráficos de Manuel Pareja
Montaña, 16 - Barcelona   España